U0873732

普通高等职业教育“十三五”规划教材

21世纪高职高专规划教材 ◆ 旅游与酒店管理系列

餐饮生产流程管理

CANYIN SHENGCHAN LIUCHENG GUANLI

主　编　陈敬华
副主编　沈晓文
主　审　韩昕葵

中国人民大学出版社
·北京·

前言

餐饮行业是集餐厅服务、厨房生产、酒吧运营管理、库房管理于一体的综合性服务行业。本书针对现代餐饮行业的综合发展趋势和特点，采用项目驱动，将理论教学与提升实践能力相结合，不仅可以让学习者系统地学习餐饮生产管理的专业知识，更能培养学习者的职业能力与职业素养，并且根据目前餐饮企业各岗位对从业人员的要求，突出教学内容与行业岗位紧密结合，力求为餐饮生产流程与管理教学提供一本既结合餐饮工作岗位需求又符合教学实际的用书。

本书打破传统教材的编写模式，重点突出以下特点：

一是根据餐饮作业工作区域，将主要学习内容分为四个部分：厅面销售服务流程管理、酒水饮料制作流程管理、采购验收库管流程管理、后厨加工烹制流程管理。

二是将管理过程的七个要素（计划、组织、协调、用人、指导、控制、评估）作为贯串本教材的主线。

三是注意在课程内容中引导学生学习和关注控制点。在学习过程中必须关注 9 个控制点（菜单计划、采购、验收、储存、发放、初加工、烹制、服务、清洁和维护），以点带面，完成餐饮行业的基层管理工作。

四是在行业专家的帮助下完成了餐饮生产流程 26 个岗位的岗位分析。

由于作者水平有限，加之时间仓促，难免有不足和缺憾，敬请批评指正。

编者

2019 年 1 月 15 日于昆明

目录

绪　论

第一部分　厅面销售服务流程管理

第二部分 酒水饮料制作流程管理

第三部分 采购验收库管流程管理

第四部分 后厨加工烹制流程管理

绪　论

项目一 认识餐饮业

一、餐饮业的定义

通俗地说，餐饮业就是围绕人们的体能恢复而形成的与饮食消费相关的各式各样的消费和服务的总和，主要包括食品烹饪与服务、饮料酒水制作与服务。

依据《标准行业分类法》的定义，餐饮业是指以商业营利为目的的餐饮服务机构。在我国，依据《国民经济行业分类注释》的定义，餐饮业是指在一定场所，对食物进行现场烹饪、调制，并出售给顾客，主要供现场消费的服务活动。餐饮业是重要的服务业，直接关系到人们的身体健康和生活水平。科学发展餐饮业，对于提高人们的生活质量、扩大市场消费、拉动相关产业、增加社会就业、促进社会和谐等具有十分重要的作用。

餐饮部是宾馆、酒店中的部门之一。

二、餐厅的分类

(一) 按目标市场不同进行划分

按目标市场不同，可以将餐厅分为高级餐厅和大众餐厅。

1. 高级餐厅

高级餐厅是提供特色菜肴、出售美味精致的餐饮产品，拥有雅致的空间、豪华的装饰、温柔的色调和照明、古典的音乐等宁静幽雅的用餐环境，并提供周到而细致的餐饮服务的场所。高级餐厅讲究餐具，讲究摆台，通常使用银器和水晶杯。高级餐厅经常有高雅的现场音乐或文艺表演。高级餐厅用餐费用较高。

2. 大众餐厅

大众餐厅是向顾客提供大众化的菜肴的餐厅，它拥有实用的空间、典雅的装饰、明快的色调和照明，提供周到的餐饮服务。大众餐厅也讲究餐具和摆台，但很少使用银器和水晶杯。大众餐厅用餐费用通常不高，适合大众消费。

(二) 按经营方法不同进行划分

按经营方法不同，可以将餐厅分为传统餐厅、自助餐厅、快餐厅等。

1. 传统餐厅

传统餐厅也称为服务上桌的餐厅，采用将菜肴和酒水送上餐桌的服务方式。

2. 自助餐厅

自助餐厅是客人自选自取适合自己口味菜点就餐的餐厅。这种餐厅常常根据顾客的用餐习惯，将餐厅的菜肴和酒水分作几个餐台，每个餐台上陈列着各种菜肴，顾客走到餐台自己去取。其就餐方式有两种：一种是客人就餐前先付款，到餐厅随意自取食品和饮料；另一种是客人先进餐厅随意自取食品和饮料，然后再结算付款。无论哪种方式都不得在餐后携带食品或饮料出餐厅。

3. 快餐厅

快餐厅是销售有限品种菜肴的餐厅，即可以快速制熟菜肴，并且快速服务的餐厅。餐厅的装饰常采用暖色调，也有的采用冷色调。餐厅的布局明亮和爽快，菜肴的价格大众化。

（三）按经营品种不同进行划分

按经营品种不同，可以将餐厅分为风味餐厅、咖啡厅。

1. 风味餐厅

风味餐厅包括两大类：一是广东风味、潮州风味、四川风味、淮扬风味等中式风味的餐厅；二是法国风味、意大利风味、美国风味、俄罗斯风味等西式风味餐厅。风味餐厅的特色主要通过菜单、服务、餐具、摆台及餐厅的装饰体现出来。

2. 咖啡厅

咖啡厅是以销售大众化的各国菜肴和小吃为主的餐厅。在非用餐时间，它还是销售咖啡、饮料及供人们聚会和聊天的场所。咖啡厅的营业时间通常根据顾客的需求，从早上6点开始营业，至午夜1点停止营业。有的咖啡厅甚至24小时营业。

三、餐厅经营的要求

（一）要有合适的经营服务场地

作为餐厅的房屋，要求结构坚固、通风良好、光线充足、温度适宜；餐厅的门面装饰要美观，有明显的标志，牌匾的文字书写规范、工整、醒目，店面橱窗有特色，清真餐馆要悬挂规定的标志；餐厅必须有与经营规模、接待能力相适应的加工制作场地、供客人就餐的场地以及能满足需要的库房。

（二）必须拥有生产服务设施

这就要求餐厅必须有供客人就餐的设施，有制作加工食品的工具、用具、灶具等设备，有与经营规模、经营档次相适应的冷藏设备，有专用的餐具、酒具及洗刷、消毒设备，有与经营档次、经营规模相适应的卫生设施，有防蝇、防鼠、防虫、防潮以及处理垃圾的措施和设施。洗刷消毒用的洗涤剂、消毒剂要符合相关规定；加工制作的场地应有专门制作冷荤、消毒餐具的条件；热能供给系统（器具）应符合安全标准；上下水条件齐备，饮用水符合卫生标准规定；计量器具要符合标准；防火、灭火设施齐备。

（三）按照相关规定组织经营管理

餐厅在经营管理过程中必须严格按国家有关的法律、法规和行业的有关规定组织经营管理，明确经营范围和经营方式；明示营业时间、供应品种、服务项目并严格执行明码标价的规定；以食品制作加工有成本卡（单）为投料加工制作依据，做到各种原料、辅料、调料的质量符合国家有关的规定和要求。

（四）贯彻实施《中华人民共和国食品安全法》

餐厅在经营过程中必须认真贯彻实施《中华人民共和国食品安全法》。有健全的卫生管理制度并设专人负责卫生工作；实行岗位责任制及服务规范化，上岗人员一律着工作服，佩戴标志；制售食品做到生熟分开、工具分开、存放分开，冷荤制作符合专人、专室、专工具、专冷藏、专消毒的要求；餐具消毒应符合相关规定。

四、餐厅从业人员的要求

（一）餐厅从业人员的基本要求

信守职业道德，遵纪守法；具有初中以上文化程度或同等学力，并持有相关技术等级证书或是经过专业部门考核，达到岗位合格的要求；身体健康，无传染性疾病和其他有碍食品安全的疾病，并且按规定定期进行健康检查，取得健康合格证；熟悉岗位责任和服务规范的要求。

（二）餐厅经营管理者的要求

熟知国家和行业主管部门对经营餐饮业的有关法律、法规和各项规定；掌握经营餐饮业的基本知识，能解决并处理生产服务过程中出现的具体问题；具有一定的经营管理能力和组织领导能力。

（三）餐厅内烹调工作人员的要求

在餐厅内从事烹调工作的人员，即我们过去常说的“红案”工作人员。从事这项工作的要求是：在认真执行有关食品安全的各项规章制度的前提下熟悉烹调原料名称、性能、用途、营养搭配和保管要求；不仅掌握一般烹调原料加工制作过程，包括分类、宰杀、洗涤、泡发、切配的基本技能和成本核算方法，还要掌握炉灶、冰箱、机具、器皿及厨房设备的使用和保管方法；能运用常用烹调方法，烹制出能体现餐厅经营特色的、符合质量要求的菜肴，并且做到投料准确、质量稳定。

（四）餐厅内面点制作人员的要求

餐厅内的面点制作人员，即我们过去常说的“白案”工作人员。从事这项工作的要求是：在认真执行有关食品安全的各项规章制度的前提下，第一，必须掌握面团的调制、制馅、成型、成熟等各项工艺；第二，要掌握炉灶、机具、器皿及厨房设备的使用和保管方法；第三，要掌握各种面点、小吃的原料名称、性能、保管方法及主要面点、小吃的制作过程；第四，能制作本店所经营的各种面点、小吃品种，做到分量准确、质量合格。

（五）餐厅服务人员的要求

熟悉餐厅服务规程，能用礼貌用语独立接待宾客或进行售货服务，服务周到，算账准确，具备一定的外语会话能力；熟悉一般菜点的名称、规格和口味特点，能根据不同宾客的需要介绍适宜的品种；能按服务规程接待散座客人与一般宴会客人；懂得常用餐具、设备的使用、保管及维护方法；能做好班前准备和班后收尾工作。

五、餐饮生产流程管理相关政策和法规

（一）《中华人民共和国食品卫生法》

为保证食品卫生，防止食品污染和有害因素对人体的危害，保障人民身体健康，增强

人民体质，1995 年 10 月 30 日，《中华人民共和国食品卫生法》正式施行。国家实行食品卫生监督制度。国务院卫生行政部门主管全国食品卫生监督管理工作。国务院有关部门在各自的职责范围内负责食品卫生管理工作。凡在中华人民共和国领域内从事食品生产经营的，都必须遵守本法。2009 年 6 月 1 日，《中华人民共和国食品安全法》正式实施，《中华人民共和国食品卫生法》同时废止。

（二）《中华人民共和国食品安全法》

2009 年 2 月 28 日，第十一届全国人民代表大会常务委员会第七次会议通过《中华人民共和国食品安全法》，2015 年 4 月 24 日第十二届全国人民代表大会常务委员会第十四次会议通过修订，2018 年 12 月 29 日第十三届全国人民代表大会第七次会议对其进行修正。《中华人民共和国食品安全法》共十章一百五十四条。国务院设立食品安全委员会，其职责由国务院规定。国务院食品安全监督管理部门依照本法和国务院规定的职责，对食品生产经营活动实施监督管理。国务院卫生行政部门依照本法和国务院规定的职责，组织开展食品安全风险监测和风险评估，会同国务院食品安全监督管理部门制定并公布食品安全国家标准。国务院其他有关部门依照本法和国务院规定的职责，承担有关食品安全工作。

（三）《餐饮企业经营规范》

《餐饮企业经营规范》（SB/T 10426-2007）是经商务部公告，于 2007 年 12 月 1 日起正式实施的行业标准。它是餐饮行业标准体系中的基础性标准，从餐饮企业经营应具备的基本要求、经营场地、设备设施、规章制度、卫生安全和后续处理方面提出了规范要求。此规范还根据建设节约型社会的要求，从环保和节能的角度提出了餐馆减少使用一次性木筷等方面的要求，适用于各种经济类型的餐饮企业，具有较强的行业指导性和可操作性。

（四）2010 年以来餐饮业相关的政策法规

2010 年以来，针对屡发的食品安全问题，各部委发布了多项政策法规。

（1）卫生部①令第 70 号《餐饮服务许可管理办法》。

（2）卫生部令第 71 号《餐饮服务食品安全监督管理办法》。

（3）商务部《关于进一步做好餐饮业有关工作的通知》。

（4）国办发〔2010〕36 号《国务院办公厅关于加强地沟油整治和餐厨废弃物管理的意见》。

（5）卫生部令第 77 号《食品安全国家标准管理办法》。

（五）其他相关标准

（1）GB 5749-2006《生活饮用水卫生标准》。

（2）GB 14934-2016《食品安全国家标准 消毒餐（饮）具》。

（3）GB 14930.1-2015《食品安全国家标准 洗涤剂》。

（4）GB 14930.2-2012《食品安全国家标准 消毒剂》。

（5）JGJ 64-2017《饮食建筑设计规范》。

六、餐饮业的发展态势

（1）餐饮企业的连锁化、集团化是我国餐饮业发展的主流。

① 2013 年，国务院将卫生部的职责、人口计生委的计划生育管理和服务职责整合，组建国家卫生和计划生育委员会。

（2）随着家庭厨房社会化和外出就餐经常化的消费观念的转变，以家庭消费为代表的大众化餐饮市场和节假日市场不断扩大，快餐、小吃、家常菜和风味酒楼市场继续看好，餐饮食品加工领域不断拓宽。大众消费成为餐饮消费的主要力量。

（3）饮食文化成为餐饮竞争的分水岭，品牌成为餐饮企业的核心竞争力。

（4）科学化、营养化成为餐饮业的重要指向标。

（5）节假日市场和旅游市场对餐饮业的拉动作用将更加明显。

项目二 掌握管理的基本原理

一、管理的概念

什么是管理？管理者应该做什么？简而言之，管理活动就是用你所得到的东西去做你需要做的事情，即利用获得的资源去实现组织的目标。可供餐饮管理人员使用的资源有很多，主要包括人员、资金、时间、能源、产品、设备、程序等。但是，所有的资源供给都是有限的，管理者永远都不会拥有足够的资源。因此，作为一个管理者的任务就是要确定如何对可用的有限资源进行最佳利用。

二、管理的程序

管理过程可以分为七个部分：计划、组织、协调、用人、指导、控制、评估。不论哪一类的餐饮企业，这七个方面都是管理者的基本活动。

（一）计划

计划是制订长远的和眼前的目标，以及为这些目标应该采取的行动。餐饮企业的每一位管理人员，不论其职务高低，都必须制订计划。高层管理人员要制订长远计划，确定长远发展目标以及为实现这些目标应该采取的战略；中层管理人员要为实现近期目标制订经营计划；基层管理人员要制订日常经营的督导计划。制订计划时各级管理人员要相互沟通；如果计划涉及员工，管理人员应该尽可能与员工沟通，这样计划在员工眼里会成为“我们的计划”，而不是“管理者的计划”。

（二）组织

为了达到企业的目标，我们应该如何整理和使用有效的人力资源？这其中包括建立权限（权力）传递和人员之间沟通的程序。建立组织机构首先要确保每个员工只有一名主管，并要认真安排每位主管所管理员工的数量。这受到主管的经验、工作的复杂程度、指导员工的工作量、工作可能出现差错的频率以及主管能从其上级得到多少帮助等因素的影响。再次，各级管理者都有相应的决策权，一位主管只有做事的责任，而没有相应的权力，是非常糟糕的，对员工也应下放权力，比如“海底捞”的员工就有可以预支 200 元帮助客人解决问题的权力。

（三）协调

协调是为了完成经营目标而分派工作，安排人员以及其他资源的一项管理工作。协调要靠沟通才能实现。必须建立有效的管理渠道，使信息上下传递、跨部门传递。只有部门的内部管理人员之间和部门经理之间建立起畅通的沟通渠道，才能实现企业的经营目标。

（四）用人

用人是招募和聘用求职申请人的管理活动。用人的目标是将最高素质的员工吸引到企业中来，同时将他们合理地安排到空缺的岗位上。要达到这个目标，岗位分析很重要，在这个分析中应明确规定能成功胜任该项工作所必备的个人条件。

（五）指导

指导是指对员工的工作安排、督导和制度约束。督导过程中要善于激励员工，善于将企业目标和员工个人目标协调吻合，这样当工作能够体现员工个人需求时他们就会被激励。

（六）控制

餐饮企业的特点决定了建立产品的采购、验收、储存、发放、烹制和服务的控制程序是必要的。餐饮生产流程管理的控制点主要有：

1. 菜单计划

菜单计划是餐饮生产流程管理的起点。因为菜单影响到其余的控制点，经营者在设计菜单之前必须了解所有的控制点。举例来说，菜单的制定影响采购、验收、储存、发放、初加工、烹制及服务程序。这些程序因食品原料的不同而改变，在某些情况下菜单也影响到设备的设计和布局、必备的设施设备和劳动力需求。

2. 采购

采购对于保证产品价值和质量、降低投资成本及提升经营竞争力都是非常重要的。完善的采购技术能保证利润、控制成本，而且能降低风险。

3. 验收

验收是一个关键的控制点，因为这一控制点的运作直接关系到产品质量。验收功能包括检查质量、数量和价格，适当的验收实践与熟练的采购技能相结合，能使精心计划的菜单获得最大收益。

4. 储存

储存食品原料是有价值的资产，不同类型的储藏方式（干燥、冷却和冻结）可避免污染、腐败和被盗，确保费用和风险降到最低，以获取最大利润。

5. 发放

发放是将食品原料从储藏地发放到其他环节的控制点。发放控制的目的是确保原料只发放到适当的被授权的制作部门。设计不合理的发放系统会破坏餐饮卫生管理的效果，增加风险，减少利润。

6. 初加工

初加工是食品原料烹制前所进行的一系列加工活动。清洗和蔬菜去皮、肉的分档取料、配菜均为初加工活动，原料在初加工过程中容易暴露在不卫生的环境中，因此，在这一控制点，卫生标准是十分重要的。

7. 烹制

烹制是为了改变食品原料的色泽、味道、质地、口感和营养价值而需加热的控制点。

食品原料在烹制期间风险性进一步增加，因此，这一控制点一定要严格检测。

8. 服务

服务是将制作后的菜点通过服务人员从制作部门传递给客人的过程。这一控制点的服务设计应满足高质量的产品被迅速有效地呈送给客人的要求。服务标准应该把重心集中在食品安全和质量上。

9. 清洁和维护

清洁和维护是最后的控制点，也是最重要的控制点之一。清洁与其他基本操作活动有密切的关系。其他控制点的标准也是清洁的标准，与卫生和维护有关。

上述 9 个控制点是所有餐饮企业管理的基础。虽然特殊标准和操作程序会依个体操作的不同而改变，但是基于这些控制点的管理模式可适用于任何餐饮企业。

(七) 评估

从管理的角度讲，评估的项目就是回顾为实现企业整体目标的经营过程，问问“我们的工作完成得怎样?”，然后以此为据修订计划。

思考及训练

1. 结合餐厅从业人员的要求，对自己进行全面的分析。
2. 根据自己平时的观察，简单分析餐饮产品的特点。

第一部分

厅面销售服务流程管理

项目一 餐厅的计划、组织

任务一 制订计划

一、制订餐厅的经营计划

制订餐厅的经营计划是一项十分复杂的工作，需要考虑的因素纷繁复杂。

（一）确定经营范围

要使企业长期保持稳定经营，避免将有限的资源分布得过于分散，集中投资力量，就必须根据顾客的目标功能来确定经营范围，并相应地规划出市场区域。在餐饮经营中，由于受到来自方便食品、熟制品及半加工食品的冲击，所以要求对现有餐饮企业的功能重新考虑，即从饮食供应所变为“饮食休闲中心”。这样餐饮企业的经营范围扩大了，品种增多了，就不会局限于菜品经营上，而能全面研究和开发属于饮食休闲范围内的各种产品。一旦经营范围确定下来，就要识别出在这个范围之内起作用的力量，找出那些真正的经营时机。那么，要怎样做才能寻找到真正的经营时机呢？一般有以下几点：

1. 分析信息，寻找时机

餐饮企业在经营过程中，必须根据企业自身条件，有目的地收集有关餐饮市场变化的信息、居民收入水平和消费水平变化的信息。从当前形势动态的大量信息中分析、整理出对企业经营发展有用的市场需求信息。将这些信息结合企业所在地的外部环境进行分析，了解信息产生的背景、演变过程并掌握细节，寻找能适合发挥本企业特点和自身优势的对企业经营有利的时机。如目前餐饮企业因人工成本较低，顾客对餐具消毒还没有特别严格的要求，因而洗碗机和消毒柜进入厨房还有一段距离。但人们卫生意识在加强，人工成本也会随着经济发展而上升，有一定眼光的餐饮企业经营者应为洗碗机、消毒柜进入厨房留出空间。

2. 时机成熟与选择

当餐饮企业了解了适合本企业发展的各种信息后，就应该进一步观察，是否有正在酝酿的机会，尤其是要把各种信息进行排序，留心任何机会。在企业现有条件下从事物的根本出发，主动利用成熟的时机。这就要求餐饮企业经营管理者具有创造思维，选择对企业长期发展有利的战略时机。

3. 利用时机，确定目标市场

餐饮市场是复杂多变的，因此寻找最佳的目标市场，有效地选择营销手段是餐厅实现营销目标的制胜法宝。目前许多餐厅不注重市场的细分以及每位就餐客人需求差异的消费行为，必然会导致餐厅促销无针对性，降低营销效果和市场竞争力。因此，餐厅必须根据自身的优势，确立细分的目标市场，实施差异化的营销手段和策略，有效地寻找新市场。

从目前很多餐饮企业现状看，不是没有发现时机，而是由于贻误时机而失去很多发展的机会。当选择好时机后，就要加以利用，使之转化为促使企业成功的关键因素。首先，应做好行动规划，力争把握最好时机。其次，做好人力、物力、财力各方面的准备工作，按计划实施，而不能因为资源的限制而使企业无法利用时机。最后，随时监视时机的变化情况，并不断调整企业自身的行为，以使机会的利用取得更好的效果。当餐饮企业经营外部环境处于不利状态时，企业应耐心等待。有时候，时间的流逝能改变整个状况，在经济不景气的情况下，餐饮企业可修炼内功，等待时机。

4. 客人是关键的因素

餐饮业是为人服务的行业，这个行业的每一部分和经营管理的每一个层面的共同因素是人，是餐饮的服务对象。无论在何种状况之下，客人都处在工作、关怀和考虑的中心位置。在分析问题、解决问题的每一个环节中，都必须将客人作为关键因素。

（二）分析顾客的总体经济状况

这里所说的“总体经济状况”是指经营范围内的目标客户的总体经济状况。一般只需了解到特色的目标市场顾客的经济状况就足够了，对目标顾客总体经济有了彻底了解后，将有助于企业提高经济利益。同时，餐厅在制订经营方案时，特别要重视一定时期内的固定成本、变动成本与混合成本，然后制定标准成本。标准成本是一种预计成本，即预先通过精确的调查、分析与技术测定而制定的，在正常业务经营条件下应当发生的成本，它是经营方向，同时也是衡量工作效率和评价实际成本的尺度。

（三）利用现有系统，同时提供补充服务

这是通往成功的最佳道路，一旦发现了某个潜在的能提供很多利益和手段的领域，就应该在短时间内把它扩展到一定程度以取得规模效益。餐厅菜品不能一成不变，必须使客人常来常新，因此，餐饮业也应该以需定产，在掌握市场需求的基础上，及时推出适销对路的菜品，同时要不断丰富菜品的服务内涵，更新菜品的服务外延，哪怕仅仅是一些点缀、饰品、标记符号的改变，也会给客人一种全新的感觉，再配上层出不穷的活动推广，接二连三地制造热点、卖点，才会使客人常来不厌。

（四）重视扩大既定经营业务中成功的关键因素

当资金、人力、时间都很有限时，把有限的资源集中在能决定企业获得成功的关键领域是至关重要的。如果一个餐饮企业仅仅像竞争对手那样调配资源，那么它是不会产生竞争优势的。应在餐饮经营领域中，将资源的正确组合调配到关键的领域，使企业处于真正有竞争优势的地位。确定成功的关键因素一般采用两种方法：

一是尽可能具有想象力地剖析市场，确定关键的目标市场。

二是通过分析同类企业中成功者和失败者之间的差异，如企业产品的功能、服务领

域、销售方式等，从而辨认出新的营业机会。当管理者全力以赴地寻找企业获得成功的关键因素时，需要对从原料采购到餐厅服务的全过程进行仔细分析，从这些错综复杂的因素中总结出一两个关键因素或阶段，从而建立起企业的经营优势。

（五）建立相对优势

餐饮企业因自身规模、档次不同及其他资源等实力的不平衡，很难希望自己在所有方面都处在市场领先地位。因此，企业应根据市场分析确定一两个具有相对优势的领域，形成以相对优势为基础的创新经营战略。

二、制订餐厅的菜单计划

菜单计划是餐饮生产流程中的第一个控制点，菜单是餐饮企业经营宗旨的集中表现，代表企业向顾客传递企业的理念。菜单呈现给顾客就意味着销售的开始。对于一个餐饮企业来说，菜单是成功的关键。菜单很具体地向顾客展示了企业提供的主要食品。

（一）菜单计划与相关控制点

在食品服务过程中，菜单对其他控制点也有很大的影响。因此，菜单计划必须考虑到企业管理者进行控制的几个方面：库存、人员配备、设备和设施。

1. 菜单计划与库存

库存是一个企业商品备有存货的总和。菜单有助于创造对由库存商品加工而成的成品食品的需求，使顾客的订单耗尽现有的库存，直接影响企业对采购、验收和储存的要求。

2. 菜单计划与人员配备

餐饮企业的人员配备情况对于其菜单设计的成功与否有很大影响。在管理人员开始制订菜单计划之前，一定要考虑食品生产工作人员和服务人员的技术水平。

3. 菜单计划与设备

任何餐饮企业在开业之前都要投入大笔资金购买设备，即餐饮企业在其运作过程中所使用的一系列器械。显然，企业所拥有的生产设备和服务设备的种类及数量决定了其能够向顾客提供何种菜品。在购买时一定要注意的因素包括：设备的性能、设备的维护成本和价格、能源的供给状况、企业员工的技术水平；设备必须易清洁和消毒；设备的设计、布局和安装便于产品和人员在厨房、服务区内移动。

4. 菜单计划与设施

硬件设施是指餐饮企业的建筑和内部外观，包括肥皂和毛巾等配套物品，以及照明采光设施和暖气或空调系统的通风孔等附加设施。设施的布局和设计也是菜单计划中要考虑的重要因素，因为这些因素给食品的加工和供应造成了硬件上的限制。设施必须满足菜单中每道菜品的采购、验收、储藏、发送、准备、烹饪、保温和服务的要求。因此，硬件设备必须随菜单的变化而重新设置。

此外，倘若菜单上所列菜品的大小、重量、每份的数量、加工技术能做到准确描述，那么通过对菜单及其标准菜谱的仔细分析，企业就可以确定其采购需求。采购方式就可以随着市场、供货渠道和顾客需求而改变。企业采取一系列的控制措施有利于对质量、卫生和采购成本进行控制。当企业的采购者拥有了以上知识，采购就很容易获得成功。

（二）菜单计划要求

（1）菜单应顺应潮流。比如顾客喜欢各类健康食品并以较小的量来分装，因此较小量食品和更清淡健康的食品是发展趋势。同时要设计提供包括地方风味和具有民族特色、异国情调的食品。

（2）菜单计划要达到企业的财政目标，帮助企业塑造形象并且使整个企业按计划运转。菜单计划要与设施的环境和目标市场的期望相适应。提供菜单计划必须以目标市场的需求为基础，应能传达一系列迎合或者超过顾客期望的战略思想，从而保持菜品的销售及其受欢迎程度的记录。

（3）菜单计划要考虑其对其他控制点的影响。尽可能使菜品合理化并且原料能被交叉利用。在需要的时候可评估和采用高质量的方便食品。

（4）要考虑到每个控制点上可能产生的卫生危害。一旦确定一些潜在的危害，必须采取措施来清除这些危害。

（5）实战菜单的具体要求。

- 需要对原料和成品菜进行精确的描述。
- 质量和等级说明要真实。
- 菜单对规格、重量或数量的描述要准确。
- 绝不能将冷冻或罐头食品按新鲜食品出售。
- 准确地描述加工方法。
- 在菜单中清楚地说明额外的附加收费。
- 菜单上的图片能准确地展现所提供的产品。
- 服务员的描述要准确。
- 饮食或营养说明要准确。
- 组成和营养资料可供索取。
- 在外观、可读性、清晰度和价格策略方面要有创新性。

相关链接

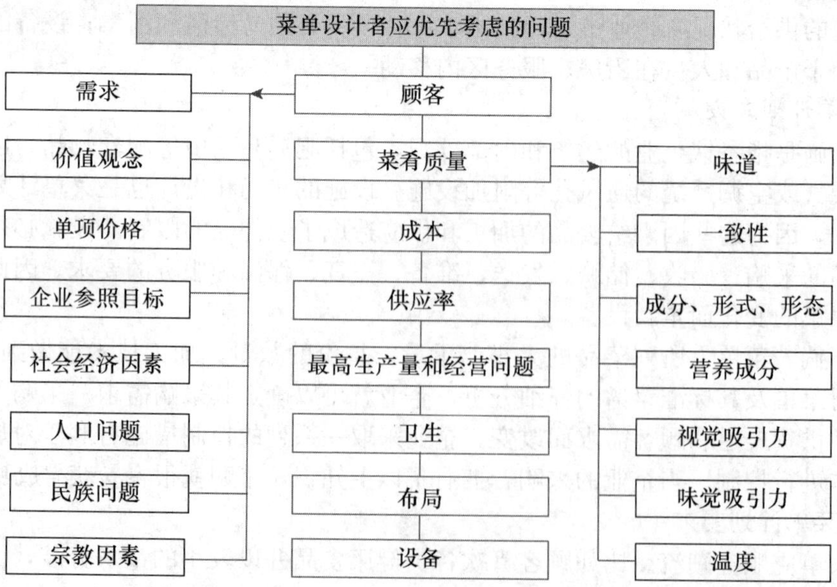

案例分析

儿童趣味菜单

随着儿童在现代家庭中的地位越来越高，家庭的就餐选择受儿童左右的倾向也越来越明显，但中餐厅里却很少能看到像麦当劳、肯德基那样精心为儿童设计的各类图文并茂的套餐菜单或单点菜单，这无形中造成了相当一部分儿童背后强大客流市场的流失。实际上，儿童菜单在国外早已屡见不鲜。

例如美国巴尔的摩市五星级的万丽湾景酒店餐厅，就备有精美的儿童菜单，列在菜单上的食品和饮料品种并不是很多，都集中印在一张色彩鲜艳的纸上，字体活泼，而且字号较大，便于儿童阅读。菜单的封面是请曾在餐厅用过餐的小客人设计的，活泼可爱。儿童菜单里还有一本当月的《儿童体育书报》。每次有儿童在父母的带领下在餐厅用餐时，服务员都会先为小客人送上干净整洁的儿童菜单，令小朋友们喜出望外。

分析：

对于一个餐饮企业来说，菜单是成功的关键。一份个性化的菜单能成为餐厅的亮点，对顾客而言，这份菜单既是餐饮产品目录，同时也营造了一种就餐氛围和乐趣，使顾客的就餐经历更加愉悦。

三、认识餐饮产品的特点

(一) 餐饮产品生产的特点

1. 餐饮生产属个别定制生产，产品规格多，批量小

当客人进入餐厅点菜后，厨房才进行产品制作，这种个别定制生产使产品规格难以统一。而产品规格的多样化要求菜单上有什么菜品，厨房就要有出品，甚至客人点了菜单上没有的菜品，厨师也应该能够制作，因此加大了厨房采购、管理、服务的难度。

2. 餐饮生产时间短

餐饮消费属于即时消费，就餐者从点菜到消费的过程相当短暂。一道菜品的制作通常只需几分钟或十几分钟，一次宴会也不过持续几个小时，因此要求厨师必须做好准备工作，烹调阶段更应该迅速，以保证菜品的色、香、味、形、温度等符合质量要求。

3. 餐饮生产量难以预测

生产量根据每天餐厅客人的上座率和点菜情况而定，很难提前了解。但不同类型的餐厅根据其客源市场的消费特点，还是有规律可循的。另外，想避免由此而带来的原材料浪费，更重要的是前后台互相配合。服务员需积极推销厨房备量较多的菜品，一般是厨房每天急推的和特别介绍的菜品。

4. 餐饮原料、产品容易变质

餐饮生产所用的原料大多是鲜活原料，有很强的时间性和季节性，若处理不当极容易腐烂变质，从而失去食用价值。在原材料的保管、加工中也容易造成营养成分的流失，影响菜品的质量。

5. 餐饮生产过程的管理难度较大

餐饮产品从生产到出售环环相扣，涉及的岗位和人员众多，任何一个环节出现问题都会影响产品的质量。因此要制定详尽的岗位职责和操作流程，在实际工作中还要求所有人员能够相互配合，分工协作。

6. 产品质量的好坏以适口者为准

中国有句俗语叫“众口难调”，餐饮产品的好坏很难有一个统一的标准，消费者最有发言权。在餐饮业中，好吃就是硬道理。

(二) 餐饮产品销售的特点

1. 餐饮销售量受餐饮经营空间大小的限制

餐厅的面积及餐位数都是相对固定的，因此接待人数也相应地受到限制。但是餐饮部可以通过提高服务效率来增加销售量，还可以通过增加外卖和外出举办宴会等方式，打破经营空间的限制。

2. 餐饮的销售量受到就餐时间的限制

人们一日三餐的就餐时间大致相同。一到就餐时间，餐厅生意兴隆；反之，则门可罗雀。餐饮部可以通过延长营业时间或增加营业项目等方法引导消费。

3. 餐饮经营毛利率高，资金周转较快

餐饮的综合毛利率一般都较高。在我国，一般三星级饭店其毛利率可达45%～50%，四、五星级饭店可达60%以上。如果做好有关费用的管理，则能产生相当部分的纯利润。另外，餐饮的销售收入中相当一部分以收取现金为主，而餐饮原料中的半数以上是当天采购、当天生产并销售的，因此，资金周转较快。

4. 餐饮经营中固定成本占有一定比重，变动费用的比例也较大

各种餐厨设备、储存设备的投资，使得餐饮经营活动中的固定成本占有一定比重。另外，餐饮变动费用、员工的报酬、水电燃气等燃料消耗、餐饮企业原料的支出等均占有相当大比例。餐饮企业工作人员必须尽量减少原材料消耗，降低各项费用指标，以节支的方法达到增收的目的。

(三) 餐饮服务的特点

1. 服务的无形性

餐饮服务是餐饮产品构成要素中的重要组成部分，而服务本身具有无形性，难以用具体的标准进行度量。宾客对服务的满意度是靠心理去感受的，这就给服务带来很大难度。餐饮企业应不断提高服务质量，提供针对性服务，以满足客人的需求。

2. 服务的一次性

餐饮服务在客人的消费过程中只能当次享受，不可以像物质产品一样进行储存，或者重复消费。如果服务出现质量问题，将难以弥补客人的损失。这就要求在接待中要争取100%的合格率，才能使头回客成为回头客，最终成为常客。

3. 服务的同步性

餐饮产品的生产、销售、消费是同步进行的，即现生产、现销售。因此，服务时要充分利用当次推销机会，将厨师的特别介绍和需要急推的菜式推销出去。

4. 服务的差异性

每位员工由于年龄、性格、受教育程度及职业培训程度的不同，所提供的服务也不相同；即使相同的人在不同的场合、不同的时间，服务态度也会有差异。客人衡量服务水平的高低主要是以服务水平最低的服务员为准。就像木桶效应一样，水总是从最低的一块板流出。要解决这一问题，就必须制定服务质量标准，并通过培训提高员工素质。

5. 服务质量评价标准的主观性

餐饮服务质量的评定主要依赖消费者的主观判断。由于消费者的价值观、审美观、性格特点、生活禁忌、饮食需求存在较大差异，每个人的评价标准也各不相同，同样的服务可能得到不同的评价，因此，要求餐饮服务人员能够提供针对性的服务。

思考及训练

请根据下表中的词语将中国餐饮业的起源与发展串起来。

中国餐饮业的起源与发展
茹毛饮血、蒸谷为饭、烹谷为粥、仪狄造酒、酒祖杜康、饕餮纹饰、钟鸣鼎食、食不厌精、脍不厌细、齐民要术、曲突烟囱、辋川小样、建康七妙、饮膳正要、千叟巨宴、素食清供、随园食单、切雕双绝、营养均衡、合理膳食、粤川苏鲁、闽浙徽湘。

任务二 建立餐饮组织机构

一、餐饮组织机构的定义

组织是指由两个或两个以上的群体为了达到某一共同目标自觉协调行动的系统。作为一个有机整体，组织是由各种要素构成的。组织的构成要素包括：组织要有共同的目标，目标是组织存在的前提和基础；组织要有自己的人员，组织成员是组织存在和发展的基础，是组织进行活动的先决条件；组织必须有分工和协作，必须由全体成员分工合作才能共同完成；组织应有不同层次的权力和责任制度，职权和责权是实现组织目标的必要保证。组织结构是该组织中各组成要素之间的相互关系的框架。设计和建立合理的组织结构是为了更有效地实现组织目标，尽管不同组织所处的环境、规模、所需的人员和部门及相互关系各有不同，但在进行机构设置时都需要遵循一些共同的原则。

餐饮组织机构是为完成经营管理项目而集成集体力量，在人群分工和职能分化的基础上，运用不同职位的权力和职责来协调人们的行动，发挥集体优势的一种组织形式。它是针对企业餐饮经营管理目标，为筹划和组织餐饮产品的供、产、销活动而设立的专业性业务管理机构，是有效开展业务经营活动的组织保证。

二、组织机构设置的原则

（一）目标一致原则

任何一个组织都有其特定的目标，组织中的每一部分都应与既定的组织目标相关，否则，它就没有存在的意义。组织中的每一个机构又有自己的分目标来支持总目标的实现，而这些分目标又成为机构进一步细分的依据。这样目标层层分解，机构层层建立，直到每一个成员都了解自己在总目标的实现中应完成的项目，就建立起一个组织的有机整体，为保证组织目标的实现奠定良好的基础。

（二）分工协作原则

组织目标的实现要靠组织全体成员共同努力，这就要求必须坚持分工协作原则。分工就是规定各部门、各层次和各成员的工作内容、工作范围。协作就是规定各部门、各层次和各岗位之间的关系、协调配合的方法。如果组织内部各组成部分协调不一致，相互间的力量就会被削弱和抵消。

（三）统一指挥原则

统一指挥原则是指组织的各级机构及个人按照管理层次建立统一指挥、统一命令系统，下级只能服从一个上级的命令和指挥，以避免多头领导、多头指挥，使组织最高管理部门的决策得以贯彻执行。统一指挥的原则要求：任何上级指示只能从上到下逐级下达，不能越级指挥，下级不能越级向上级请示汇报，在上下级之间形成政令畅通的指挥链。

（四）有效管理幅度原则

有效管理幅度原则是指上级管理者有效地监督、指挥其直接下属的人数是有限的。影响管理幅度的因素有许多，如工作类型、上下级的工作能力等。管理幅度的大小影响和决定着组织的管理层次。在组织规模已定的情况下，管理幅度增大可使管理层次减少，加快信息传递速度，提高效率，同时还可降低管理费用。因此在保证有效管理的前提下，可尽量扩大管理幅度。

阅读资料

组织的扁平化

20 世纪 80 年代，美国通用电气公司 CEO 杰克·韦尔奇认为通用的管理体系太庞大，似乎每一个人的上面都有一个经理。在 40 万的员工中，有 5 万名冠有经理的头衔，其中 500 名是资深经理人，130 名是副董事长或具有更高的职位。从生产车间到 CEO 有 12 个管理层级。理论上来说，为了让公司运行于正确的方向，这种监督的行为是必要的。按通用公司董事格曲德·密雪森的说法，层级管理代表一个企业有组织，有纪律，你有上司，他有上司，别人也有上司。你通过一层一层往上报告，这便形成了一个有条不紊的企业经营管理方式。实际上如此多的经理会花费太多的时间在例行报告上，而且关键的是官僚式的组织机构对外界环境变化反应太慢，行动无法迅速，使大公司失去了小公司的灵活性，不能适应日益激烈的市场竞争。于是杰克·韦尔奇决定剔除层层的管理阶级，这一过程被称为“组织扁平化”。经过扁平化，通用电气公司的管理层级大大减少，从生产车间到 CEO 仅有 6 个层级。依照韦尔奇的说法，组织扁平化不只是要节省开支，更重要的是改善了管理的功能。扁平化不仅为通用电气公司节省了费用，更加速了沟通，将原本就属于企业的“控制”与“责任”还给了企业。

（五）责权对等原则

责权对等原则是要求职责与职权保持一致。职责是指各种组织职位所承担的责任；职权是指一定职位在其职责范围内，为完成其责任必须具有的权力。在设计组织结构时，既要明确规定每一管理层次和各个部门的职责范围，又要赋予完成其职责所必需的管理权限。职责和职权必须协调一致，这就是责权对等原则的要求。

（六）集权和分权相结合的原则

集权和分权相结合的原则是为了保证有效的管理，应根据组织的实际需要来决定集权与分权的程度，实行集权与分权相结合的领导体制。集权是指将决策权限尽量集中于组织上层，而分权是将决策权限分散于组织下层。集权和分权是相对的。在现实中，组织中的权力哪些应该集中、哪些应该分散，没有统一模式，应根据组织的具体情况而定。

（七）稳定性与变革性相结合的原则

该原则是指组织结构及其形式既要有相对的稳定性，不要总是轻易变动，又要根据组织内外条件的变化，根据长远目标做出相应的调整。组织本身是不断运动的，而且组织依赖的生存环境也是不断变化的，若组织结构陷入静止状态，则无法适应环境变化，所以组织调整变革是不可避免的，只有调整和变革才能给组织带来效率和活力。

案例分析

2001 年，墨西哥万豪酒店开始推行 AT YOUR SERVICE（AYS）活动，AYS 意为随时为您效劳。AYS 打破了酒店业传统的内部组织机构分布和职能分工，对酒店的相关部门的服务内容（如总机房、客房送餐、管家服务、前台和礼宾代办服务等）进行了前所未有的整合，最终达到让每一位住店客人满意的目的。在提供 AYS 服务项目的酒店里，住店客人只需通过客房电话机上设置的 AYS 专用按键就可以迅速得到自己所需要的相关服务，如预订客房送餐，索要免费的牙膏牙刷、剃须刀、卫生纸以及额外的毛巾、枕头，问讯服务，洗衣熨烫，行李接送，礼宾代办服务等。

分析：

AYS 避免客人一个简单的电话请求要被转到几个不同的部门才能被解决。通过推出 AYS 服务项目，酒店既可以形成一个完整的酒店客史档案，也可以为住店客人提供一站式的酒店服务、信息咨询、问题解决途径，还可以提高对客人所反映的问题的跟踪处理速度，进而提高客人的满意程度。住店客人所反映的问题一旦明确，一个由多部门工作经验的酒店员工组成的 AYS 团队就会协同作战，迅速将问题解决。

思考及训练

阅读下面的材料，分析图 1-1-1 中的组织机构设置的优劣。

餐饮部是饭店为宾客提供各色菜品、饮品和餐饮接待服务的部门，是酒店重要的经营创收部门之一，也是体现酒店服务质量、管理水平的对外窗口。餐饮部的组织机构主要由餐厅、厨房、管事部等部门组成。厨房是生产部门，其主要职责是对菜肴质量进行把关，加强成本控制，不断进行菜品创新；餐厅是服务部门，其主要职责是提供高质量的服务，积极推销产品，努力降低成本，保持用餐环境的卫生清洁和设施设备的完好；管事部的主要职责是洗涤餐具、用具，清理垃圾，以及其他后勤保障工作。

根据饭店的规模和等级以及餐饮部门本身职能的不同，餐饮部的组织结构没有统一的模式，各餐饮组织通常根据自身的特殊性和经营项目，在组织机构设置原则指导下来设计组织结构。

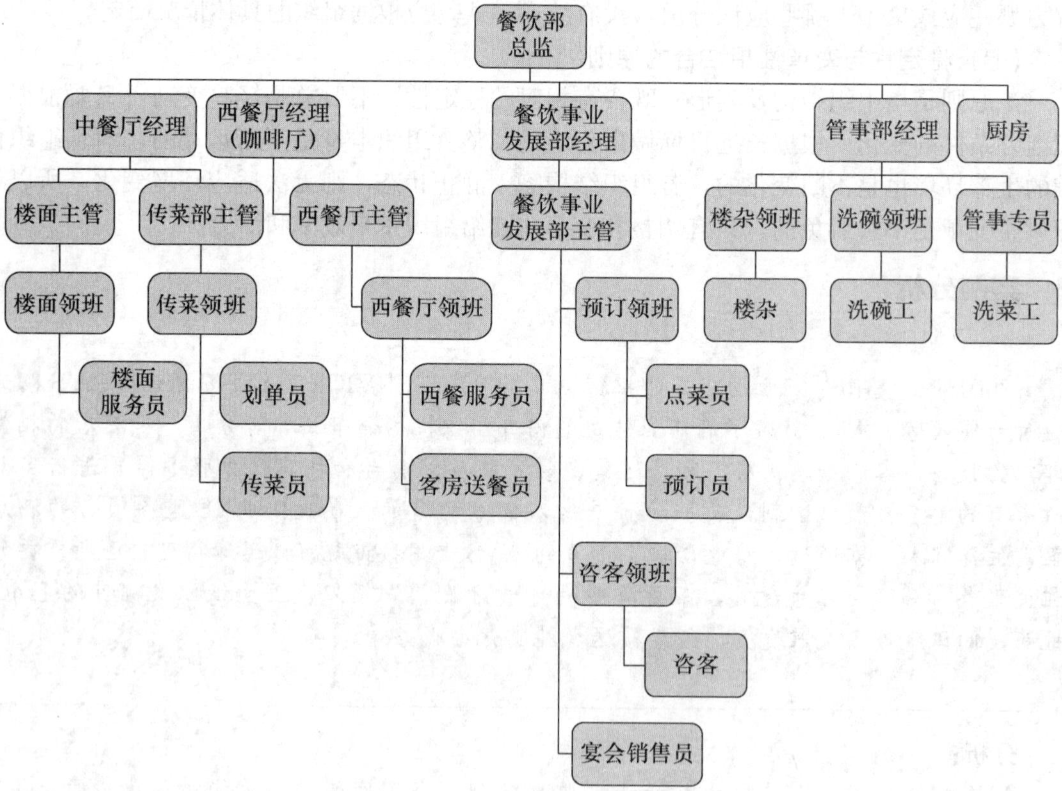

图 1-1-1　餐饮部组织结构图

项目二 餐厅岗位分析

任务一 了解餐厅经理应具备的职业素质

餐厅经理应具备的职业素质包括以下几方面。

一、诚实守信

诚实守信既是一种道德品质和道德信念，也是每个公民的道德责任，更是一种崇高的人格力量。在当今社会，诚信变得越来越重要。餐厅经理在做任何事情时应实事求是、言而有信，遵守规则，在彼此尊重的基础上达成共识。

二、职业情商

情商指的是对自己的情感、情绪的控制能力和在人际关系中的交往调控能力，就是控制自己和他人的能力。智商决定餐厅经理的录用，情商决定餐厅经理的提升。餐厅经理在工作中会和各种各样的人打交道，其中不乏行为不雅之人，但无论如何也不能因为客人的不理解或激动而失去风度，一定要做到荣辱不惊。

三、善于沟通

沟通是指把信息、观念、想法、感情传递给别人的过程，是人与人之间交往的桥梁。沟通是合作的基础，有效的沟通能让员工统一思想、排除干扰，让团队降低风险、完成目标。据调查，98%的矛盾来自误会，98%的误会来自沟通不善。餐厅经理与他人之间要达到有效沟通，必须建立起自上而下、自下而上及平行的沟通渠道，完善多角度、多级别、全方位的沟通机制，使每个员工都有参与和发展的机会，从而增强领导和员工之间的相互理解、相互尊重、相互欣赏和感情交流。

四、乐于协作

沟通是为了谋求协作。相互协作时，要有包容的心态，要有海纳百川、有容乃大的胸怀。“金无足赤，人无完人”，通过协作，能够达到相互弥补个人缺点，发挥各自特长，使企业更加强大。因此，在彼此合作时要少拆台，少抱怨，多补台，多反省。餐饮业是与人打交道最多的行业。餐厅经理要乐于和别人保持合作，共同体会合作的乐趣，分享合作的成果。当然在与他人合作的过程中，肯定会遇到一些与自己性格反差很大的人，也会遇到种种障碍，蒙受很多委屈，但要从工作大局出发，通过自己的行动和诚意，最终得到他人的支持。在取得成绩时，要慷慨地和大家一起分享。

五、团队精神

团队精神就是团队成员为了团队的利益和目标而相互协作、尽心尽力的意愿和作风。一个只能做好本职工作的团队不是一个好的团队，能够互助为乐、协同他人做好工作，并为他人创造条件的团队，才是一个好的团队。只有抱团“打天下”，团队才能在激烈的竞争中获胜。团队精神的精髓就是要互相理解、互相支持、互相信赖、互相尊重、互相学习。有了团队精神才能产生团队凝聚力，千人同心得千人力，而万人离心则无力可得。“一个和尚挑水吃，两个和尚抬水吃，三个和尚没水吃”说的就是这个道理。

六、调整心态

英国作家狄更斯说过，一个健全的心态比一百种智慧都有力量。保持一个良好的心态是职业生涯持续成功的关键。成功等于5%的技能加95%的心态。从事餐饮业的每一个人首先要有阳光心态，快乐工作，快乐生活，心甘情愿地把为他人创造幸福作为自己的天职。

七、竭尽所能

把工作当成自己的事业去做，不仅要每天只干一点点，而且要每天多做一点点，还要努力超越别人的期待，创造惊喜。

八、注重细节

细节决定一切，细节的竞争才是企业最高和最终的竞争。细节就像人体的细胞一样举足轻重，而且无处不在，只有认识它、注意它的人，才能把握住成功的机会。那些成就非凡的人，着眼于大处，却在细微之处用心、着力，日积月累，终于渐入佳境，这才是真正的成功之道。在做事时眼界要高，观察要细，精益求精。

九、开拓创新

创新是一个民族的灵魂。餐厅经理可能面对的是一群非常挑剔的、永不满足的客户群，对他们来说，唯一的出路是创新。创新是利润所在，更是快乐所在。如在韩国的一家小工艺品店里，店主人准备好剪刀、尺子、铅笔、纸板和彩纸，让游客们做杯垫，本来这是幼儿园小朋友做的事，但游客们都乐此不疲，一做就是几个小时。再加上店主人组织一些回答问题、跳绳、套圈、分发奖品等小节目，一大帮成年人仿佛回到了童年，玩得不亦乐乎。这其实就是旅游项目，他们是用智慧来创新经营。

十、学会营销

引导客人消费是一种最难学会的职业技能。目前最流行的一种营销方式叫作“煽情营销”，其内涵是充分挖掘客人的情感需求，用真情来打动客人。在韩国世界香草主题公园，导游员先在大厅为游客讲解花瓣的功能，如花瓣不仅清香沁人心脾，还能做成美味，不仅能够美容养颜，还对高血压、高血脂等疾病有显著疗效，然后带游客参观，给他们带来视觉冲击。这种煽情营销抓住了消费者爱美、爱健康的心理需求。每名游客都欣然接受这种营销方式，迫不及待地要品尝花瓣饭。花瓣饭之旅对每位游客来说都是一次难忘之旅，一次幸福快乐体验之旅。

记一记　　**餐饮服务人员素质要求顺口溜**

全店员工要牢记，仪容仪表要得体；言谈举止应规范，互敬互爱常微笑；发型适当无头屑，指甲干净常修剪；口腔清新神情爽，仪表要求记心间；工装整洁无褶皱，衬衫外套不缺扣；上岗之前先照镜，无论何事笑脸迎；走路稳健似阵风，站似松来坐如钟；坐立行蹲姿端正，自我要求不放松；来电三声内接起，微笑融在声音里；“你好”“部门”“工牌号”，讲完“再见”才挂掉；“您”“请”“谢谢”乃有礼，“抱歉”应答“没关系”；客人需求忌说“不”，灵活耐心来帮助；万事均以客为先，生人常客都热情；宾客需求主动瞧，亲情周到又高效；同事相遇说“你好”，真诚协作很重要；100 减 1 等于 0，团结进取创共赢；勤俭节约能源省，人人当把模范争；诚信爱岗树典范，添赢事业竞飞腾！

案例分析

同时受雇于一家酒店餐饮部的两名员工，都从最底层干起，不久其中一名一再被提升，从领班直到部门经理。另外一名忍无可忍，向总经理提出辞呈，并痛斥总经理用人不公。总经理想了个主意。他说：“请您马上到集市上去，看看今天有什么卖的。”这个人很快就回来了，说集市上只有一个农民拉了车土豆在卖。“一车大约有多少袋，多少斤？”总经理问。他又跑到集上，然后回来说有 10 袋。“价格是多少？”总经理又问。他又再次跑到集市上。总经理让他休息一会儿，看看新提升的部门经理面对同样的问题怎么做。部门经理很快从集市上回来了，汇报说到现在为止只有一个农民在卖土豆，有 10 袋，价格适中，质量很好，他带回几个让总经理看看。这个农民过一会儿还会弄来几筐西红柿，据他看价格还公道，他想这么便宜的西红柿，总经理肯定会要采购一些的，所以他不仅带回了几个西红柿做样品，还把那个农民也带来了，现在正在外面等回话呢。

分析：

由此可见，履行职责不是简单执行，不是指到哪儿打到哪儿，而是需要深入思考，挖掘内涵，把每个环节做得尽善尽美，敢于创新，勇于承担责任。

思考及训练

请根据下面关于肯德基储备经理的职位描述及其他要求，谈谈你的看法。

储备经理简介

您将从事：

餐厅现场人员管理、订货排班、成本控制、设备维护等营运系统管理工作。

您将得到：

——我们为储备经理配备了系统的“冠军发展计划”课程以及 1 对 1 的导师辅导支持；

——最初 2 年，理论与实践相结合，从掌握餐厅工作站操作及基本管理知识开始，逐项学习财务管理、人力资源计划、服务管理、物流与库存等 18 门管理课程，考核通过后即可晋升为餐厅副经理；

——之后 1～2 年继续学习 3 门课程：绩效管理、餐厅营销及团队管理，由此逐渐荣升为独当一面、带领百人团队、掌管千万营业额的餐厅经理，成为餐厅的核心人物。

具备以下条件，即可申请：

——拥有本科及以上学历；

——热情开朗，善于与人沟通；

——适应倒班和高效的工作环境；

——乐于从事连锁餐饮零售业。

薪资福利：

具有同行竞争力的薪资，依照国家规定缴纳“五险一金”及提供带薪年假（10 天），享有商业医疗保险。

任务二　厅面岗位分析

以下为关于餐厅厅面工作的 9 个岗位分析，请认真阅读。

岗位分析 1　部门经理

<table>
<tr><td>岗位名称</td><td colspan="2">部门经理</td><td>岗位编号</td><td></td></tr>
<tr><td>所在部门</td><td colspan="2">餐饮部</td><td>岗位定员</td><td></td></tr>
<tr><td>直接上级</td><td colspan="2">常务副总</td><td>工资等级</td><td></td></tr>
<tr><td>直接下级</td><td colspan="2">餐饮各分部经理及厨师长、员工食堂主管</td><td>薪酬类型</td><td></td></tr>
<tr><th colspan="5">工作综述</th></tr>
<tr><td colspan="5">负责制订并实施餐饮部工作计划和经营预算，督导餐饮部日常运转管理，确保为客人提供优质高效的餐饮服务并进行成本控制。</td></tr>
<tr><th colspan="5">职责与工作项目</th></tr>
<tr><td rowspan="3">职责一</td><td colspan="4">职责表述：负责制订餐饮部营销计划和长短期经营预算，带领全体员工积极完成经营指标。</td></tr>
<tr><td rowspan="2">工作项目</td><td colspan="3">收集有关资料，制订部门营销计划。</td></tr>
<tr><td colspan="3">落实并实施有关计划，完成经营指标。</td></tr>
<tr><td rowspan="4">职责二</td><td colspan="4">职责表述：建立和完善餐饮部的规章制度及服务程序与标准，并督导实施。</td></tr>
<tr><td rowspan="3">工作项目</td><td colspan="3">制定部门各项规章制度及服务程序与标准。</td></tr>
<tr><td colspan="3">对员工就规章制度进行宣传贯彻。</td></tr>
<tr><td colspan="3">对员工进行服务程序与标准的相关培训。</td></tr>
<tr><td rowspan="3">职责三</td><td colspan="4">职责表述：定期同餐饮各分部经理、厨师长研究新菜点，推出新菜单，并有针对性地实施各项促销活动。</td></tr>
<tr><td rowspan="2">工作项目</td><td colspan="3">同餐饮各分部经理、厨师长研究新菜点。</td></tr>
<tr><td colspan="3">实施各项促销活动。</td></tr>
<tr><td rowspan="3">职责四</td><td colspan="4">职责表述：定期深入各部门听取汇报并检查工作情况，控制餐饮各项收支，制定餐饮价格，监督采购和盘点工作，进行有效的成本控制。</td></tr>
<tr><td rowspan="2">工作项目</td><td colspan="3">到各部门听取汇报并检查工作情况。</td></tr>
<tr><td colspan="3">控制餐饮各项收支，制定餐饮价格，进行有效的成本控制。</td></tr>
<tr><td rowspan="3">职责五</td><td colspan="4">职责表述：检查管理人员的工作情况和餐厅服务规范及各项规章制度的执行情况，发现问题及时采取措施，出色地完成各项接待项目。</td></tr>
<tr><td rowspan="2">工作项目</td><td colspan="3">检查管理人员的工作情况、餐厅服务规范及各项规章制度的执行情况。</td></tr>
<tr><td colspan="3">在餐厅进行走动管理，督导各项接待项目。</td></tr>
<tr><th colspan="5">权力</th></tr>
<tr><td colspan="5">权限一：对下属有奖惩权。</td></tr>
<tr><td colspan="5">权限二：对部门员工有录用选配、任命和除名的处理权。</td></tr>
<tr><td colspan="5">权限三：有签署下属上报的申购、领用、休假等权力。</td></tr>
<tr><td colspan="5">权限四：处理客人投诉时有免费、打折的权力。</td></tr>
<tr><th colspan="5">工作协作关系</th></tr>
<tr><td colspan="2">内部协调关系</td><td colspan="3">销售部、房务部、工程部、财务部、人事部、安全部、行政办。</td></tr>
<tr><td colspan="2">外部协调关系</td><td colspan="3">防疫站、烹饪协会。</td></tr>
<tr><th colspan="5">任职资格</th></tr>
<tr><td colspan="2">教育水平</td><td colspan="3">大学专科及以上学历。</td></tr>
</table>

<table>
<tr><td>专业</td><td colspan="2">酒店管理专业、旅游管理专业、英语专业、经济管理专业。</td></tr>
<tr><td>培训经历</td><td colspan="2">接受过业务知识、质量管理、市场营销、人际关系培训。</td></tr>
<tr><td>经验</td><td colspan="2">有 5 年以上的餐饮管理经验。</td></tr>
<tr><td>知识</td><td colspan="2">熟悉餐饮服务、熟悉食品营养卫生；了解烹饪技术和设施设备维护；通晓市场营销、成本控制。</td></tr>
<tr><td>技能技巧</td><td colspan="2">英语应用水平，有较强的口头表达能力和撰写业务报告的能力。</td></tr>
<tr><td rowspan="2">个人素质</td><td>个人能力</td><td>具有较强的社会活动能力、组织领导能力、协调能力。</td></tr>
<tr><td>身体素质</td><td>身体健康，无传染病，有充沛精力。</td></tr>
<tr><td colspan="3">其他</td></tr>
<tr><td>使用工具/设备</td><td colspan="2">一般办公自动化设备。</td></tr>
<tr><td>工作环境</td><td colspan="2">一般工作环境。</td></tr>
<tr><td>工作时间特征</td><td colspan="2">经常加班。</td></tr>
<tr><td>所需记录文档</td><td colspan="2">通知、备忘录、研究报告、合同及各类公务文书。</td></tr>
<tr><td colspan="3">考核指标</td></tr>
<tr><td colspan="3">月营业收入达到酒店计划指标。</td></tr>
<tr><td colspan="3">月顾客满意率达 88%。</td></tr>
<tr><td colspan="3">杯具卫生检查合格率达 90%以上。</td></tr>
<tr><td colspan="3">对客服务设备设施完好率达 95%。</td></tr>
<tr><td colspan="3">成本率控制在计划成本率之内。</td></tr>
<tr><td colspan="3">每月玻璃瓷器破损率控制在营业额的 3‰以内。</td></tr>
</table>

岗位分析 2　迎宾员

<table>
<tr><td colspan="2">岗位名称</td><td colspan="2">迎宾员</td><td>岗位编号</td><td></td></tr>
<tr><td colspan="2">所在部门</td><td colspan="2">餐饮部</td><td>岗位定员</td><td></td></tr>
<tr><td colspan="2">直接上级</td><td colspan="2">餐厅领班</td><td>工资等级</td><td></td></tr>
<tr><td colspan="2">直接下级</td><td colspan="2">实习生</td><td>薪酬类型</td><td></td></tr>
<tr><td colspan="6">工作综述</td></tr>
<tr><td colspan="6">负责迎宾工作，以规范的服务树立饭店的优质服务形象。</td></tr>
<tr><td colspan="6">职责与工作项目</td></tr>
<tr><td rowspan="3">职责一</td><td colspan="5">职责表述：掌握客情，接受客人的预订，安排留台。</td></tr>
<tr><td rowspan="2">工作项目</td><td colspan="4">查看工作记录本，当前用餐是否有预订，对订餐的人数及相关要求做合理安排。</td></tr>
<tr><td colspan="4">根据当日客人预订情况，合理迎领其他用餐客人。</td></tr>
<tr><td rowspan="4">职责二</td><td colspan="5">职责表述：热情主动地迎接客人，将客人迎领到适当的餐位，帮助其拉椅让座，熟记常客及贵宾的姓名。</td></tr>
<tr><td rowspan="3">工作项目</td><td colspan="4">客人到来时，热情主动地迎接客人，主动用敬语向客人问候。</td></tr>
<tr><td colspan="4">询问客人是否有订位，若已订位，问清姓名、公司或团体名称，并登记在“宾客进餐时间统计表”上。</td></tr>
<tr><td colspan="4">走在客人的前方，随客人的步履带客人进入餐厅。</td></tr>
</table>

职责三	职责表述：解答客人提出的有关饮食、饭店设施方面的问题，收集客人的意见及投诉，并及时向领班汇报。	
	工作项目	用餐客人若有不满或疑问时，面带微笑，认真聆听客人的倾诉。
		领会客人的意思后，应及时予以答复。
		若不能解决或超出自己的职权范围，应及时向领班汇报。
		把客人的意见或解决办法记入“宾客意见表”。
职责四	职责表述：做好就餐人数、营业收入的统计工作和交接班工作。	
	工作项目	收餐后，根据客人的账单，核对订单，把订单交于核数组，并填写“餐厅散客用餐统计表”。
		根据收银的营业日报表，做好营业收入的统计。
		把当日未尽事宜详细记入交接班本内，做好交接工作。
权力		
权限一：对点菜单、布草的盘查权。		
权限二：有各项制度、规定实施过程中不足点及不合理项目的建议权。		
工作协作关系		
内部协调关系	餐饮办公室、宴会销售部、计财部、工程部、洗涤厂（房务部）、前厅	
外部协调关系		
任职资格		
教育水平	中专及以上学历。	
专业	酒店管理专业、旅游管理专业。	
培训经历	接受过礼仪、英语口语、操作规范培训。	
经验	有1年以上餐厅服务经验。	
知识	酒店简介、餐厅及周围环境特色及概况、英语口语、菜牌。	
技能技巧	英语应用水平。	
个人素质	个人能力	具有表达能力、协调能力。
	身体素质	身体健康，无传染病。
其他		
使用工具/设备	电话、计算器。	
工作环境	一般工作环境。	
工作时间特征	正常的工作时间，偶尔加班。	
所需记录文档	餐厅日收入一览表、客流量统计表、关灯关门检查记录表、每日客情登记本、交接班本。	
考核指标		
月营业计划收入达到酒店计划目标。		
工作考核按岗位考核标准执行。		

岗位分析 3　宴会销售部经理

岗位名称	宴会销售部经理	岗位编号	
所在部门	餐饮部	岗位定员	
直接上级	餐饮部经理	工资等级	
直接下级	宴会销售员、宴会预订员	薪酬类型	

<table>
<tr><th colspan="4">工作综述</th></tr>
<tr><td colspan="4">负责餐饮部的销售预订工作，督办、落实各种接待工作，建立良好的客户关系，协助餐饮部经理、厨师长对各种创新菜式进行宣传销售。</td></tr>
<tr><th colspan="4">职责与工作项目</th></tr>
<tr><td rowspan="4">职责一</td><td colspan="3">职责表述：监督及落实各种餐饮预订，能及时有效地布置到位。</td></tr>
<tr><td rowspan="3">工作项目</td><td colspan="2">了解每日餐饮预订情况。</td></tr>
<tr><td colspan="2">在开餐前 2 小时，检查预订员是否将当餐预订情况通知餐厅领班、主管及相关出品部门。</td></tr>
<tr><td colspan="2">开餐时，时刻与餐厅保持联系，检查各种准备是否到位，落实客人是否抵达，若没有，通过电话联系，将变更的信息及时告知餐厅领班、主管。</td></tr>
<tr><td rowspan="3">职责二</td><td colspan="3">职责表述：协调餐饮内部与外部门的接待沟通工作。</td></tr>
<tr><td rowspan="2">工作项目</td><td colspan="2">将各种餐饮方面的接待信息及时有效地传达给相关负责人，接待信息中若出现有违惯例接待的，坚持在不损害酒店、部门利益的前提下，做好上传下达工作，并给予落实。</td></tr>
<tr><td colspan="2">随时做好答复外部门的各种咨询工作；将餐饮部经营动态的状况随时与销售部保持联系，使得待客的步调一致，共同做好接待工作。</td></tr>
<tr><td rowspan="3">职责三</td><td colspan="3">职责表述：随时洞悉市场变化，协助餐饮部经理做好部门经营的调整。</td></tr>
<tr><td rowspan="2">工作项目</td><td colspan="2">时刻关注当前政治形势、社会动向、同行经营情况的相关信息。</td></tr>
<tr><td colspan="2">根据收集到的信息，结合部门的实际情况，向餐饮部经理提出合理化建议；协助其将工作内容的调整计划落实到位。</td></tr>
<tr><td rowspan="3">职责四</td><td colspan="3">职责表述：与客户建立良好的关系，不定期地回访客户。</td></tr>
<tr><td rowspan="2">工作项目</td><td colspan="2">热情友好地接待所有订餐的客人，尽可能地满足客人的要求，了解其饮食喜好，并做好售后服务，与客人保持联系。</td></tr>
<tr><td colspan="2">不定期回访老客户，将客户意见和建议客观地反馈给部门相关管理人员。</td></tr>
<tr><th colspan="4">权力</th></tr>
<tr><td colspan="4">权限一：调配所属员工工作及休假的权力。</td></tr>
<tr><td colspan="4">权限二：对所辖范围员工有决定奖惩、提议晋升或调换工作岗位的权力。</td></tr>
<tr><td colspan="4">权限三：有签署领料单的权力。</td></tr>
<tr><th colspan="4">工作协作关系</th></tr>
<tr><td colspan="2">内部协调关系</td><td colspan="2">餐饮部经理、各餐厅经理、厨师长、酒水部经理、公关销售部、房务部、计财部、行政办公室、工程部、安全部。</td></tr>
<tr><td colspan="2">外部协调关系</td><td colspan="2">各客户单位、旅游管理部门、烹饪协会。</td></tr>
<tr><th colspan="4">任职资格</th></tr>
<tr><td colspan="2">教育水平</td><td colspan="2">大学专科及以上学历。</td></tr>
<tr><td colspan="2">专业</td><td colspan="2">酒店管理专业、旅游管理专业、市场营销专业、公关文秘专业。</td></tr>
<tr><td colspan="2">培训经历</td><td colspan="2">接受过市场营销、人事考核管理、商业知识、人际关系培训。</td></tr>
<tr><td colspan="2">经验</td><td colspan="2">有 2 年以上的餐厅管理经验，善于洞察市场变化的经验。</td></tr>
<tr><td colspan="2">知识</td><td colspan="2">餐饮业的经营特点，分析市场动态能力，人际关系协调能力，英语口语能力。</td></tr>
<tr><td colspan="2">技能技巧</td><td colspan="2">办公软件、英语应用、写作、市场营销技巧、创造力。</td></tr>
<tr><td colspan="2" rowspan="2">个人素质</td><td>个人能力</td><td>良好的语言表达能力、销售技巧、沟通能力。</td></tr>
<tr><td>身体素质</td><td>身体健康，无传染病。</td></tr>
</table>

<table>
<tr><th colspan="2">其他</th></tr>
<tr><td>使用工具/设备</td><td>计算机、电话、打印机、复印机等办公设备，计算器，档案柜。</td></tr>
<tr><td>工作环境</td><td>一般工作环境。</td></tr>
<tr><td>工作时间特征</td><td>正常工作，偶尔加班。</td></tr>
<tr><td>所需记录文档</td><td>通知、经营情况汇总表、会议通知单、每月的经营情况分析、商务协议、各种策划方案的计划及总结、客户档案。</td></tr>
<tr><th colspan="2">考核指标</th></tr>
<tr><td colspan="2">销售业绩达到酒店指标。</td></tr>
<tr><td colspan="2">成本率控制在计划成本内。</td></tr>
</table>

岗位分析 4 销售员

<table>
<tr><td colspan="2">岗位名称</td><td>销售员</td><td>岗位编号</td><td></td></tr>
<tr><td colspan="2">所在部门</td><td>餐饮部</td><td>岗位定员</td><td></td></tr>
<tr><td colspan="2">直接上级</td><td>宴会销售部经理</td><td>工资等级</td><td></td></tr>
<tr><td colspan="2">直接下级</td><td></td><td>薪酬类型</td><td></td></tr>
<tr><th colspan="5">工作综述</th></tr>
<tr><td colspan="5">负责产品的宣传销售工作，接洽的宴会、会议跟踪落实，建立稳定的客户群体。</td></tr>
<tr><th colspan="5">职责与工作项目</th></tr>
<tr><td rowspan="3">职责一</td><td colspan="4">职责表述：负责餐饮部与外界联系工作，保证餐厅、酒吧客源，努力做好宣传工作，在社会上树立良好形象。</td></tr>
<tr><td rowspan="2">工作项目</td><td colspan="3">熟悉餐饮的各种经营内容、接待规模，各种促销活动安排等有关餐饮接待的所有信息。</td></tr>
<tr><td colspan="3">将其信息及时通过客户回访的形式传达给客户，做好宣传工作。</td></tr>
<tr><td rowspan="4">职责二</td><td colspan="4">职责表述：广泛收集客人对本部门的经营服务意见，并对本部门的业务工作提出改进建议。</td></tr>
<tr><td rowspan="3">工作项目</td><td colspan="3">开餐时，了解客人的用餐意见，及时反馈给宴会销售部经理。</td></tr>
<tr><td colspan="3">定期回访客户，将收集到的意见和建议反馈给宴会销售部经理。</td></tr>
<tr><td colspan="3">结合部门特点，提出合理化建议。</td></tr>
<tr><td rowspan="3">职责三</td><td colspan="4">职责表述：建立客史档案。</td></tr>
<tr><td rowspan="2">工作项目</td><td colspan="3">随时与客户保持联系，了解其饮食喜好，并收集备份。</td></tr>
<tr><td colspan="3">随时与餐厅领班、服务员保持联系，收集有关客人的一些情况。</td></tr>
<tr><th colspan="5">权力</th></tr>
<tr><td colspan="5">权限一：在工作中的建议权。</td></tr>
<tr><td colspan="5">权限二：对办公用品等设备设施的使用权。</td></tr>
<tr><th colspan="5">工作协作关系</th></tr>
<tr><td colspan="2">内部协调关系</td><td colspan="3">各餐厅经理、领班，酒水部经理、领班，各厨师长，公关销售部，房务部，计财部，行政办公室，工程部，安全部。</td></tr>
<tr><td colspan="2">外部协调关系</td><td colspan="3">各客户单位。</td></tr>
<tr><th colspan="5">任职资格</th></tr>
<tr><td colspan="2">教育水平</td><td colspan="3">中专及以上学历。</td></tr>
<tr><td colspan="2">专业</td><td colspan="3">酒店管理专业、旅游饭店管理专业、市场营销相关专业。</td></tr>
<tr><td colspan="2">培训经历</td><td colspan="3">接受过酒店简介、酒店理念、职业道德、市场营销、菜肴知识培训。</td></tr>
<tr><td colspan="2">经验</td><td colspan="3">有 1 年以上餐厅服务、销售经验。</td></tr>
</table>

知识	餐饮部的经营类别特点、菜肴知识、酒水知识、营销知识及一定的英语口语知识。	
技能技巧	办公软件、写作水平、语言技巧、营销技巧、协调能力。	
个人素质	个人能力	良好的语言表达能力、与人沟通能力等。
	身体素质	身体健康，无传染病。
其他		
使用工具/设备	办公自动化设备、电话、打印机、档案柜。	
工作环境	一般工作环境。	
工作时间特征	正常上班，偶尔加班。	
所需记录文档	客户档案、客户回访总结。	
考核指标		
销售业绩达到酒店指标。		

岗位分析 5　传菜员

岗位名称	传菜员	岗位编号	
所在部门	餐饮部	岗位定员	
直接上级	餐厅领班	工资等级	
直接下级		薪酬类型	
工作综述			
负责餐厅订单和菜肴食品的传递工作，负责菜肴所需调料、服务用品的准备工作，做好餐饮服务的后勤工作。			
职责与工作项目			
职责一	职责表述：实施餐饮财产的规范性管理，进行各类成本的有效控制，做好餐具的借还工作。		
	工作项目	按宴席数量向仓库借出所需餐具。	
		宴席结束后，清点餐具，归还入库。	
职责二	职责表述：负责餐厅内部点菜单的分担工作。		
	工作项目	接受服务员开的点菜单。	
		根据工作要求，将点菜单分给厨房。	
		通知厨房上菜时间，等待上菜。	
职责三	职责表述：规范传菜员服务操作程序，为餐厅现场服务提供及时、有效的配合服务，从而提高客人的满意率。		
	工作项目	服务员通知上菜时，传菜间立即通知厨房。	
		出菜时根据客人叫菜时间先后掌握时间。	
		按规定准确、无误传菜，并在菜肴上桌前关注菜肴质量。	
		一桌菜全上齐后，传菜员立即告诉服务员。	
职责四	职责表述：负责备齐菜肴的调料品，并及时补充。		
	工作项目	提前准备所需的各种调料。	
		及时补充调料。	
职责五	职责表述：按照四星级规范，做好传菜间卫生工作。		
	工作项目	做好酒精炉、夹子柜的卫生工作。	
		做好地面、工作台的清洁卫生工作。	

<table>
<tr><td colspan="3">权力</td></tr>
<tr><td colspan="3">权限：对餐厅物品的使用权。</td></tr>
<tr><td colspan="3">工作协作关系</td></tr>
<tr><td>内部协调关系</td><td colspan="2">部门内部。</td></tr>
<tr><td>外部协调关系</td><td colspan="2"></td></tr>
<tr><td colspan="3">任职资格</td></tr>
<tr><td>教育水平</td><td colspan="2">高中、中专及以上学历。</td></tr>
<tr><td>专业</td><td colspan="2">酒店管理专业、旅游管理专业。</td></tr>
<tr><td>培训经历</td><td colspan="2">接受过必备的知识和技能、事务处理流程培训。</td></tr>
<tr><td>经验</td><td colspan="2">有餐饮服务经历。</td></tr>
<tr><td>知识</td><td colspan="2">熟悉餐饮专业培训。</td></tr>
<tr><td>技能技巧</td><td colspan="2">具有一定的操作技能。</td></tr>
<tr><td rowspan="2">个人素质</td><td>个人能力</td><td>倾听能力、表达能力、亲和力。</td></tr>
<tr><td>身体素质</td><td>身体健康，无传染病，有充沛精力。</td></tr>
<tr><td colspan="3">其他</td></tr>
<tr><td>使用工具/设备</td><td colspan="2">托盘、酒精炉。</td></tr>
<tr><td>工作环境</td><td colspan="2">一般工作环境。</td></tr>
<tr><td>工作时间特征</td><td colspan="2">正常的工作时间。</td></tr>
<tr><td>所需记录文档</td><td colspan="2"></td></tr>
<tr><td colspan="3">考核指标</td></tr>
<tr><td colspan="3">月营业收入达到酒店计划目标。</td></tr>
</table>

岗位分析 6　西餐服务员

<table>
<tr><td>岗位名称</td><td colspan="2">西餐服务员</td><td>岗位编号</td><td></td></tr>
<tr><td>所在部门</td><td colspan="2">餐饮部</td><td>岗位定员</td><td></td></tr>
<tr><td>直接上级</td><td colspan="2">西餐厅领班</td><td>工资等级</td><td></td></tr>
<tr><td>直接下级</td><td colspan="2">实习生</td><td>薪酬类型</td><td></td></tr>
<tr><td colspan="5">工作综述</td></tr>
<tr><td colspan="5">负责向宾客和住店客人提供优质高效的西餐服务，满足客人的饮食需求。</td></tr>
<tr><td colspan="5">职责与工作项目</td></tr>
<tr><td rowspan="6">职责一</td><td colspan="4">职责表述：按服务标准和服务程序向客人及时快捷地提供食品和饮料服务。</td></tr>
<tr><td rowspan="5">工作项目</td><td colspan="3">迎客进入餐厅，在客人右侧为客人倒冰水至 6 成即可。</td></tr>
<tr><td colspan="3">站立在客人右侧，递上酒单，请客人点开胃饮品，并倒入 8 成满。</td></tr>
<tr><td colspan="3">为客人点菜，按上菜顺序上菜，上菜时注意女士优先。</td></tr>
<tr><td colspan="3">按规定撤盘，上甜品、水果。</td></tr>
<tr><td colspan="3">礼貌为客结账、送客、整台。</td></tr>
<tr><td rowspan="4">职责二</td><td colspan="4">职责表述：与客人保持良好的关系，并根据客人需求适时提供优质服务，积极推销各种酒水、菜肴、点心等产品。</td></tr>
<tr><td rowspan="3">工作项目</td><td colspan="3">熟识菜单、饮品知识及客人饮食习惯。</td></tr>
<tr><td colspan="3">向客人合理推荐食品及饮料，在客人右侧为客人服务。</td></tr>
<tr><td colspan="3">与客人交谈时面带微笑、语调适中。</td></tr>
</table>

<table>
<tr><td rowspan="5">职责三</td><td colspan="3">职责表述：积极参加各项业务培训，努力提高服务技能。</td></tr>
<tr><td rowspan="4">工作项目</td><td colspan="2">根据培训通知，看清培训时间、地点及培训内容，提前做好准备。</td></tr>
<tr><td colspan="2">按培训时间提前5分钟到达培训场所。</td></tr>
<tr><td colspan="2">认真聆听，做好记录。</td></tr>
<tr><td colspan="2">严肃认真地面对培训考试，努力提高服务技能。</td></tr>
<tr><td rowspan="3">职责四</td><td colspan="3">职责表述：遵守酒店的规章制度和部门的管理条例。</td></tr>
<tr><td rowspan="2">工作项目</td><td colspan="2">注意仪容仪表，言行得体，树立酒店形象。</td></tr>
<tr><td colspan="2">遵规守纪，做新一代酒店员工。</td></tr>
<tr><td colspan="4">权力</td></tr>
<tr><td colspan="4">权限一：有各项制度、规定实施过程不足点或不合理项的建议权。</td></tr>
<tr><td colspan="4">权限二：餐具用品的盘查权。</td></tr>
<tr><td colspan="4">工作协作关系</td></tr>
<tr><td colspan="2">内部协调关系</td><td colspan="2">厨房、预订部、房务部、计财部。</td></tr>
<tr><td colspan="2">外部协调关系</td><td colspan="2"></td></tr>
<tr><td colspan="4">任职资格</td></tr>
<tr><td colspan="2">教育水平</td><td colspan="2">中专及以上学历。</td></tr>
<tr><td colspan="2">专业</td><td colspan="2">酒店管理专业、旅游管理专业、英语专业、文秘专业、经贸专业。</td></tr>
<tr><td colspan="2">培训经历</td><td colspan="2">接受过英语口语、服务技能培训。</td></tr>
<tr><td colspan="2">经验</td><td colspan="2">有餐厅经验及良好的推销意识和公关意识、有良好的语言表达能力。</td></tr>
<tr><td colspan="2">知识</td><td colspan="2">酒水、食品、烹饪知识，英语口语，心理学和推销技巧。</td></tr>
<tr><td colspan="2">技能技巧</td><td colspan="2">具有熟练的西餐服务技能，可以使用餐厅服务英语会话。</td></tr>
<tr><td colspan="2" rowspan="2">个人素质</td><td>个人能力</td><td>具有创新能力、协调能力。</td></tr>
<tr><td>身体素质</td><td>身体健康，无传染病。</td></tr>
<tr><td colspan="4">其他</td></tr>
<tr><td colspan="2">使用工具/设备</td><td colspan="2">电话、计算器、房间内柜式空调。</td></tr>
<tr><td colspan="2">工作环境</td><td colspan="2">一般工作环境。</td></tr>
<tr><td colspan="2">工作时间特征</td><td colspan="2">正常的工作时间，偶尔加班。</td></tr>
<tr><td colspan="2">所需记录文档</td><td colspan="2">账单登记本、餐具清点本、交接班本。</td></tr>
<tr><td colspan="4">考核指标</td></tr>
<tr><td colspan="4">月营业收入达到酒店计划目标。</td></tr>
<tr><td colspan="4">工作考核按岗位考核标准执行。</td></tr>
</table>

岗位分析7　宴会厅服务员

<table>
<tr><td>岗位名称</td><td>宴会厅服务员</td><td>岗位编号</td><td></td></tr>
<tr><td>所在部门</td><td>餐饮部</td><td>岗位定员</td><td></td></tr>
<tr><td>直接上级</td><td>餐厅领班</td><td>工资等级</td><td></td></tr>
<tr><td>直接下级</td><td></td><td>薪酬类型</td><td></td></tr>
<tr><td colspan="4">工作综述</td></tr>
<tr><td colspan="4">按照规格化、程序化的优质服务标准，向宾客提供餐饮服务，了解宾客需求，积极推销餐饮产品，为提高酒店的经济效益和社会效益努力工作。</td></tr>
</table>

<table>
<tr><th colspan="3">职责与工作项目</th></tr>
<tr><td rowspan="3">职责一</td><td colspan="2">职责表述：负责开餐前的准备工作，按照规定要求摆台。</td></tr>
<tr><td rowspan="2">工作项目</td><td>铺台布，摆转盘、花瓶。</td></tr>
<tr><td>按标准摆餐具，折口布花。</td></tr>
<tr><td rowspan="4">职责二</td><td colspan="2">职责表述：规范餐饮宴会服务操作程序，为宾客提供规范、周到的宴会服务。</td></tr>
<tr><td rowspan="3">工作项目</td><td>客人进入宴会场所后，服务员用托盘托好斟好的酒杯巡视。</td></tr>
<tr><td>及时收回客人手中、台面已用过的酒杯，勤巡视、送餐巾纸、派酒水和小吃。</td></tr>
<tr><td>宴会结束后，服务员应引队送客，做好结束工作。</td></tr>
<tr><td rowspan="5">职责三</td><td colspan="2">职责表述：负责餐厅的家具、台面、地面的整洁和清洁卫生工作。</td></tr>
<tr><td rowspan="4">工作项目</td><td>做好地面卫生。</td></tr>
<tr><td>负责门、桌椅等的卫生。</td></tr>
<tr><td>负责餐具的卫生，做到餐具清洁光亮、不变形。</td></tr>
<tr><td>按照要求做到“三光四洁”。</td></tr>
<tr><td rowspan="3">职责四</td><td colspan="2">职责表述：规范餐饮多功能厅会议接待服务的程序，为客人提供周到、满意的会议服务。</td></tr>
<tr><td rowspan="2">工作项目</td><td>按会议主办单位的要求布置会场。</td></tr>
<tr><td>会议进行中，站立于规定位置，随时观察客人动向，为客人提供服务。</td></tr>
<tr><td rowspan="3">职责五</td><td colspan="2">职责表述：规范中餐服务操作规程，为宾客提供规范、得体、到位的就餐环境。</td></tr>
<tr><td rowspan="2">工作项目</td><td>上前致意，为客人上茶水、点菜。</td></tr>
<tr><td>按规范上菜，并进行服务。</td></tr>
<tr><th colspan="3">权力</th></tr>
<tr><td colspan="3">权限一：对餐厅内部物品的使用权。</td></tr>
<tr><td colspan="3">权限二：对本餐厅活动的建议权。</td></tr>
<tr><th colspan="3">工作协作关系</th></tr>
<tr><td colspan="2">内部协调关系</td><td></td></tr>
<tr><td colspan="2">外部协调关系</td><td></td></tr>
<tr><th colspan="3">任职资格</th></tr>
<tr><td>教育水平</td><td colspan="2">中专及以上学历。</td></tr>
<tr><td>专业</td><td colspan="2">饭店管理专业、外语专业。</td></tr>
<tr><td>培训经历</td><td colspan="2">接受过必备的服务技能、事务处理流程培训。</td></tr>
<tr><td>经验</td><td colspan="2">具有 1 年以上餐饮服务工作经验。</td></tr>
<tr><td>知识</td><td colspan="2">掌握餐厅服务规程，了解餐厅的各种菜肴，熟练的服务技巧和应变能力。</td></tr>
<tr><td>技能技巧</td><td colspan="2">专业的服务技能、较好的口头表达能力。</td></tr>
<tr><td rowspan="2">个人素质</td><td>个人能力</td><td>协调能力、倾听能力、亲和力、表达能力。</td></tr>
<tr><td>身体素质</td><td>身体健康，无传染病，有充沛精力。</td></tr>
<tr><th colspan="3">其他</th></tr>
<tr><td>使用工具/设备</td><td colspan="2">计算机、电话、消毒柜。</td></tr>
<tr><td>工作环境</td><td colspan="2">一般工作环境。</td></tr>
<tr><td>工作时间特征</td><td colspan="2">正常的工作时间。</td></tr>
<tr><td>所需记录文档</td><td colspan="2"></td></tr>
<tr><th colspan="3">考核指标</th></tr>
<tr><td colspan="3">月营业收入达到酒店计划目标。</td></tr>
</table>

岗位分析 8　管事

<table>
<tr><td colspan="2">岗位名称</td><td colspan="2">管事</td><td>岗位编号</td><td></td></tr>
<tr><td colspan="2">所在部门</td><td colspan="2">餐饮部</td><td>岗位定员</td><td></td></tr>
<tr><td colspan="2">直接上级</td><td colspan="2">餐厅经理</td><td>工资等级</td><td></td></tr>
<tr><td colspan="2">直接下级</td><td colspan="2"></td><td>薪酬类型</td><td></td></tr>
<tr><td colspan="6">工作综述</td></tr>
<tr><td colspan="6">负责餐饮部对客服务的物品的保洁工作，负责餐具、厨具及环境卫生。</td></tr>
<tr><td colspan="6">职责与工作项目</td></tr>
<tr><td rowspan="3">职责一</td><td colspan="5">职责表述：按洗涤程序和标准洗涤餐具和用具。</td></tr>
<tr><td rowspan="2">工作项目</td><td colspan="4">熟练操作洗涤所用的设备设施。</td></tr>
<tr><td colspan="4">按操作程序洗涤餐具和用具。</td></tr>
<tr><td rowspan="3">职责二</td><td colspan="5">职责表述：负责所辖区域的清洁卫生，领取洗涤用品。</td></tr>
<tr><td rowspan="2">工作项目</td><td colspan="4">打扫和保持工作区域内地面、台面的清洁卫生工作。</td></tr>
<tr><td colspan="4">在库房领用洗涤用品。</td></tr>
<tr><td rowspan="2">职责三</td><td colspan="5">职责表述：检查洗碗机的工作情况，发现问题及时报修。</td></tr>
<tr><td>工作项目</td><td colspan="4">定时检查洗碗机工作情况。</td></tr>
<tr><td rowspan="2">职责四</td><td colspan="5">职责表述：剔除破损餐具，补充新餐具。</td></tr>
<tr><td>工作项目</td><td colspan="4">在洗涤过程中，及时剔除破损餐具。</td></tr>
<tr><td rowspan="2">职责五</td><td colspan="5">职责表述：负责大型宴会的传菜工作。</td></tr>
<tr><td>工作项目</td><td colspan="4">完成传菜工作。</td></tr>
<tr><td colspan="6">权力</td></tr>
<tr><td colspan="6">权限：对部门工作的建议权。</td></tr>
<tr><td colspan="6">工作协作关系</td></tr>
<tr><td colspan="2">内部协调关系</td><td colspan="4"></td></tr>
<tr><td colspan="2">外部协调关系</td><td colspan="4"></td></tr>
<tr><td colspan="6">任职资格</td></tr>
<tr><td colspan="2">教育水平</td><td colspan="4">初中及以上学历。</td></tr>
<tr><td colspan="2">专业</td><td colspan="4"></td></tr>
<tr><td colspan="2">培训经历</td><td colspan="4">接受过岗位操作培训。</td></tr>
<tr><td colspan="2">经验</td><td colspan="4">从事本岗位 1 年以上工作经验。</td></tr>
<tr><td colspan="2">知识</td><td colspan="4">洗涤知识。</td></tr>
<tr><td colspan="2">技能技巧</td><td colspan="4">能识别餐具规格、材质、性能，明确各洗涤用品的作用、用量，能操作洗碗设备。</td></tr>
<tr><td colspan="2" rowspan="2">个人素质</td><td>个人能力</td><td colspan="3">协调能力。</td></tr>
<tr><td>身体素质</td><td colspan="3">身体健康，无传染病，有充沛精力。</td></tr>
<tr><td colspan="6">其他</td></tr>
<tr><td colspan="2">使用工具/设备</td><td colspan="4">洗碗机。</td></tr>
<tr><td colspan="2">工作环境</td><td colspan="4">高温、噪声。</td></tr>
<tr><td colspan="2">工作时间特征</td><td colspan="4">正常的工作时间。</td></tr>
</table>

所需记录文档	
考核指标	
工作考核按岗位工作考核标准执行。	

岗位分析 9　核算员

岗位名称	核算员	岗位编号	
所在部门	餐饮部	岗位定员	
直接上级	餐饮部经理	工资等级	
直接下级		薪酬类型	

工作综述		
负责餐饮部的文书工作，协助餐饮部经理处理有关内务工作及与其他部门的沟通衔接。		
职责与工作项目		
职责一	职责表述：负责餐饮部内务处理。	
	工作项目	按酒店工作总体要求，做好部门内部工作。
		按部门经理要求，安排部门内部工作。
职责二	职责表述：负责餐饮部与其他部门的沟通衔接。	
	工作项目	按部门经理要求，与其他部门进行衔接。
		代表员工与其他部门进行衔接。
职责三	职责表述：负责部门会议记录，起草各类通知，报告并负责将各类通知精神知会各分部，及时将落实情况反馈给部门经理。	
	工作项目	每周一、三、五例会，做好会议记录。
		起草各类报告，将各类通知精神知会各分部。
		督促落实情况，反馈给部门经理。
职责四	职责表述：处理餐饮部信函、电传、电话，接待采访。	
	工作项目	处理餐饮部信函、电传、电话。
		接待采访。
职责五	职责表述：为餐饮部经理准备好需审计和审批的文件资料及各种报表，做好每月经济分析、工作总结、工作计划。	
	工作项目	为餐饮部经理准备好需审计和审批的文件资料及各种报表，每月初对账后做好经济分析。
		每月末做好本月工作总结及下月工作计划。
职责六	职责表述：制定工作备忘录，并提醒餐饮部经理及时做出安排。	
	工作项目	制定工作备忘录。
		提醒餐饮部做好工作安排。
职责七	职责表述：负责餐饮部员工考勤表的收取汇总工作，以及员工福利用品的领发工作，完成上级领导部署的其他工作。	
	工作项目	负责餐饮部员工考勤表的收取汇总工作。
		负责员工福利用品的领发工作。
		完成上级领导部署的其他工作。
权力		
权限一：对部门内工作的建议权。		
权限二：对部门内工作的督促权。		

<table>
<tr><th colspan="3">工作协作关系</th></tr>
<tr><td>内部协调关系</td><td colspan="2">计财部、办公室、人事部、工程部、房务部、康乐部、公关部、安全部、旅行社、票务中心。</td></tr>
<tr><td>外部协调关系</td><td colspan="2">烹饪协会、旅游管理部门。</td></tr>
<tr><th colspan="3">任职资格</th></tr>
<tr><td>教育水平</td><td colspan="2">大学专科及以上学历。</td></tr>
<tr><td>专业</td><td colspan="2">文秘专业、旅游管理专业。</td></tr>
<tr><td>培训经历</td><td colspan="2">接受过必备的知识、技能，事务处理流程及改善人际关系培训。</td></tr>
<tr><td>经验</td><td colspan="2">能掌握电脑知识，有一定的文字处理能力，与他人的团结协作精神。</td></tr>
<tr><td>知识</td><td colspan="2">具备一定的文字处理水平，熟悉电脑知识。</td></tr>
<tr><td>技能技巧</td><td colspan="2">办公软件、英语应用水平、网络知识、写作能力。</td></tr>
<tr><td rowspan="2">个人素质</td><td>个人能力</td><td>协调能力、公文写作能力、倾听能力、组织能力、实施能力、亲和力。</td></tr>
<tr><td>身体素质</td><td>身体健康，无传染病，有充沛精力。</td></tr>
<tr><th colspan="3">其他</th></tr>
<tr><td>使用工具/设备</td><td colspan="2">计算机、电话、传真机、打印机、档案柜。</td></tr>
<tr><td>工作环境</td><td colspan="2">一般工作环境。</td></tr>
<tr><td>工作时间特征</td><td colspan="2">正常的工作时间，经常加班。</td></tr>
<tr><td>所需记录文档</td><td colspan="2">通知、信函、汇报文件、报告、总结、合同。</td></tr>
<tr><th colspan="3">考核指标</th></tr>
<tr><td colspan="3">月经营指标在酒店计划内。</td></tr>
</table>

思考及训练

结合自身特点，根据本环节岗位分析，找出适合自己的岗位并加以分析。

项目三 中餐服务流程管理

任务一 掌握餐饮服务六大基本技能

一、托盘

(一) 托盘的种类

(1) 根据托盘制作材料不同可分为木质托盘、塑料托盘、金属(如银、铝、不锈钢等)托盘和胶木托盘。目前餐饮服务使用较为普遍的是胶木托盘，它具有轻便、耐用、防滑防腐的特点。

(2) 按托盘的用途划分可分为大、中、小三种规格的方形、长方形和圆形托盘。

1) 大方形托盘和中方形托盘：用于托运菜点、酒水和盘碟等较重物品。

2) 大圆形托盘和中圆形托盘：用于斟酒，展示饮品，分菜，托送咖啡、饮品等。

3) 小圆形托盘：主要用于递送账单、账款、小礼品等。

(二) 托盘的操作(见表1-3-1)

表1-3-1 托盘的操作

实训项目	操作步骤	操作规范	细节要求
轻托(用于上菜、斟酒操作或托送较轻的物品，一般重量在5kg以下)	理盘	双手持拿托盘的外边缘，检查托盘是否干净、有无破损。	要求托盘无油污、无水迹、无破损。
	装盘	将托盘平放于台面，按照重物、高物、后用的在里(靠近于胸前的部位)，轻物、低物、先用的在外的原则进行装盘；装酒水时需要持拿瓶体的底端，装杯具时需要持拿酒杯的杯柄/把/底端，装菜盘时需要持拿菜盘的外边缘。	物件与物件之间的距离为0.5～1cm，重心靠近身体，有商标的物件需将商标方向朝外。

续前表

实训项目	操作步骤	操作规范	细节要求
轻托（用于上菜、斟酒操作或托送较轻的物品，一般重量在 5kg 以下）	起托	右脚后撤半步呈半蹲状，上身挺直，左肘和左手与托盘在同一平面上，掌心向上；用左手托盘，右手扶住托盘的右边缘将托盘拉出台面至托盘的 2/3 处，右手协助左手调整好托盘重心后起身站直，并收回右脚，收脚同时右手放开托盘，自然下垂。	要求起托时弯膝不弯腰，起托过程中盘平、盘稳，要求动作快捷、利落。
	托盘站立	左手托盘，右手自然下垂，左臂弯曲成 90°，掌心向上，五指尽量分开成凹形，用五指指腹及手掌根部掌握托盘的平衡，掌心不与盘底接触，平托于胸前，略低于胸部，左肘与腰部有 1 拳的距离。	站立时需头正、肩平、目光平视，两脚呈立正姿势，要求托盘平稳、盘内物件无摇晃。
	托盘行走	托盘行走时，左手托盘，右手随身体运动自然摆动，头正、肩平、盘平，上身挺直，目视前方，脚步轻盈。	行走过程中，表情自然大方，左手手腕放松，随着行走的节奏掌握与调整好托盘的平衡；托盘平稳，盘内物件无摇晃。
	托盘越障碍	路遇障碍物（如人、影响正常行走的建筑物体、设施设备）时需用右手护住托盘的正上前方且左护右不护（当障碍物在身体左侧时，需要护托，在右侧时，则不需要护托）；右手护托时要求五指自然并拢，掌心向内，右手与右臂成 90°，右手下端距托盘的上边缘与外边缘各 5cm，身体保持正直；托盘后转身时也需护托。	托盘遇障碍物时，身体不得碰触障碍物。
	托盘拣物	拣地上物品时，走到物品的正左侧站定，右脚后撤半步下蹲，左手托盘，右手拣物，下蹲及起身时需护托，并且拣物时保持头正颈直，抬头挺胸，目视前方。	拣物时托盘保持平稳，不要倾斜，上身保持正直。
	落托	面向工作台面，将身体调整为立正姿势，用右手扶住托盘，左脚向前半步，上身前倾，屈膝呈半蹲状，使盘面和台面处于同一平面，并将托盘前端 1/3 处放在台面上，右手协助用左手轻推托盘完全至台面后放稳。	落托时要轻放托盘。

二、斟酒

（一）斟酒前的准备工作

各种宴席、酒会预订的酒品应该事先准备好。在斟酒前，首先要检查所需酒水，根据酒水的特性要求准备相应的酒杯，并用不同的方法开酒瓶。

1. 检查酒水

服务员在为客人开瓶斟酒之前，要用自己的专业水平和感官来检查酒水的质量。首先检查包装，看包装的新旧程度、有无破损，有效期限、重要防伪标识有无破损，包装封口标志有无破损等，若有上面情况之一就不能开启包装。开餐前备齐各种酒水、饮料，酒水、饮料要摆放整齐，注意将矮瓶、高瓶前后分放，做到既美观又便于拿取。酒水备齐后，将酒水瓶擦拭干净，特别要将瓶口部位擦净，同时检查酒水质量，发现瓶子破裂或酒水有变质现象时要及时调换。

2. 准备酒水

在斟酒服务中，服务员要了解各种酒品的最佳温度，并采用适当的方法保持温度。这是向客人提供优质服务的重要内容之一。

（1）冰镇。许多酒品的最佳饮用温度要求低于室温，如啤酒、香槟酒和有气葡萄酒的最佳饮用温度为4℃～8℃，白葡萄酒的最佳饮用温度为8℃～12℃，所以要求对这类酒水进行冰镇处理。

冰镇的方法通常分为冰块冰镇及冰箱冷藏冰镇两种。冰块冰镇的方法是：准备好需要冰镇的酒水和冰桶，将冰桶架放在餐桌的一侧，桶中放入冰块（冰块不宜过大或过碎），将酒瓶（酒标朝上，以防标签弄湿）插入冰块中，一般10余分钟后，即可达到冰镇的效果。冰箱冷藏冰镇的方法则需要提前将酒品放入冷藏柜内，使其缓缓降至饮用的温度。除用以上两种方法对饮用酒进行降温处理外，还可以对盛酒用的杯子进行降温处理，其方法是：服务员手持酒杯的下部，往杯中放一块冰块后轻轻旋转杯子，使冰块在杯内滑动以降低杯子的温度。

（2）温酒。某些酒品（如黄酒）在饮用前要升温至60℃左右喝起来才有独特的滋味，外国酒也有需升温后饮用的。温酒的方法有水烫、浇煮、燃烧、热饮料冲入酒液或酒液中注入热饮料升温等几种，水烫和燃烧一般是在客人面前操作。

（二）准备酒杯

餐桌上摆放酒水杯不仅能增添餐厅的用餐气氛，而且有含蓄地向客人推销酒水的作用。餐厅服务员应根据酒类品种配备酒杯，并检查杯具的洁净和完好程度。清洁酒水杯时，先把杯子放在开水的蒸汽里熏一下，然后用干净餐巾裹住杯子里外擦拭，直至杯子无痕迹为止。擦拭过程中注意手握杯的位置，尽量不接触杯身，以免留下指纹印。

餐厅一般常备的酒具有水杯、红酒杯、白酒杯、香槟杯、啤酒杯、黄酒碗、冰酒桶、温酒壶、酒篮、酒钻、开酒器等。这些酒具应放在餐厅随时可以取到的地方，无论客人需要哪款酒品，服务员都能及时将适用的酒杯送到客人面前。由于不同酒品的风味和色泽各不相同，使用一只杯子连饮几种酒，就会使酒失去了各自特色，因此，餐厅应准备多种酒杯，使酒水服务更方便、周到。

（三）开酒瓶

酒瓶的封口常见的有瓶盖和瓶塞两种，瓶盖又分旋盖和压盖两种。开瓶指开启瓶盖或瓶塞。其方法与注意事项如下：

（1）使用正确的开瓶器具。开瓶器有两大类型：一类是开启压盖的开瓶扳手；另一类是开启软木塞的酒钻，酒钻的螺旋部分要长，头部要尖，但不可带刃以免割破瓶塞。

（2）开瓶的动作要轻，尽量减少瓶体的晃动。一般将瓶放在桌面上开启，动作要准确、敏捷、果断，对于软木塞，如酒塞有断裂的危险，可将酒瓶倒置，用内部酒液的压力顶住软木塞后再旋转酒钻。

（3）开启瓶塞后，要用干净的布巾仔细擦拭瓶口，检查瓶中酒是否有质量问题。

（4）开瓶后的封皮等杂物，不要直接放在桌上，可放在小盘子或托盘内，操作完毕后一起带走，不要留在宾客桌上，软木塞可放在点酒人手旁，供其鉴别。

（5）开瓶前应持瓶向宾客展示，得到客人认可后方可开瓶。

相关链接

部分酒水的开瓶方法

1. 葡萄酒的开启方法

切割签封，用酒刀划开瓶口处的封纸。一手握住瓶颈，一手用酒刀沿瓶盖割下盖子的顶层薄膜，割的时候只转酒刀不转酒瓶，红酒商标应朝向客人，将取下的封纸放在一个干净的骨碟上。切割完毕后，应用服务巾擦净瓶颈和软木塞。将螺丝锥的尖端对准瓶塞中心，使螺丝锥完全垂直，然后用力压入木塞，依顺时针方向下钻，当钻头钻到软木塞的3/4处停止(一般软木塞长5cm，钻至4cm即可)。切勿钻透或斜钻，将拔塞杠搁到酒瓶沿口，下压，再用一手按住酒瓶，一手轻轻向上提起刀柄，在瓶塞即将拉出瓶口时，要用拇指和食指按住，轻轻提起。取出瓶塞后将其放在一个骨碟上，让客人过目。用服务巾的内侧擦拭瓶口，以免木屑落入客人酒杯，并将酒瓶放置在酒篮内。

2. 香槟酒的开启方法

剥开封口的锡纸，右手捏住瓶口保险丝的拧环处，按逆时针方向轻轻拧松保险丝，将保险丝完全拧松后，香槟酒的瓶塞会慢慢上移，此时应用左手握住瓶塞，防止瓶塞喷射出来。开启完毕，用干净的口布将瓶口擦拭干净，然后将酒瓶放入冰桶，开启时应注意瓶口朝向无客人方向。

3. 花雕酒的开启方法

将花雕酒从盒中取出，先除去瓶口签封，然后把酒钻对准瓶塞中心处用力钻入，利用杠杆原理把瓶塞起出，将瓶塞和签封放在一个干净的骨碟上，用干净的口布擦拭瓶口。

4. 带气体的酒水和饮料的开启方法

开启带气体的酒水和饮料时，绝对不可朝向客人开启，以免酒水喷出或饮料喷洒到客人身上。饮料、啤酒可先在工作台打开后放入托盘中，然后在托盘中倒酒。开饮料瓶时，不要一次全都打开，要征询客人意见，客人同意后再开瓶。

(四) 斟酒实训

1. 示酒

服务员站在点酒客人右侧，左手托瓶底，右手扶瓶颈，酒标朝向客人，让客人确认酒水。示酒是斟酒服务的第一道程序，它标志着服务操作的开始。

2. 斟酒操作（见表1-3-2）

表1-3-2　斟酒操作

实训项目	操作步骤	操作规范	细节要求
徒手斟酒	取拿酒水	取拿酒水时，需持拿瓶体的2/3处。	不能持拿酒瓶的瓶颈及瓶口处。
	斟前工作	斟酒前，服务员用左手持拿折叠好的干净餐巾(最好是白色的)，自然地背于体后；右手持握酒瓶中下部，食指指向瓶口处，中指与拇指分开约成60°，掌心向左，商标朝外与掌心相对。	餐巾无破损、无污迹、无异味；持拿餐巾时，拇指在上，其余四指自然并拢在下持握住餐巾。

续前表

实训项目	操作步骤	操作规范	细节要求
徒手斟酒	斟酒	斟酒时，站立于座位的右后侧，右手持瓶，左手持拿餐巾背于体后；右脚在前、左脚在后呈“T”形侧身而站，上身微前倾，按顺时针方向以先色酒、后白酒、再啤酒或饮料的顺序斟倒酒水；斟倒酒水时，瓶口不能碰触杯口，相距1～2cm，瓶口需朝向酒杯正中，酒水每杯斟至八分满。	酒水不能溅出、滴出或溢出杯外；整瓶酒液的流速以“先缓慢、中稍快、后再慢”为原则。
	旋转并擦拭瓶口	每斟完一杯酒后，在此杯口的正上方抬起瓶口，将酒瓶按顺时针方向旋转100°～180°，将余滴酒水留于瓶口边缘处或滴入杯内，然后右手持瓶再在左手的餐巾上按顺时针方向擦拭一下瓶口。	旋转酒瓶时，身体不能随之扭动，始终保持微前倾姿势；擦拭酒水时，右手持酒瓶在左手的餐巾上旋转瓶口，左手持握餐巾迎合。
托盘斟酒	装盘	在台面上按轻托托盘的装盘标准及要求将酒水合理装盘。	酒水商标朝外，瓶距为0.5～1cm。
	斟前工作	准备一块餐巾（最好是白色的）折叠成小方形，搭在托起托盘后的右侧外边缘处，包合面朝下，下摆长度为1～2cm。	餐巾干净、无污迹。
	斟酒	斟酒时，站立于座位的右后侧，左手托盘，并按甩盘的标准要求将托盘保持在座椅外；右手按轻托卸盘的标准及要求取拿托盘中的酒水，正确持瓶，右脚在前、左脚在后呈“T”形侧身而站，上身微前倾，按顺时针方向以先色酒、后白酒、再啤酒或饮料的顺序斟倒酒水，瓶口不能碰触杯口，相距为1～2cm。	保持盘平、盘稳；斟酒时，酒水不能溅出或滴到杯外；整瓶酒液的流速以“先缓慢、中稍快、后再慢”为原则。
	旋转并擦拭瓶口	每斟完一杯酒后，在此杯口的正上方抬起瓶口，将酒瓶按顺时针方向轻轻旋转100°～180°，然后再在托盘外边缘处的餐巾上按顺时针方向轻轻擦拭一下瓶口，将余滴酒水留于瓶口边缘处或滴入杯内。	旋转酒瓶时，身体不能随之扭动，始终保持微前倾姿势及托盘平稳；擦拭酒水时，身体面向甩盘后的托盘方向，右手持酒瓶在托盘边缘的餐巾上轻轻旋转擦拭瓶口。

酒水的斟倒有量的限制。白酒以八分满为宜；红葡萄酒倒1/3；白葡萄酒倒1/2；香槟酒要分两次斟倒，先斟至杯的1/3处，待泡沫平息后，再斟至杯的2/3处；白兰地斟1oz①（标准白兰地杯杯内的酒液与杯口平）；啤酒以酒液占酒杯的八成、泡沫齐杯口不溢出为标准。

三、餐巾折花

餐巾是餐厅专门提供给顾客用来擦嘴及防止汤汁溅在衣服上的一种保洁方巾，因其起初是专为擦嘴而用，因此俗称“口布”。摆台时，餐巾最早是叠成方形，平放在餐盘中，之后渐渐发展为折叠成各种抽象的艺术形象放在水杯或装饰盘上，以供客人餐前观赏。餐巾不仅实用，而且可以起到衬托用餐环境、增加用餐气氛的作用，其叠放可以称为桌面综

① 1oz≈28.3495g，本书按国际通用，酒水采用盎司。

合艺术。

(一) 餐巾的主要类型

1. 按餐巾的质地划分

(1) 纯棉织品：吸水性强、去污力强；浆熨后挺括，易折成型，造型效果好；手感柔软。但清洗麻烦，需洗净、上浆、熨烫。

(2) 棉麻织品：质地较硬，不用上浆也能保持挺括。

(3) 化纤织品：颜色亮丽，透明感强；富有弹性，比较平整，如一次造型不成，可以二次造型，不用浆烫，使用方便。但可塑性不如纯棉织品和棉麻织品好，易清洗，但吸水性和去污力不如纯棉织品；手感不佳。

(4) 纸质餐巾：成本低，更换方便，但是不够环保；有时也有非正式的感觉和低档次的感觉。

2. 按餐巾的规格划分

餐巾规格的大小在不同的地区不尽相同，根据实际使用效果，45～50cm 见方的餐巾较为适宜折叠造型，使用也较为普遍。

(二) 餐巾折花的作用

餐巾折花的作用主要有以下几个方面：

1. 保洁用品

客人就餐时，服务人员将其放置于客人的腿上以防止汤汁弄脏衣服，也可以用于擦拭嘴巴。

2. 美化席面

服务人员将质地不同、颜色各异的餐巾折叠成各种不同的造型，给人以美的享受，可以烘托用餐氛围，提高宴会档次。

3. 标出主位

餐巾花形的摆放可以显示主人、主宾的席位。造型复杂、美观、花形最高的放在主位，这样客人一入席就能容易识别，对号入座。

4. 象征意义

服务人员根据不同的宴会主题、不同的顾客折叠不同的餐巾花，使餐巾具有美好丰富的象征意义，如在老人寿宴时折叠成寿桃形，在女性客人餐位折叠成各种花卉形等。

(三) 餐巾花折叠

1. 餐巾花的种类

餐巾花的品种众多，按折叠方法和摆设工具的不同，可分为杯花和盘花两大类。杯花是指将餐巾折叠成各种形状后摆放在水杯中，常用于中餐服务；盘花指将餐巾折叠成各种形状后放入装饰盘（骨碟和主菜盘）上，常用于中餐和西餐服务。现在餐巾折花多趋向于盘花折叠。按餐巾造型的外观分类，餐巾花有动物类、植物类、实物类三种。

2. 餐巾花的选择和运用

一般应根据宴会性质、规模、规格、季节时令、来宾的宗教信仰和风俗习惯、宾主座位安排和台面设计需要等因素进行综合考虑，总的原则是和谐、美观。具体要注意如下几点：

（1）根据宴会性质选择花形。婚宴和丧宴选择花形应有差别，婚宴多用暖色调以烘托热烈喜庆气氛，丧宴多用冷色调以突出严肃哀悼氛围。商务宴请与亲朋会餐应有差别，商宴注重规格、等级；亲朋会餐讲究随意、温馨。

（2）根据宴会规模选择花形。一般大型宴会可选用简单、快捷、挺括美观的花形；小型宴会可以在同一桌面使用各不相同的花形，形成多样协调的布局。

（3）根据宾主席位安排选择。如用独特的花形突出主位。

（4）根据客人的风俗习惯。不同国家、不同民族的客人对花形有不同的喜好和禁忌。

（四）餐巾折花方法及标准等（见表 1－3－3、表 1－3－4、表 1－3－5）

表 1－3－3　　餐巾折花方法

实训项目	操作步骤	操作规范	细节要求
杯花	准备餐巾及杯具	洗手消毒后，选取指定规格、颜色以及数量正确的餐巾，然后将餐巾平铺于干净光滑的平面上，检查餐巾是否达到可折叠使用的标准；杯子规格大小适宜（多用中杯）。	餐巾无污染、无破损、平整无皱折；杯子无污迹、无破损。
	折叠餐巾	根据杯花类的折叠造型种类（动物类、植物类、实物类），按照正确的折叠技法（叠、推、卷、穿、攥、翻、拉、掰、捏）和宴会的需求（如政务宴、婚宴、寿宴等）以及宾主位的设定，在光滑的平面上折叠合适的餐巾花形；圆形餐台餐巾花形的高度以主陪位最高、副主陪次高、再主宾、后其他（其他的花形高度可相同）为原则；长条桌以及散餐厅的花形种类或高度可相同。	折叠餐巾时，手要消毒、不能用嘴咬或手抓餐巾，而是需要用双手的拇指和食指捏拿餐巾的边缘处；折叠的餐巾花形要求造型美观、挺括生动、形象逼真。
	摆放餐巾	将折叠好的餐巾花按顺时针方向从主陪位开始依次放入中杯中的 2/3 处，手不能碰触杯口或杯身。	餐巾花形的观赏面朝向客人（即餐位），主位突出、花形摆放协调、错落有致。
盘花	准备餐巾及餐盘	洗手消毒后，选取指定规格、颜色以及数量正确的餐巾，然后将餐巾平铺于干净光滑的平面上，检查餐巾是否达到可折叠使用的标准；随后准备并检查餐盘是否适宜，准备及检查餐盘时需持拿餐盘的外边缘。	餐巾无污染、无破损、平整无皱折；盘子无污迹、无破损。
	折叠餐巾	根据盘花类的折叠造型种类（动物类、植物类、实物类），按照正确的折叠技法（叠、推、卷、穿、攥、翻、拉、掰、捏）和宴会的需求（如政务宴、婚宴、寿宴等）以及宾主位的设定，在光滑的平面上折叠合适的餐巾花型；圆形餐台餐巾花形的高度以主陪位最高、副主陪次高、再主宾、后其他（其他的花型高度可相同）为原则；长条桌以及散餐厅的花形种类或高度可相同。	折叠餐巾时，手要消毒、不能用嘴咬或手抓餐巾，而是需要用双手的拇指和食指捏拿餐巾的边缘处；折叠的餐巾花形要求造型美观、挺括生动、形象逼真。
	摆放餐巾	将折叠好的餐巾花按顺时针方向从主陪位开始依次放入餐盘正中，并且一次定位准确。	餐巾花形的观赏面朝向客人（即餐位），主位突出，花形摆放协调、错落有致。

表 1-3-4　　餐巾折花的主要技法与标准

序号	技法	动作要领标准
1	叠	将餐巾一折为二、二折为四或者折成三角形、长方形等几何图形。叠的要领是：一次叠成、避免反复，否则餐巾上会留下折痕，影响造型的挺括美观。
2	推	将餐巾折成折裥的形状，使花形层次丰富、紧凑、美观。推折的动作要领：用双手的拇指、食指分别捏住餐巾两头的第一个折裥，两个大拇指相对成一线，指面向外；两手中指按住餐巾，并控制好下一个折裥的距离；拇指、食指的指面握紧餐巾向前推折至中指外；用食指将推折的裥挡住；中指腾出去控制下一个折裥的距离；三个手指相互配合，使折裥均匀整齐。
3	卷	可分为平行卷和斜角卷两种。平行卷时，餐巾两头一定要卷平；斜角卷就是将餐巾一头固定，只卷另一头，或是一头多卷、另一头少卷，形成的卷筒一头大一头小。
4	穿	用工具从餐巾的夹层折缝中间，边穿边收，形成皱褶，使造型更加逼真美观。
5	攥	用左手攥住餐巾的中部或下部，然后右手操作其他部位。
6	翻	在折叠过程中，将餐巾折、卷后的部位用拇指和食指以及中指协助翻成所需花样，以构成花、叶、鸟翅、动物头等形状。
7	拉	在翻的基础上，为使餐巾造型挺直而使用的一种手法。
8	掰	制作时，将餐巾叠好的层次，按顺序一层一层掰出来。
9	捏	先将餐巾的一角拉挺直作颈部，然后用一只手的大拇指、食指、中指三个指头捏住颈部顶端，食指在上，将巾角尖端向下压，中指与拇指在下，将压下的巾角捏紧，捏出尖嘴状，即可作为鸟的头部。

表 1-3-5　　餐巾折花花形介绍

序号	名称	手法	适用宴会	寓意
1	单荷花	折、推、拉	政务宴、商务宴	吉祥如意
2	白鹤	折、卷、捏	政务宴、商务宴	松鹤长春，有平平安安之意
3	心心相印	折、推、拉、翻	婚宴、定亲宴、结婚纪念日	爱情永久、幸福美满、百年好合
4	玫瑰花蕾	折、推、拉、翻	婚宴、定亲宴、结婚纪念日	爱情永久、幸福美满、百年好合
5	慈姑叶	折、推、翻	家宴	和睦生财、生活幸福
6	友谊花篮	卷、折	朋友聚会、同学聚会	友谊长存
7	马蹄莲	卷、折、翻	政务宴、商务宴、婚宴	清新脱俗，高贵淡雅，圣洁虔诚，永结同心
8	彩蝶纷飞	折、推、穿、拉	政务宴、商务宴、婚宴	表达对未来美好生活的憧憬
9	瑶池仙桃	折、推、拉、捏	寿宴、生日宴	健康长寿
10	冲天蝴蝶	折、卷、拉、推	金榜题名宴、政务宴、商务宴	学业/事业飞黄腾达
11	四尾金鱼	折、推、翻、拉	政务宴、商务宴	神采奕奕、如鱼得水
12	芭蕉叶	卷、推、折	政务宴、商务宴	寓意“大业”，宏图大展、事业有成

续前表

序号	名称	手法	适用宴会	寓意
13	鸡冠花	折、推、穿、掰	婚宴、定亲宴、结婚纪念日	永恒的爱情
14	孔雀开屏	折、推、穿、捏、拉	家宴、情侣餐	吉祥、优雅和高贵的象征
15	仙人掌	折、推	政务宴、商务宴	事业或学业进步
16	圣诞火鸡	折、推、捏	圣诞节宴会	平安吉祥
17	龙眼鱼	折、推、翻	政务宴、商务宴	生龙活虎、神采奕奕
18	枯木逢春	折、推、卷	小孩生日宴、政务宴、商务宴	欣欣向荣、焕发生机
19	主教帽	折、拉	政务宴、商务宴	也称“自由之帽”，象征着胜利、光荣、忠诚及友谊
20	雨后春笋	折	政务宴、商务宴	茁壮成长、蒸蒸日上、事业蓬勃发展
21	王公冠冕	折	婚宴、政务宴、商务宴	尊贵
22	公主桂冠	折、拉	婚宴、政务宴、商务宴	桂冠华丽端庄，寓意和谐、吉祥、智慧、幸福
23	水晶扇面	折、拉	政务宴、商务宴	星月同辉，福星高照
24	生日蜡烛	折、翻、卷	生日宴、寿宴、小孩百天宴	生日的祝福
25	一帆风顺	折、拉	政务宴、商务宴、送行宴	一帆风顺、四通八达、岁岁平安
26	挪威冰川	折	政务宴、商务宴	纯洁高尚
27	朝阳立扇	折、推	政务宴、商务宴	吉祥
28	领带	折	西餐	高贵
29	丰收玉米	折、叠、翻	政务宴、商务宴	生活富裕、富贵平安
30	步步高升	折	金榜题名宴、政务宴、商务宴	步步高升，学业有成
31	郁金香	折	政务宴、商务宴、婚宴	荣誉、祝福和永恒
32	梅花玉树	折、翻	政务宴、商务宴、寿宴	梅寿长春、梅寿万年，寓意荣华富贵
33	蝴蝶拜寿	折、推	寿宴	福如东海、寿比南山

注：餐巾花的寓意与鲜花的花语是相通的。

四、摆台

摆台又称铺台、摆桌，是将餐具、酒具以及辅助用品按照一定的规格整齐美观地铺设在餐桌上的操作过程。其包括餐台排列、席位安排、餐具摆放等。摆台要求做到清洁卫生、整齐有序、各就各位、放置得当、方便就餐、配套齐全。摆台技术是餐厅服务员的基本功，是宴会设计的重要内容，摆台的好坏直接影响服务质量和餐厅的面貌。

（一）台布铺设

台布是餐厅摆台所必备的物品之一。台布的规格及色泽的选择应与餐台的大小、餐厅的风格协调一致。

餐厅通常会使用亚麻布、棉或其他质地的台布。台布的铺设应给人一种柔和宁静之感，且应让人感觉餐厅较具水准。在餐厅中，有许多不同尺寸及形式的桌子及台布，台布洗烫过后有多种不同的折叠方式。

（二）台布的种类

台布的种类有很多，因纯棉台布吸湿性能好，大多数餐厅均使用纯棉提花台布。台布的图案有团花、散花、工艺绣花等；台布的颜色有白色、黄色、粉色、红色、绿色等，但多数选用白色。选择台布的颜色时，要与餐厅的风格、装饰、环境相协调。

台布的形状大体有三种：正方形、长方形和圆形。正方形台布常用于方台或圆台，长方形台布则多用于西餐各种不同的餐台，圆形台布主要用于中餐圆台。

餐厅中台布常见的规格有直径为 2.2m、1.8m 和 1.3m 三种，2.2m 台布适用于 10～12 人台，1.8m 适用于 6～8 人台，1.3m 可用于边长 85cm 的方台或直径为 85cm 的方台或小圆台。

（三）台布铺设程序

台布铺设是将台布平整地铺在餐台上的过程。铺台布之前，首先应将所需餐椅按就餐人数摆放于餐台的四周，使之呈三三两两的并列状；然后服务人员应将双手洗净，并对准备铺用的每块台布进行仔细的检查，发现残破、有油渍和皱褶的台布则不能继续使用。

（四）中餐宴会摆台（见表 1-3-6）

表 1-3-6　中餐宴会摆台

实训项目	操作步骤	操作规范及细节要求
中餐宴会摆台（圆形台）	铺台布	(1) 推拉式：站在正/副主人位，先把台布抖开正面朝上，两手分别捏住台布的一边，两手离中缝线各 50cm 左右，其他的台布分别夹在其余手指内，双手里合，把桌布沿桌面向前推出，再平面向自身拉回至适当位置。 (2) 撒网式：站于正/副主人位，先把台布甩出（如撒网状），然后再拉回，拉回的同时调整好台布。 (3) 抖铺式：站于正/副主人位，先把台布整理好，两手同时用力将台布抛出，再向自身拉回，抖平铺好台布。 要求：台布十字折缝居中，中股缝向上，台布干净、平整，无破损，四周下垂部分相等。
	放一体转盘	铺好台布后，服务员需要站于主陪处，将一体转盘放于餐台的十字中心位置，右手的四指并拢垂直于转盘的外边缘，并与转盘相切，左手按顺时针方向转动转盘，检查转盘是否有偏离，如有偏离，需调整至桌面中心位置。
	餐碟定位	从主人位开始一次性定位摆放餐碟，餐碟间距离均等，与相对餐碟及餐桌中心点三点一线。餐碟边距桌沿 1.5cm。注意拿碟手法正确（手拿餐碟边缘部分）、卫生、无碰撞。

续前表

实训项目	操作步骤	操作规范及细节要求
中餐宴会摆台（圆形台）	摆放汤碗、汤勺、味碟	汤碗摆放在餐碟左上方 1cm 处，味碟摆放在餐碟右上方，汤勺放置于汤碗中，勺把朝左，与餐碟平行。
		汤碗与味碟间距的中点对准餐碟的中点，汤碗与味碟、餐碟间相距均为 1cm。
	摆放筷架、调羹、筷子、牙签	（1）筷架摆在餐碟右边，其中点与汤碗、味碟在一条直线上。 （2）调羹、筷子搁摆在筷架上，筷尾的右下角距桌沿 1.5cm。 （3）筷套正面朝上。 （4）牙签位于调羹和筷子之间，牙签套正面朝上，底部与调羹齐平。
	摆放葡萄酒杯、白酒杯、水杯	（1）葡萄酒杯放在餐碟正上方（汤碗与味碟之间距离的中点线上）。 （2）白酒杯摆在葡萄酒杯的右侧，水杯位于葡萄酒杯左侧，杯肚间隔 1cm，三杯呈一条直线。 （3）摆杯手法正确（手拿杯柄或中下部）、卫生。
	摆放公用餐具	（1）公用筷架摆放在主人和副主人餐位正上方，距水杯肚 3cm。如折的是杯花，可先摆放杯花，再摆放公用餐具。 （2）按先勺后筷的顺序将公勺、公筷搁摆于公用筷架之上，勺柄、筷子尾端朝右。
	餐巾折花	（1）花形突出正、副主人位，巾花种类丰富、款式新颖、造型美观、花形逼真；整体协调；有头、尾的动物造型应头朝右（主人位除外）。 （2）巾花观赏面朝向客人（主人位除外）。 （3）操作手法卫生，折叠手法正确、一次性成形。如折的是杯花，巾花折好后放入水杯中一起摆上桌，落杯不超过 2/3 处。手不触及杯口及杯的上部。
	摆放菜单、花瓶和桌号牌	（1）花瓶摆在台面正中。 （2）菜单摆放在正、副主人的筷子架右侧，位置一致，菜单右尾端距离桌边 1.5cm。 （3）桌号牌摆放在花瓶正前方，面对副主人位。
	拉椅让座	拉椅：从主宾位开始，座位中心与餐碟中心对齐，餐椅之间距离均等，餐椅座面边缘距台布下垂部分 1cm。
		让座：手势正确、礼貌。

五、上菜

上菜的操作规范及细节要求见表 1-3-7。

表 1-3-7　上菜的操作规范及细节要求

实训项目	操作步骤	操作规范及细节要求
上菜	取菜	（1）取菜前需要先空出上菜所需的位置。 （2）用双手托拿菜盘/盆上菜。 （3）上各吃菜品时，为了提高工作效率及方便客人，可根据各吃菜品的盛器及托盘的大小，用托盘适量地一次托盛多个各吃菜品，分别为每位客人上菜。
	选择上菜位置	（1）根据菜品的盛器、宴会的规格以及客人的用餐方式等，选择正确的上菜位置。 （2）上各吃菜品或分餐后的菜品时，需要先从主宾开始，站于主宾的右后侧为其上菜，然后按顺时针方向依次为其他客人上菜。如是重要宴会，两位服务员同时为一桌客人上菜时，其中一位仍然需要从主宾开始上菜，而另一位则需要从第三宾开始上菜。

续前表

项目	步骤	操作规范及细节要求
上菜	摆放菜品	(1) 摆放菜品时，手要持拿菜盘/盆的外边缘或盘/盆的底部，切不可将手指伸到菜盘/盆的内沿。 (2) 动作要轻且快，放盘要稳，并且放盘声音要小。 (3) 在为客人上菜时（除各吃菜品外），所有的菜品（包括凉菜和热菜）均需要依次将其摆放于餐台转盘的周围，观赏面朝向客人，且要求餐盘的外侧边缘距转盘的外边缘有 1cm 左右的距离。转动转盘时，需要注意转速不宜过快，且随时注意不要弄倒转盘周围的酒杯。 (4) 上转盘的每一道热菜时，服务员要先将菜摆放于“上菜口”位置的转盘处，然后右手除大拇指外的其余四指并拢，按顺时针的方向转动转盘的外边缘，将菜转至于主陪与主宾之间的中间部位处。 (5) 上两道热菜时，要求分别摆于宾主间和副主陪及第三宾的转盘处各一道；上三道热菜时，围摆成“品”字形；上四道热菜时，间距相等地围摆于转盘周围；上五道热菜时，摆成“梅花”形。 (6) 如果转盘上的菜品过于拥挤，服务员需要征询客人的意见是否需要把大盘的菜换入小盘中，在征得客人的同意后，将换入小盘的菜品再次摆放于大盘间隙转盘的外周围或内周围，严禁转盘上的菜盘“盘上叠盘”。 (7) 上鸡、鸭、鱼等有头形的菜品时，一律将头部朝左，脯（腹）部朝右，以示对客人的尊重。因为中国饮食的传统礼貌习惯是“鸡不献头，鸭不献掌，鱼不献脊”。 (8) 中餐上菜时，服务员需要遵循右上右撤、先撤后上的原则为客人上菜。 (9) 菜品的摆放要根据菜品的原材料色彩、形状、盛器等方面对称摆放，所以在摆放时，要注意菜品荤素、颜色、口味的搭配和间隔，不要只将荤的或素的、颜色深的或浅的、甜的或咸的等集中摆放在一起，而是需要错开摆放，即如是同颜色、同形状、同口味的菜品可相间或对称摆放，不要并排摆放在一起。菜盘摆放时，要求盘与盘之间的间距相等。
	介绍菜品	(1) 将每道菜品摆放到转盘且转至宾主之间的部位后，服务员需向后退一步，以标准的站姿面向客人站好，然后向客人介绍菜品。介绍菜品时，需要先向客人介绍菜品的名称，然后再介绍口味、营养功效、制作方法等。 (2) 将带有盘盖的菜品上到餐台后，服务员需先用左手将盘盖取下背于体后，然后再转至宾主之间介绍菜品。 (3) 服务员介绍菜品时，表情要自然，吐字要清晰，声音要响亮，语速不宜太快。介绍完菜品后，应礼貌地请客人食用，然后方可转身离开。
	上菜顺序	(1) 中餐宴会上菜先冷后热，先咸后甜，先菜后点，先浓后淡，先优质后一般。上菜严格按菜单顺序进行，一般为：冷菜—热菜—汤—点心—水果。 (2) 上菜顺序也会因为各地的风俗礼仪的不同而有差异。在广东，汤菜提前在主菜之前上；在新疆，先上饭食与点心，然后才上凉菜与热菜。

六、分菜

分菜的操作规范及要求见表 1-3-8。

表 1-3-8　分菜的操作规范及要求

项目	动作规范与标准	要求
分菜工具使用方法	**分菜叉、勺的使用方法**：服务员使用分菜叉和勺时，需要用右手持握住分菜叉把的 3/4 处部位或勺柄的 2/3 处部位，勺心向上，叉的底部向勺心，即叉在上、勺在下；其中先以无名指在上、小拇指和中指在下共同夹住分菜勺，然后用大拇指和食指捏住分菜叉；在夹菜肴时，主要是依靠手指来控制，其中中指控制勺柄，无名指和小拇	工具使用娴熟，方法得当，操作轻。

续前表

项目	动作规范与标准	要求
分菜工具使用方法	指起稳定作用，食指在叉把和勺柄之间与大拇指合捏住叉把时，大拇指控制叉的着力点，食指控制叉的伸张。分带汁菜肴时用服务勺盛汁。	
	分菜刀的使用方法：服务员分鱼或带骨的菜肴时，需要用右手持分菜刀的刀把，然后用左手持叉协助。	
分菜方法	**托盘分菜法：**服务员将菜肴上到转盘上且转至宾主之间的位置后，需先向客人介绍菜品。待菜品介绍完后，服务员需要将转盘上的菜肴按照顺时针的方向转至上菜时的位置撤下。服务员将菜肴撤下后，需要左手托住菜盘，然后右手按照分菜工具的使用方法持握好分菜叉和勺，从主宾位的右侧开始，右脚在前，左脚在后，稍前倾，将左手托的菜盘托于自己与客人的身体间，靠前于餐台，按照顺时针的方向依次为每位客人分派菜肴。	分菜技能娴熟、动作迅速，手法干净利落，菜品不滴不洒；菜品的份数分派均匀，包括荤素搭配均匀、汁菜搭配均匀等。
	桌面分菜法：服务员将菜肴上到转盘上且转至宾主之间的位置后，需先向客人介绍菜品。待菜品介绍完后，服务员需要先用右手按照分菜工具的使用方法持握好分菜叉和勺，然后从主宾位的右侧开始，身体略前倾，右脚在前，左脚在后，按照顺时针的方向，用右手持握的分菜叉和勺，从转盘上的菜盘中将菜肴依次分入客人的骨碟中，边转边分（即为一位客人分完餐后，需要先转动转盘至下一位客人的位置，然后再站到下一位客人右侧的位置为其分菜）。	
	操作台分菜法：服务员将菜肴上到转盘上且转至宾主之间的位置后，需先向客人介绍菜品。待菜品介绍完后，服务员需要先将转盘上的菜肴按照顺时针的方向转至上菜时的位置，然后将菜肴撤到房间的操作台上。服务员将菜肴放到操作台上后，用右手按照分菜工具的使用方法持握好分菜叉和勺，将菜肴分入先前准备好的干净骨碟中（有条件时，骨碟先前需要加热，能够保证热菜热上）。	

相关链接

餐桌插花

一、插花的主要作用

插花是一种剪切植物枝叶进行重新组合、与盛器相配合进行造型设计的艺术。在餐台造型设计中的主要作用有以下四点。

（一）美化餐台造型，起到画龙点睛的作用

在餐台造型设计中，餐具的颜色、花式常因不能影响菜品的观感而显得单调，而一束花则从色彩上极大地丰富了台面。餐台造型设计中，餐具由于质地、重量等因素，处于静态，而插花则随人的活动、空气的流动而产生动感，使静中有动，富于生气。在餐台造型设计上，插花犹如画龙点睛之笔。

（二）丰富餐台造型，营造高雅气氛

不同的鲜花有不同的含义。在酒吧中，夜光美酒、暗红飘动的烛光的映衬下，一支玫瑰，几多情谊。迎宾餐台上，鲜花簇拥、怒放，象征主人热情的欢迎。

（三）强化餐台造型，突出餐台位置

宴会餐台有主次之分。主餐台插花宜采用盛花，围绕转盘呈一圆形，中间放置菜肴饮品，起到众星捧月的作用，将宾客视线吸引过来，强化并突出主餐台的中心地位。一般餐台则宜采用形式简洁的插花造型，做到主次分明。

（四）利用插花形式，达到区隔餐台的作用

在大型餐厅中，常有多个团体同时用餐，利用插花的摆放，可以有效地把不同团体的餐台区隔开，达到既区隔又美化的双重作用。在自助餐中，也可以利用插花将餐饮菜品巧妙地分隔开，使菜品、主食、酒水、水果等种类区域明显，又相互关联。

二、插花的基本原则

插花一方面美化、丰富了餐台的造型设计，制造出不同凡响的高雅气氛；另一方面，可以作为对核心产品（餐饮品）的衬托。在餐台造型设计中，运用插花应遵循以下基本原则：

（一）不阻宾挡客人视线

设计餐台的插花造型时，一定要注意摆放高度不宜过高，切忌摆放稠密和造型过大，以免妨碍宾客的视线交流。

（二）不能遮盖餐饮品

餐饮品是餐饮企业重点核心产品，作为核心产品，其总是处于重要的中心地位。因此，餐台造型中的插花不能过分渲染气氛，以免影响和掩盖核心产品的中心地位，喧宾夺主。餐台造型中的插花在颜色上应与餐饮品相协调，避免顺色，色彩上应有适当的反差。餐台造型中的插花所采用的花材不宜香味过浓，避免遮盖或破坏餐饮品的香味。

（三）插花与餐台器具要协调

插花所使用的器皿之材质、造型、价值应与餐台器具相配合、相协调，相得益彰，避免反差过大。如中餐台面造型设计中，基本采用瓷器为主要餐具，花瓶或插花也宜采用同质瓷器，而不宜使用玻璃花瓶或花插。

（四）插花与餐台设计风格相吻合

台面造型设计虽多种多样，但大致可分为中餐台面造型设计、西餐台面造型设计和日餐台面造型设计三大类。插花的风格也有东方和西方之别、现代与传统之分。因此宜采用与餐台造型设计风格相同的插花。

任务二　掌握中餐服务流程

一、餐厅服务流程管理

（一）清洁指定区域卫生

（1）餐前半小时，检查工作区域的卫生是否达标。

1）各类服务用具、杯具洁净，无污渍，无杂物。

2）桌布洁净美观，无破损。

3）工作台、桌椅地面干净。

（2）检查完毕，填写《餐前餐后检查表》。

特别提示

细节管理

（1）清洁餐具必须用报废口布。

（2）清洁公共区域卫生必须用指定抹布。

（二）餐前应备品

（1）按照各区域的应备卡备足各类餐具、布草、易耗品等。

（2）备足开水。

（三）检查设备设施

（1）检查各区域的设备设施是否运转正常。

（2）设备设施若出现质量问题，必须马上报修，10分钟内将报修单送至厅面领班。

（四）摆台

将分工区域内的餐台按照标准规范摆好。

（五）掌握宾客信息

（1）至预订处查看《预订记录本》及《客史档案》。

（2）熟记分工区域已预订宾客信息。

（3）在《预订记录本》底栏签名。

（六）掌握菜品信息

（1）至菜牌处查看当餐的《菜品估清表》。

（2）熟记当餐的估清菜品、厨师特别推荐菜品、活海鲜类等。

二、餐厅摆台流程管理

（一）铺台布

（1）选择尺寸合适、洁净、无破洞的台布。

（2）站在餐桌一侧将台布抖开铺在桌面上。要求台布下垂四角必须长度统一、整齐美观。

特别提示

细节管理

（1）注意避免抖动台布时打扰客人。

（2）避免用手抹平桌面部分台布，让客人觉得不卫生。

（二）摆放转芯垫板及转盘

（1）检查转芯是否转动灵活、转盘及垫板是否洁净。

（2）将转芯、垫板放于餐桌正中。

（3）在垫板正中位置摆放转芯，并在转芯上铺上装饰台布。

（4）在转芯上摆放转盘，使转芯处于转盘正中位置。

特别提示

细节管理

直径1.8m或超过1.8m的台布需摆放转盘。

（三）摆放餐具

根据企业操作规范摆放餐具，中餐宴会摆台规范见表1-3-6。

（四）摆放椅子

（1）保证椅子稳固且干净。

（2）将椅子正对着餐位摆放，椅子前沿与台布下垂部分相接，且椅面与台布下垂部分呈直角。

（五）整体布局

餐厅整体的桌椅、餐具、花饰应整洁、美观。

三、餐厅欢迎客人流程管理

（一）站位

（1）开餐前10分钟站位迎宾。

（2）站位时注意头正肩平，挺胸收腹，目光自然平视，不得倚物，右手压左手交叉放于小腹部。

（3）男员工脚后跟分开呈V形，女员工脚后跟并拢呈V形，双腿自然并拢。

（4）如果预计客人提前到达，则需在客人预计抵达前10分钟站位迎宾。

（二）迎接客人

（1）客人到达时礼貌鞠躬问候，鞠躬时应该右手压左手交叉放于小腹部，上身前倾15～30°，头、颈、上身保持一条直线，热情友好。

（2）协助迎宾员为客人安排座位，拉椅让座，挂衣盖巾。

（3）根据客人人数调整餐椅和桌面餐具。

（4）如有儿童用餐需马上提供儿童椅及儿童餐具。

（5）上香巾：从客人右侧为客人上香巾，放于客人右手边。

（6）上茶：询问客人欲用何种茶水，3分钟内上茶；上茶由主宾开始，从客人右侧上茶，按顺时针服务；茶水斟至八分满，不能溅出。

特别提示

细节管理

上茶时注意使用礼貌用语，并配合适当的手势。

四、餐厅点酒水、加菜流程管理

(一) 点酒水

(1) 熟知酒水知识，善于观察客人的消费心理，合理地推荐酒水。

(2) 点酒水时应站在主人右侧身后一步左右，询问主人，耐心而亲切。

(3) 对女士及儿童应主动询问是否需要软饮料或果汁。

(二) 加菜、酒水、退菜

(1) 当客人需要加菜时，服务员要先在客人桌上的单据上写上菜品名称；然后到吧台填写加菜单，注明下菜时间、桌号、年月日、工牌号，并划线封单，交由酒水吧员签字；后将二、三联递到划菜口。若需加酒水，直接到吧台填写酒水单，待酒水吧员签字后，将第三联拿到客人桌上，用订书机将酒水单订到客人桌上的单据上。

(2) 当客人需要退菜时，服务员要在底单上将客人要退的菜名后边写上“退”字，然后到吧台填写退菜单。注意退菜原则：如因店方原因客人退菜时，必须经过客人的同意；如客人需要退菜时，必须由分单员到厨房询问是否已加工，经过厨房值班经理的同意。

特别提示

细节管理

要善于发现客人的消费心理，有针对性地推销菜品。客人喜欢讲排场，高消费的，应侧重介绍高档菜品；客人喜欢经济实惠的，则应提供相应菜品，不能一味高价，令客人反感。

五、餐中巡台流程管理

巡台时应使用托盘，托盘时用左手五指及掌根部位托住托盘的重心位置，上臂与下臂弯曲成 90°，肘部与托盘靠近身体，行走时右臂摆动自如，头正身直，目视前方，面带微笑，轻松自然。

(一) 撤换烟缸

(1) 烟缸内烟头达两根时应立即更换，烟缸内不得多于三根烟头。

(2) 先用一只干净的烟缸盖在用过的烟缸上，然后将两个烟缸一起撤下，避免烟灰飞出。

(3) 再将干净的烟缸放于桌上。

(二) 添加酒水

(1) 客人杯中酒水少于 1/3 时应主动为客人添加。

(2) 添加酒水时应将酒瓶的商标朝向客人。

(3) 添加酒水时酒瓶距离杯口 2cm，沿杯内壁缓缓加入。

(4) 倒完酒时应将酒瓶瓶身旋转一下，使瓶口的酒液均匀地分布在瓶口，不至于滴落在餐桌上或客人身上。

(三) 及时撤换骨碟

(1) 骨碟内残渣达到 1/2 时，应马上为客人更换。

（2）若桌面有空餐盘，应同时撤下。

特别提示

细节管理

（1）拿取餐碟时，应用拇指的掌根部位和其余四指托起餐碟，避免将手指伸入碟内，令客人反感。

（2）若桌面有残渣应及时用专用夹子清洁，避免用手直接拿取。

（四）拉椅服务

（1）客人起身离座、入座时要上前拉椅协助。

（2）拉椅时应用双手扶住椅背，用膝盖顶住椅背将椅子挪出，不能在地上拖动椅子。

（五）特殊服务

（1）如客人席间不慎将酒水或汤汁洒在桌上或身上，应马上帮客人清理，取一块口布将弄湿的台布盖上。

（2）如客人衣服被弄脏，应马上取干净的纸巾为客人擦拭，并询问客人是否需将脏衣物送洗衣房。

（3）如客人的筷子、餐具等掉在地上，应马上为客人更换。

（4）为用左手用餐的客人服务。

1）当服务员观察到客人有用左手用餐的习惯后，应马上调整餐位的摆台位置，将筷子、筷架、香巾等移到客人的左侧。

2）服务员可用右手托托盘、从客人的左侧服务。

（5）对携带儿童、生病、有急事的客人，应分别按照其正确服务程序与标准来服务。

（6）按照正确的程序与方法处理客人的投诉与不满。

特别提示

细节管理

（1）男员工应避免为女客人擦拭衣服，以免误会。

（2）餐中巡台时应善于发现客人提出的或潜在的需求，把握每一次服务机会。

六、餐厅翻台流程管理

（一）收撤已用餐具

（1）收撤脏口布、毛巾等，将椅子归位。

（2）收撤玻璃器皿等易碎物品。

（3）收撤各种餐具及桌面垃圾。

（4）将大桌面上的转盘及转圈收起。

（二）铺换台布

（1）所有台布要求洁净且无破洞。

（2）6人桌以下的中小台布铺换：

1）站在桌前，将桌子对面台布的一边向里拉起，盖住脏台布。

2）一边铺新台布，一边将旧台布收起。

（3）10人桌以上的大台布铺换：

1）将脏台布从四角向里卷起。

2）铺新台布时，用推拉式。站在桌前，将台布对面的一边贴近桌面推送过去。

（三）摆放转盘

（1）10人圆桌需摆放转盘。

（2）在桌子正中央摆上转芯垫板、转芯。

（3）在转芯上摆放转盘，要求位置居中，且旋转自如。

（四）摆台

按照餐厅摆台标准重新摆台。

七、餐厅结账流程管理

（一）取账单

（1）客人提出结账以后，服务员到收银处请收银员打印客人账单。

（2）将账单与点菜单、酒水单仔细核对，确保没有漏项和错项。

（二）请客人过目账单

（1）将账单拿至客人餐桌前。行走过程中，账单应放于结账夹内，结账夹贴近身体，不能随意摆动。

（2）从客人右侧为客人递上结账夹并打开。

（3）告知客人所消费的金额。

（三）代客结账

（1）询问客人结账方式，酒店可以接受的结账方式包括信用卡、现金、支票等。

（2）根据客人不同的结账方式，请客人提供相应的信用卡、现金等。

（3）到收银处为客付账，并请收银员为客人开具发票。

（4）将发票、零钱或信用卡等交还客人。

（5）在不打扰客人的前提下，征求客人对就餐的意见。

（6）向客人礼貌致谢。

（7）如有几位客人同时结账，应按照顺序为客人结账，并向等待的客人表示歉意，请其稍候。

八、餐厅送客及处理客遗物品流程管理

（一）提供打包服务

当客人就餐完毕，但餐桌上剩有较多菜品时，应主动询问客人并提供打包服务；将食品分类装入打包盒内；系好打包袋，递送给客人。

(二) 拉椅送客

(1) 客人起身离座时，主动上前拉椅送客，拉椅时双手扶住椅背上部，膝盖抵住椅背下部，轻轻向后移动。

(2) 帮客人取外套等衣物，提醒客人带好物品。

(3) 向客人表示感谢并欢迎客人再次光临。

(三) 客遗物品处理

(1) 送客后再次检查桌面及周围有无客人遗留的物品。

(2) 如发现客人遗留物品，应马上寻找客人，在最短的时间内交还客人。

(3) 将遗留物品归还客人时，应核对客人身份，确保是失主，并登记客人的有效证件。

(4) 如无法找到遗失物品的主人，应将遗失物品送交前台收银处。

(5) 清点物品，将情况详细填写在《客人遗留物品登记记录本》上。

九、餐厅班后收档及交接班流程管理

(一) 班后卫生清洁

(1) 清洁工作台、桌椅、酒水车及服务车。

(2) 按照《餐后卫生清洁表》，清洁各类餐具。

(3) 填写《餐前餐后检查表》。

(二) 补充易耗品

按照《餐厅物品备量表》，补充备足各种餐具、布草、物品及易耗品。

(三) 检查设备设施

(1) 检查各类设备设施，确保无安全隐患。

(2) 关闭需停止运行的设备设施。

(3) 设备设施若出现质量问题，必须立即报修，10 分钟内将报修单送至厅面领班。

(四) 填写表格

填写《宾客就餐信息反馈表》，记录客人的喜好和习惯。

十、餐厅为儿童服务流程管理

(一) 安排座位

(1) 当有客人带领儿童来餐厅时，应马上为客人提供儿童椅。

(2) 扶住椅子，协助客人将儿童抱到儿童椅上。

(3) 将儿童椅推到距离桌边合适的位置。

(4) 将儿童椅固定好。

特别提示

细节管理

不要主动去抱儿童，以免儿童因为“认生”而哭闹。

(二) 调整餐具

(1) 为客人摆放方便儿童使用的餐具或根据客人的需求摆放餐具。

(2) 将多余的餐具撤走。

(三) 推荐饮品食品

(1) 为客人点饮料时，主动向客人推荐适合儿童口味的饮料，并准备吸管。

(2) 为客人点菜时，主动向客人推荐适合儿童口味的食品。

(四) 为客人提供特殊的服务

(1) 儿童若哭闹不停，应协助家长安抚。

(2) 随时关注在餐厅内玩耍的儿童，劝阻其可能造成危险的行为或打扰其他客人的行为，并通知其父母。

思考及训练

1. 设计一个中餐便餐摆台标准。

2. 请阅读下面的资料，然后在班级里开展一次模拟训练，并试着采用头脑风暴法开展讨论。

阅读资料 **传菜部突发事件处理**

确保正确的传菜部工作流程、掌握标准的传菜部突发事件处理办法，对于餐厅的正常运营有着不可忽视的作用。

1. 停电

(1) 立即安排专人关闭所有电器设备。

(2) 从固定地点取出蜡烛点燃，放置于菜口与传送台上（注意安全）。

(3) 检查未送出菜品电脑单，防止电脑单丢失，将菜品码放在接菜台上（必要时加菜盖保温）。

(4) 与值台部密切联系，黑暗条件下安排传菜员徒步传菜。

(5) 保证菜口秩序，菜口内传菜员原地待命，听从经理、主管安排，返回途中传菜员要按指定路线返回，降低速度（黑暗条件下，必要时可靠墙站立，等待电源再次启动）。

2. 电脑故障

及时通知电脑房快速排除故障。

3. 扣菜（菜肴不慎打翻）

(1) 就近用警示牌或椅子将菜罩住，以免他人经过时滑倒。

(2) 将条码单带回菜口，通知主管补菜。

(3) 通知保洁人员清理现场。

4. 传错菜

(1) 发现传错菜后，第一时间到传错的台面察看菜品是否被吃掉，如客人没有吃且菜品的原菜型没有被破坏，则将菜撤下上到正确的台位。

(2) 如菜品已上台面并被客人吃掉，则应及时给上错的台补单加菜，当菜品出来时再上到正确的台位。

5. 撞人

(1) 当撞到客人时应立刻停下，向客人真诚致歉。

(2) 如将客人撞伤，要立即通知主管经理并将客人送往医院。

(3) 当撞到孩子时，要避免孩子哭闹，并将孩子送到父母身边，求得谅解。

(4) 如将孩子撞倒在地时，不要急于将孩子扶起，要让其自己站立起来，以免因挪动不当造成骨折后的错位。

6. 将油汤溅到客人身上

(1) 向客人道歉，拿干净毛巾为客人擦拭（对于女性客人，可将毛巾递到其手中，由其自己擦拭），然后征询客人意见，如需清洗，则用高级工服将客人的衣服换下，留下客人的联系方式，衣服清洗后送还客人并将工服取回。

(2) 如将客人烫伤，立即送客人到医院治疗。

7. 工服脏污

(1) 到布草房进行更换。

(2) 如布草房下班，可用传菜部备用衣服进行更换。

8. 前厅多次催菜

(1) 查电脑，如已扫描，并且扫描时间与催单时间相差不大，可能菜品在途中。

(2) 查电脑，如已扫描，并且扫描时间与催单时间相差悬殊，可能有三种情况：

1) 菜品传丢，应及时补单、补菜。

2) 叫起菜品，虽条码单已扫描，但菜品在厨房。

3) 扫描员操作错误，将条码单打错，菜品在厨房。

(3) 查电脑，未扫描，厨房无条码单。

1) 打印机出故障未出单，补单、补菜。

2) 厨房将条码单遗失，补单、补菜。

(4) 海鲜类，未扫描，无条码单。

查找海鲜过程：荷台、砧板—开生—海鲜池—导购员。

9. 珍贵海鲜斤两、只数不够被打回厨房

厨房可能将条码单弄错，更正后传出。

任务三　餐厅基层督导的工作要点

基层督导最便捷的管理方法就是采用表单管理。以下将基层督导一天之中的督导内容按分工以表单形式列出。

一、厅面服务

（一）餐前工作检查内容（见表1－3－9）

表1－3－9　　餐前工作检查内容

项目	检查	项目	检查	项目	检查
1. 招牌灯以及相关灯箱、灯光、电梯、空调是否按规定开启？		2. 门口相关水牌、POP招贴画是否摆放，张贴是否符合规定？		3. 相关电源是否及时开启？	
4. 餐厅内所有设备是否检查，问题是否上报？		5. 检查书柜、报纸架上书刊、报纸是否更新并放置正确？		6. 餐厅桌椅是否摆放整齐划一？	
7. 检查餐台上台号牌是否摆放正确、齐全？		8. 备餐柜内餐具是否擦拭干净？		9. 台面相关物品是否摆放整齐，刀叉等是否按标准摆放？	
10. 牙签等相关物品是否补充并保持干净？		11. 地面卫生是否干净、无杂物、无油污？		12. 备餐柜内物品是否补充齐全？	
13. 沙发是否干净并整理平整？		14. 椅套是否干净，并整理平整无脱落？		15. 托盘是否干净并备好？	
16. 垃圾桶是否干净并摆放各处？		17. 餐厅地脚和边角卫生是否良好？		18. 绿色植物是否进行保养？	
19. 开水瓶是否保持干净并备有开水？		20. 是否了解当日急推和沽清品种？		21. 员工仪容仪表是否良好？	
特别情况：					

（二）营业中工作检查内容（见表1－3－10）

表1－3－10　　营业中工作检查内容

项目	检查	项目	检查	项目	检查
1. 对进入自己区域的客人是否及时接待？		2. 是否保持良好的微笑？		3. 是否提醒客人注意看好自己的财物？	
4. 能否向客人正确解释菜单？		5. 能否向客人提建议，并进行适时推销？		6. 回答客人提问是否清脆、流利、悦耳？	
7. 推销、复单时是否清脆、流利、悦耳？		8. 与客人谈话是否保持礼貌？		9. 点完单后是否进行复述，并提示客人稍候？	
10. 是否迅速将所点单据传递到相关部门？		11. 是否根据菜单预先为客人准备好餐具和器皿？		12. 在尽力推销饮料后，是否为没有点饮料的客人分别斟上一杯水或做好加水服务？	

续前表

项目	检查	项目	检查	项目	检查
13. 对那些在等待中的客人，是否经常巡台随时注意客人需求？		14. 当客人招呼时是否迅速到达桌旁？		15. 是否给就座的客人及时上欢迎水杯？	
16. 对吸烟的客人是否及时上烟缸，并正确地更换烟缸？		17. 服务员开的点菜单是否有错漏？		18. 处理投诉是否及时？是否按程序处理？处理的效果如何？	
19. 是否随时跟单，负责好自己所点单的所有相关事务的处理，如催菜、加菜、结账等？		20. 上菜时是否迅速、安全，不掉以轻心？		21. 上菜时是否介绍菜名？当菜上齐时是否告知客人？	
22. 对于结账离桌的客人是否说“谢谢光临”？		23. 是否及时检查餐桌、餐椅及地面（有无客人失落的物件）？		24. 是否在客人走后及时进行清台、翻台？	
25. 是否及时发现营业区域地面清洁问题并迅速进行清理？					
特别情况：					

（三）收市工作检查内容（见表 1－3－11）

表 1－3－11　　收市工作检查内容

项目	检查	项目	检查	项目	检查
1. 地面是否打扫干净？		2. 卡座的卫生是否完成？		3. 垃圾桶是否清理？	
4. 餐桌台面是否收拾干净？		5. 相关电源是否正确关闭？		6. 书柜、报纸架是否整理收拾？	
7. 门口是否按规定进行安全设置？					
特别情况：					

二、厅面迎宾

（一）餐前工作检查内容（见表 1－3－12）

表 1－3－12　　餐前工作检查内容

项目	检查	项目	检查	项目	检查
1. 相关餐牌是否备好，并时刻检查餐牌的完好状态？		2. 地垫是否保持干净、摆正？		3. 员工仪容仪表是否良好？	
特别情况：					

（二）营业中工作检查内容（见表1-3-13）

表1-3-13　营业中工作检查内容

项目	检查	项目	检查	项目	检查
1. 是否保持微笑，保持淡妆？		2. 手中是否有饭店的相关菜谱？		3. 对进入预订区域的客人是否主动上前打招呼？	
4. 打招呼时是否稍稍鞠躬，并与客人有眼神接触？		5. 对于能够协助客人的事情是否不遗余力？		6. 带客时是否走在客人前方1～1.5m？	
7. 带到位后，是否和服务员一起协助客人坐下，并让客人能马上拿到菜谱？		8. 是否按要求询问客人的相关手续是否办理？		9. 转身时是否太快，没有避免发生意外？	
10. 送客人时是否做到不是随意而为？		11. 是否在送客时运用了送客礼节？		12. 整个营业过程中是否及时注意到各个区域的客人上座率，灵活安排客人入座？	
特别情况：					

（三）收市工作检查内容（见表1-3-14）

表1-3-14　收市工作检查内容

项目	检查	项目	检查	项目	检查
1. 本区域是否彻底打扫？		2. 地垫是否清洁并拿到厅内？		3. 相关餐牌是否交到收银台或吧台？	
4. 门口是否按要求进行安全设置？		5. 相关电源是否正确关闭？			
特别情况：					

三、厅面传菜

（一）餐前工作检查内容（见表1-3-15）

表1-3-15　餐前工作检查内容

项目	检查	项目	检查	项目	检查
1. 传菜部地面、墙面是否干净、无污迹？		2. 传菜用具（托盘、抹布等）是否保持干净、齐全？		3. 划单笔是否备好？	
4. 传菜部相关器具（铁板盖、汤勺等）是否备好？		5. 沽清单是否及时提交给领班？		6. 小菜、调料是否备足？	
7. 员工仪容仪表是否良好？					
特别情况：					

（二）营业中工作检查内容（见表1－3－16）

表1－3－16　营业中工作检查内容

项目	检查	项目	检查	项目	检查
1. 是否对厨房所有出品菜肴进行质量监测？		2. 出菜、上菜时是否核对点菜单，保证准确无误？		3. 是否全面掌握下单时间、上菜时间，并及时配合服务员催菜？	
4. 调料等是否与菜肴同时上桌？		5. 传菜是否正确使用托盘？		6. 传菜过程中遇到客人是否主动礼貌避让？	
7. 菜肴是否准确无误、迅速及时送达客人桌旁？		8. 是否清晰准确将台号及菜名告知服务员？		9. 特殊情况下是否协助服务员上菜？	
10. 营业中是否随时注意传菜间卫生？		11. 传菜过程中是否及时回答客人问讯，协助服务员为客人服务？		12. 对中途沽清菜式，是否及时告知组长、服务员？	
13. 高峰期前后，是否外派传菜员协助服务组工作？					
特别情况：					

（三）收市工作检查内容（见表1－3－17）

表1－3－17　收市工作检查内容

项目	检查	项目	检查	项目	检查
1. 托盘是否清洁干净？		2. 各种调料是否存放好？		3. 单据是否有专人核对并做到准确无误？	
4. 相关器具是否收拾好？		5. 消毒柜内餐具是否协助整理补充？		6. 保洁柜是否全部关闭？	
特别情况：					

思考及训练

阅读下面的资料，选取20名本班同学，设计一个排班表，其余同学作为基层督导加以评价。

阅读资料　班次安排

合理的班次安排，对于有效地组织餐厅服务活动、提高工作效率、取得最佳经济效益都有十分重要的意义。班次的安排要根据各餐别服务活动的特点、营业时间、服务人数和工作项目等因素综合考虑，做到安排合理，能够充分发挥每个服务人员的作用。服务时间和班次安排要以方便客人、满足客人需求为出发点。餐厅班次安排方法常见的有两种：一是“两班制”，二是“插班制”。

1. 两班制

两班制即将所有餐厅服务人员对半分，一部分上早班，开早餐和午餐，另一部分上晚班，开晚餐和消夜，隔周转换。这种方法简便、好记，但在非营业时间会出现人浮于事的现象，而在就餐的高峰时，人手又显得不足，故对人手较少、接待任务重的餐厅不太适合。

2. 插班制

插班制是以一天三餐中的高峰时间为依据，将餐厅服务人员分成人数不同的多个小组，高峰时人员比较集中，非营业时间里，只留少量几个服务员做准备和收尾工作，而让大部分服务员得到休息。这种排班的方法能够适应大多数餐厅服务活动的需求，充分利用现有的服务人员，保证经营活动的顺利进行。

任务四　正确处理投诉

投诉是衡量餐厅服务与管理现状的标尺，是餐厅改进管理工作的推进剂。有了投诉，才会使餐厅服务与管理者能够看到自己工作中的不足，才会产生危机意识，才会时刻保持清醒的头脑，不断地改进工作。任何事情的发生都可以产生双向的、不同的影响效果。这关键取决于我们看待问题的态度是否正确，是否站在积极的角度去分析问题、解决问题。如果我们在日常工作中能够正确地看待和处理好客人的投诉，那么客人投诉就不可怕。

一、常见的投诉

（一）对员工工作效率的投诉

客人的服务请求得不到及时回应或满足，这也是客人提出投诉的主要原因。如上菜速度过慢、结账时间过长等。

（二）对员工工作态度的投诉

员工的工作态度是客人获得心理满足的重要途径。员工的工作态度可以直接表现在客人面前，因而它也成为客人对餐厅服务进行评价的重要因素。客人可以通过服务员的一举一动、一个表情、一个眼神甚至一句话来判断服务员服务态度的好坏。

（三）对设备设施的投诉

设备设施的运行情况也是餐饮产品质量的重要组成部分。客人会因餐厅中的空调效果不好、电视画面不清晰等原因产生不满，向餐厅提出投诉。

二、正确看待客人投诉

客人投诉不仅仅意味着客人的某些需求未能得到满足，实际上也是客人对餐厅、对餐厅员工服务工作质量和管理工作质量的一种差评。任何餐厅、任何员工都不希望有宾客投诉自己的工作，然而，即使是世界上最负盛名的餐厅也会遇到客人投诉。成功的餐厅善于把投诉的消极面转化成积极面，通过处理投诉来促进自己不断改进工作，防止投诉的再次发生。正确认识宾客的投诉行为，不仅要看到投诉对餐厅的消极影响，更重要的是把握投诉所隐含的对餐厅的有利因素，变被动为主动，化消极为积极。

（一）投诉是基层管理工作质量和效果的晴雨表，是提高基层管理质量的推动力

对一线服务而言，基层管理的主要对象是服务员在服务现场的工作质量，服务人员通过自己的工作与宾客产生直接或间接的沟通，是宾客心目中的“代表”。从餐厅领班、服务员到厨房各工序员工，再到管事部各岗位人员，他们的工作态度、工作效率、服务质量和效果直接影响到客人投诉行为的产生。通过投诉，餐厅可以及时发现自己发现不了的工作漏洞，从而及时对症下药，解决可能是长期以来一直存在着的严重影响餐厅声誉的工作质量问题。即使是客人的有意挑剔、无理取闹，餐厅也可以从中吸取教训，为提高经营管理质量积累经验，使制度不断完善、服务接待工作日臻完美。

（二）宾客直接向餐厅投诉，给餐厅提供了挽回声誉的机会

宾客在餐厅消费过程中的不满、抱怨、遗憾，可能去投诉，也可能不愿去投诉。不愿投诉的客人可能是不习惯以投诉方式表达自己的意见；也可能是认为投诉并不能帮助他们解除当前不满的状况；还有一种可能是怕麻烦，认为投诉浪费时间，使自己损失更大。这些客人尽管没有去投诉，但他们会通过其他途径进行宣泄，或自我告诫，以后不再到该餐厅消费，或向亲朋好友诉说令人不快的消费经历。而这一切，意味着餐厅将永远失去这位客人，餐厅连向客人道歉的机会也没有了。

三、处理投诉的程序

（一）接受客人的投诉

（1）当客人诉说不满及提出投诉时，工作人员应耐心、关注地倾听并做好记录。

（2）通常客人不会主动将其不满意讲出来，工作人员应留意客人的表现，如果发现客人流露出不满意的迹象，应主动征询客人的意见，或以升值服务来消除客人的不满意。

（二）处理客人的投诉

（1）首先应对客人的投诉表示感谢，因为正是客人的投诉使工作人员发现了工作中存在的不足和缺点。

（2）对确实由于工作中的失误造成的客人投诉或客人对工作人员产生的误会，应向客人表示真诚的歉意。

（3）如果客人投诉是因为对工作人员产生了误会，工作人员应立即向客人做出细心、耐心的解释，直到消除客人的不满和误会为止。必要时需要采取升值服务，充分保障客人的利益，弥补客人的损失。

例如：有客人投诉菜品质量出现问题或菜品内出现异物且情况属实，工作人员应马上向客人真诚地道歉，并征询客人的意见，是否可以在最短的时间内免费为客人重新制作一份同样的或其他的菜品作为补偿，得到客人的允许后，应马上通知后厨，在最短的时间内为客人保质保量地制作出菜品，同时将出现质量问题的菜品放在工作台上，以免让客人误以为还是原来的那份菜品。

（4）自己处理不了的投诉应立即通知餐厅的主管出面解决。

（5）所有的客人投诉均应在第一时间内通知当班领班，并在自己当天的《工作日报表》上写清楚。

特别提示

细节管理

处理客人投诉时应牢记：客人永远都是对的，宁可个人、餐厅吃亏，不能让客人吃亏。

思考及训练

阅读下面的资料，完成提供给餐厅经理的建议——《从投诉中找到商机》。

阅读资料　　**客人投诉处理制度**

- 所有投诉，都须表示理解、接受和安慰。
- 聚精会神聆听客人投诉。
- 绝对不允许与客人争论，理解客人的感受，并站在客人的立场上来调解其意向。
- 在投诉过程中，如客人大声吵闹或喧哗，应将投诉者与其余客人分开，以免影响他人。
- 在当值值班日记上记录下此事，可使客人说话速度放慢，并使客人感到餐厅对此投诉的重视。
- 摆出事实，明确指出投诉者的问题所在。恰到好处地回答客人的投诉，如有可能，提供餐厅选择的机会。
- 切勿轻易向客人做出权力范围外的许诺。
- 如餐厅的投诉需转告有关部门，应及时联同有关部门处理，并尽可能在最短时间内给予客人明确的答复。

项目四 西餐服务流程管理

任务一 认识西餐

西餐是我国和其他部分东方国家、地区的人们对西方国家和地区菜点的统称。广义上讲，它也可以说是对西方餐饮文化的统称。西方习惯上是指欧洲国家和地区，以及以这些国家和地区人为主要移民的北美洲、南美洲和大洋洲的广大区域。

一、西餐的特点

概括来讲，西餐的特点是：原料广泛，主料精选；形色多样，摆设精致；鲜美香醇，老嫩讲究；餐具精致，礼仪讲究；工艺独特，设备考究；营养丰富，分菜健康。

具体来说，西餐的特点包括以下方面。

（一）重视营养搭配

重视各类营养成分的搭配组合，充分考虑人体对各种营养和热量的需求。

（二）选料精细

西餐菜肴大多数不宜烧得太熟，其加热的温度和时间往往达不到杀菌的标准，有的甚至是全生或半生品，如沙拉、牡蛎和牛、羊排。所以西餐选料精细，海鲜讲究新鲜；牛羊肉常选择除皮去骨、无脂肪的精肉；一般不食用动物内脏和无鳞鱼等。

（三）口味香醇

西餐独特的调料、香料使其口味香醇。常见的调料有盐、胡椒、咖喱、芥末、番茄酱、丁香、薄荷叶、生姜、大蒜、桂皮等。另外，西餐烹调时也常用酒和奶制品。

（四）单独烹制沙司

西餐调味沙司与主料分开单独烹制。西餐菜肴在形态上以大块为主，烹调时不易入味，所以大都要在菜肴成熟后拌以或浇上沙司，使其口味更富特色。

（五）注重肉类菜肴烹制的老嫩程度

欧美人对肉类菜肴的老嫩程度很讲究。厨师通常按宾客要求烹制。牛羊肉一般有 5 种火候，分别是：

一成熟（Rare，简写 R），表面焦黄，中间为红色，装盘后有血水渗出。

三成熟（Medium Rare，简写 M. R），表面焦黄，外层呈粉红色，中心为红色，装盘时不见血，但切开后断面有血流下。

五成熟（Medium，简写 M），表面褐色，中间呈粉红色，切开后肉中流出的汁仍然见红。

七成熟（Medium Well，简写 M. W），肉表深褐色，中间呈茶色，略见粉红色，切开后流出的汁水是白色的。

全熟（Well Done，简写 W. D），表面焦黄，中间全部为茶色，肉中无汁水流出，肉硬度较高，不容易咀嚼和消化。

二、西餐的主要菜系及特点

西餐大致可分为法式、英式、意式、美式、俄式、德式等几种。不同国家的人有着不同的饮食习惯，“法国人是夸奖着厨师的技艺吃，英国人注意着礼节吃，德国人考虑着营养吃，意大利人痛痛快快地吃……”这种说法非常形象地代表了西餐的不同特点。

(一) 法式菜肴

法国人在吃上从不吝啬，一向以善于吃并精于吃而闻名，他们对于菜肴的色泽、味道、外形以及营养成分的搭配都非常讲究。法式菜肴口感细腻，酱料美味，餐具摆设华美，简直可称之为一种艺术。法式菜肴在世界上占有突出的地位，成为西餐的公认代表。

法式菜肴的特点是：选料广泛（如蜗牛、鹅肝都是法式菜肴中的美味），加工精细，烹调考究，滋味有浓有淡，花色品种多；讲究吃半熟或生食，如牛排、羊腿以半熟鲜嫩为特点，海味的蚝也可生吃，烧野鸭一般六成熟即可食用等；重视调味，调味品种类多样，用酒来调味，什么样的菜选用什么酒都有严格的规定，如清汤用葡萄酒，海味品用白兰地酒，甜品用各式甜酒或白兰地等；法国人十分喜爱吃奶酪、水果和各种新鲜蔬菜。

法式菜肴的名菜有：焗蜗牛、马赛鱼羹、鹅肝排、巴黎龙虾、红酒山鸡、沙福罗鸡、鸡肝牛排、烤羊腿、普罗旺斯鱼汤、斯特拉斯堡奶油圆蛋糕等。

(二) 英式菜肴

英国的饮食烹饪有家庭美肴之称。英国人比较重视餐饮礼节，生活讲究，口味清淡，油少不腻，量少而精，调味时较少用酒，调味品大都放在餐台上由客人自己选用。烹调讲究鲜嫩、口味清淡，选料注重海鲜及各式蔬菜，注重营养。英式菜肴烹调方法多以蒸、煮、烧、熏见长，名菜有：鸡丁沙拉、烤大虾苏夫力、薯烩羊肉、烤羊马鞍、明治排、炸鱼排等。

(三) 意式菜肴

在罗马帝国时代，意大利曾是欧洲的政治、经济、文化中心。就西餐烹饪来讲，意大利可以与法国、英国媲美。意式菜对整个欧洲的烹饪有很大的影响，其中以面条、奶酪和萨拉米香肠著称于世。

意式菜肴的特点是：原汁原味，以味浓著称；烹调注重炸、熏等，以炒、煎、炸、烩等方法见长。意大利人喜爱面食，做法、吃法甚多，其制作面条有独到之处，各种形状、颜色、味道的面条至少有几十种，如字母形、贝壳形、实心面条、通心面条等。意大利人还喜食意式馄饨、意式饺子等。

意式菜肴的名菜有：通心粉素菜汤、焗馄饨、奶酪焗通心粉、肉末通心粉、意大利蔬菜汤、佛罗伦萨焗鱼、罗马炸鸡、提拉米苏等。

（四）美式菜肴

美式菜肴是在英式菜肴的基础上发展起来的，继承了英式菜肴简单、清淡的特点，口味咸中带甜。美国人一般对辣味不感兴趣，喜欢铁扒类的菜肴，常用水果作为配料与菜肴一起烹制，如菠萝焗火腿、苹果烤鸭；喜欢吃各种新鲜蔬菜和各式水果。美国人对饮食要求并不高，只要营养、快捷。

美式菜肴的名菜有：华尔道夫沙拉、烤火鸡、橘子烧野鸭、美式牛扒、马里兰炸鸡排、苹果沙拉、糖酱煎饼等。

（五）俄式菜肴

俄式菜肴主要指俄罗斯、乌克兰和高加索等地方菜肴。俄罗斯的烹饪技术受外界影响很大，它的许多菜肴是由法国、意大利、奥地利和匈牙利等国传入，经与本国菜肴融合形成了独特的俄罗斯菜。沙皇俄国时期的上层人士非常崇拜法国，贵族不仅以讲法语为荣，而且饮食和烹饪技术也主要学习法国，但经过多年的演变，俄国人逐渐形成了自己的烹调特色。俄国人喜食热食，爱吃鱼肉、肉末、鸡蛋和蔬菜制成的小包子和肉饼等，各式小吃颇具盛名。

俄式菜肴口味较重，喜欢用油，制作方法较为简单；口味以酸、甜、辣、咸为主，酸黄瓜、酸白菜往往是饭店或家庭餐桌上的必备食品；烹调方法以烤、熏、腌为特色。俄式菜肴在西餐中影响较大，一些地处寒带的北欧国家和中欧一些国家的人们日常生活习惯与俄罗斯人相似，大多喜欢腌制的各种鱼肉、熏肉、香肠、火腿以及酸菜、酸黄瓜等。

俄式菜肴的名菜有：什锦冷盘、鱼子酱、罗宋汤、酸黄瓜汤、冷苹果汤、红烩牛肉、鱼肉包子、黄油鸡卷等。

（六）德式菜肴

德式菜肴不像法式菜肴那样加工细腻，也不像英式菜肴那样清淡，在西餐中以经济实惠而著称。由于德国人偏好猪肉，因此大部分德国名菜都是猪肉制品。德国人对饮食并不讲究，喜欢水果、奶酪、香肠、酸菜、土豆等，不求浮华，只求营养实惠，自助餐就是由他们发明。

德式菜肴的名菜有：柏林式炸猪排、红酒火腿、法兰克福香肠等。

三、西餐的上菜顺序及名菜名点

西餐的上菜顺序一般为头盘—汤—沙拉—主菜—甜品—咖啡或茶。

（一）头盘（Appetizer）

开胃头盘又称开胃菜、开胃品，是开餐的一道菜。头盘一般量较少，色泽鲜艳，装饰美观；多用清淡的海鲜、熟肉、蔬菜、水果制作，旨在开胃和刺激宾客的食欲。开胃头盘有冷、热之分。

头盘代表菜有：鹅肝酱、鱼子酱、烟三文鱼、生蚝、牡蛎、海鲜鸡尾杯、串烧海虾等。

（二）汤（Soup）

与中餐不同的是，西餐的第二道菜就是汤。汤类在西餐中占有重要的地位，西方人的饮食习惯是在上热菜之前先喝汤。西餐汤类大都有丰富的鲜味物质和有机酸等，有刺激胃液分泌、增进食欲的作用。西餐汤的品种较多，可分为冷汤和热汤。热汤又有清汤和浓汤之分。汤的制作要求为：原汤、原色、原味。

西餐汤的代表有：法国洋葱汤、西班牙冻汤、意大利蔬菜汤、俄国红菜汤、牛尾清汤。

（三）沙拉（Salad）

沙拉是用各种凉透了的熟料或是可以直接食用的生料加工成较小的形状后，再加入调味品或浇上各种沙拉汁拌制而成，大都具有色泽鲜艳、外形美观、鲜嫩爽口、解腻开胃的特点。

沙拉按原料来分，可分为蔬菜沙拉、水果沙拉、海鲜沙拉和肉类沙拉。按进餐顺序来分，可分为开胃菜沙拉（即前菜沙拉）、主菜沙拉、甜品沙拉（即餐后沙拉）。著名的沙拉有：厨师沙拉、什锦沙拉、华尔道夫沙拉、苹果芹菜沙拉、鲜虾沙拉、洋葱沙拉等。汁酱对于沙拉非常重要，常用的沙拉汁有：蛋黄酱、鸡尾汁、油醋汁、法汁、千岛汁等。

（四）主菜（Main Course）

主菜是西餐正餐中最重要的部分，制作讲究，既考虑菜肴的色、香、味、形，也考虑菜肴的营养价值，多用海鲜、牛羊、猪肉和禽类作为主原料。著名的主菜有：西冷牛排、T 骨牛排、肉眼牛排、爱尔兰烩羊肉、美式火鸡、马里兰炸鸡、烤羊马鞍、黄油鸡卷、蘑菇焗鳟鱼、苹果烤鹅、意式焖猪排、鞑靼牛排、巴黎龙虾等。

（五）甜品（Dessert）

主菜过后是甜品。甜品包括奶酪和甜点。食用奶酪时要用胡椒和盐调味，并配黄油、面包、芹菜条、胡萝卜等。甜点有冷热之分，常见有煎饼、烤饼、松饼、蛋糕、派、馅饼、冰激凌、蛋奶酥、布丁、果冻等。

（六）咖啡或茶（Coffee or Tea）

西餐最后是上咖啡或茶。服务咖啡和茶时一般要搭配牛奶和糖。

常见的茶有：立顿红茶、绿茶、伯爵茶、薄荷茶等。

常见的咖啡有：爱尔兰咖啡、皇室咖啡、意大利特浓咖啡、意大利奶泡咖啡、冰咖啡、现磨咖啡等。

四、西餐菜品与酒水的搭配

西餐中的酒水可以分为餐前酒、佐餐酒、餐后酒等三种。它们各自又有许多具体种类。总的来说，口味清淡的菜式与香味淡雅、色泽较浅的酒品相配，深色的肉禽类菜肴与香味浓郁的酒品相配，餐前选用旨在开胃的各式酒品，餐后选用各式甜酒以助消化。西餐在进餐过程中，饮用香槟酒佐餐是件愉快的事，它可以与任何种类的菜式相配。

（一）餐前酒

餐前酒别名开胃酒，是在开始正式用餐前饮用，或在吃开胃菜时与之搭配的。一般情况下，在用西餐之前，很多西方客人喜爱饮用一杯具有开胃功能的酒品，如法国或意大利生产的味美思酒，也有将鸡尾酒作为餐前酒的，如血玛丽。

（二）开胃头盘

西方客人吃开胃头盘时要根据开胃头盘的具体内容选用酒水品种。如鱼子酱要用俄国或波兰生产的伏特加酒，海鲜鸡尾杯则用白葡萄酒，口味选用干型或半干型。

（三）汤类

不同的汤应配用不同的酒，如牛尾清汤配雪利酒、蔬菜汤配干型白葡萄酒等。

（四）沙拉

与沙拉搭配的一般是口味清淡的白葡萄酒或开胃酒，具体要根据沙拉的内容选用酒水品种。

（五）主菜

西餐里的佐餐酒均为葡萄酒，而且大多数是干型葡萄酒或半干型葡萄酒。在正餐或宴会上选择佐餐酒时，有一条重要的原则不可不知，即“白酒配白肉，红酒配红肉”。所谓的白肉，即鱼肉、海鲜、鸡肉，吃白肉时，须以白葡萄酒搭配；所谓的红肉，即牛肉、羊肉、猪肉，吃这类肉时，则应配以红葡萄酒。

（六）奶酪

奶酪适合配用香味浓烈的白葡萄酒，有些品种的奶酪可配用波特酒。

（七）甜品

甜品一般配用甜葡萄酒或葡萄汽酒，如德国莱茵白葡萄酒、法国的香槟酒等。

（八）餐后酒

餐后酒指的是在用餐之后用来助消化的酒水。最常见的餐后酒是利口酒。

思考及训练

通过网络了解西餐的由来及发展，然后分组以 PPT 的形式汇报。

任务二　学习管理西餐餐具

西餐餐具用途管理见表 1-4-1。

表 1-4-1　西餐餐具用途管理

西餐餐具名称		用途
银器类（Silverware）	咖啡壶（Coffee Pot）	用来冲煮咖啡的器具。
	洗手盅（Finger Bowl）	使用时将水盛至 6 分满，并在洗手盅里摆放两片柠檬或花瓣。
	田螺盘（Snail Plate）	是专门用来放置田螺的银盘，上有 6 个小孔。为了使田螺放在上面不滑动，盘中有圆凹洞的特殊设计，以平稳放置带壳的田螺。
	面包篮（Bread Basket）	用于盛装各式面包。

续前表

西餐餐具名称			用途
银器类(Silverware)	红酒篮(Red Wine Basket)		用于服务红葡萄酒时使用。
	坚果架(Nut Holder)		用于服务各式坚果时使用。
	汁船(Sauce Boat)		用于盛装各式调味汁。
不锈钢餐具类(Flatware)	刀类	正餐刀(Dinner Knife)	主要是在食用主菜时使用。
		扒刀(Steak Knife)	主要是在食用各类扒类食品时使用,如牛排、羊排等。
		鱼刀(Fish Knife)	专用于所有热的鱼、虾、贝类等菜肴。
		头盘刀(Salad Knife)	主要是在食用头盘、沙拉时使用。
		黄油刀(Butter Knife)	放在面包盘上,供涂抹黄油之用,是一种比点心刀还要小的小餐刀,专用于切奶油与涂抹奶油。
		甜品刀(Dessert Knife)	主要是在食用水果、甜品时使用。
	叉类	正餐叉(Dinner Fork)	在食用主菜时与主餐刀搭配使用。
		鱼叉(Fish Fork)	专用于有热的鱼、虾、贝类等菜肴,以及部分冷的鱼、贝类。
		头盘叉(Salad Fork)	主要是在食用头盘、沙拉时与头盘刀搭配使用。
		甜品叉(Dessert Fork)	在食用开胃菜、水果、沙拉、奶酪及甜品时使用。
		服务叉(Serving Fork)	用于取食大餐盘内的食品。
	勺类	汤勺(Soup Spoon)	主要在喝汤时使用。
		甜点勺(Dessert Spoon)	在食用意大利面时搭配餐叉一同使用,还可与甜品叉合用于甜品服务。
		咖啡勺(Coffee Spoon)	使用于咖啡、茶、热巧克力、贝类、水果类开胃菜、葡萄柚以及冰激凌等餐点。
		特浓咖啡勺(Espresso Spoon)	在饮用特浓咖啡时使用。
		冰激凌勺(Ice Cream Scoop)	在食用冰激凌时使用。
		服务勺(Serving Spoon)	在取食食品时使用。
	其他不锈钢餐具	蛋糕夹(Cake Tong)	在取用蛋糕等甜品时使用。
		蛋糕铲(Cake Server)	在取用蛋糕等甜品时使用。
		龙虾夹(Lobster Cracker)	在食用龙虾时使用。
		龙虾叉(Lobster Fork)	在食用龙虾时使用。
		牡蛎夹(Oyster Breaker)	在食用牡蛎时使用。
		牡蛎叉(Oyster Fork)	在食用牡蛎时使用。
		蜗牛钳(Snail Tong)	在食用蜗牛时使用。
		蜗牛叉(Snail Fork)	在食用蜗牛时使用。
		柠檬夹(Lemon Cracker)	在夹取柠檬时使用。
		服务夹(Serving Tong)	在取用食品时使用。
		葡萄酒桶(Wine Bucket)	在服务白葡萄酒、香槟酒、葡萄汽酒时使用。
瓷器类(Chinaware)	装饰盘(Show Plate)		西餐摆台时用于装饰。
	主餐盘(Dinner Plate)		在盛装主菜时使用。
	鱼盘(Fish Plate)		用于盛装各类鱼、海鲜等。
	沙拉盘(Salad Plate)		用于盛装各类沙拉、头盘。

续前表

西餐餐具名称		用途
瓷器类(Chinaware)	甜品盘(Dessert Plate)	用于盛装各类甜品。
	双耳汤杯(Soup Cup)	用于盛装各类汤品。
	汤杯垫碟(Soup Cup Saucer)	用于放置双耳汤杯。
	汤盘(Soup Plate)	用于盛装各类汤品。
	面包碟(Side Plate)	用于盛装面包。
	咖啡杯(Coffee Cup)	用于盛装咖啡。
	咖啡碟(Coffer Cup Saucer)	用于放置咖啡杯。
	特浓咖啡杯(Espresso Cup)	用于盛装特浓咖啡。
	特浓咖啡杯托(Espresso Cup Saucer)	用于放置特浓咖啡杯。
	奶缸(Milk Jug)	用于盛装服务咖啡及红茶时的牛奶。
	糖缸(Sugar Basin)	用于盛装服务咖啡及红茶时的糖。
	英式茶壶(Tea Pot)	在盛装英式红茶时使用。
	盐瓶(Salt Shaker)	用于盛装调味品盐。
	胡椒瓶(Pepper Shaker)	用于盛装调味品胡椒粉。
	烟灰缸(Ashtray)	服务于客人吸烟时。
	花瓶(Flower Vase)	用于插放餐桌装饰用的鲜花。
	麦片碗(Cereal Bowl)	用于盛装麦片粥。
	水果盘(Fruit Plate)	用于盛装水果。
	鸡蛋盅(Egg Cup)	用于盛装整只鸡蛋。
玻璃器皿类(Glassware)	水杯(Goblet)	用于盛装冰水和矿泉水。
	白葡萄酒杯(White Wine Glass)	高脚杯,杯身细而长,用于盛装白葡萄酒。
	红葡萄酒杯(Red Wine Glass)	高脚杯,杯身细而长,用于盛装红葡萄酒。
	香槟杯(Champagne Glass)	用于盛装香槟酒、葡萄汽酒。香槟杯有三种形状:蝶形、笛形和郁金香形。
	甜酒杯(Liqueur Glass)	用于盛装利口酒和餐后甜酒。
	海波杯(Highball Glass)	用于盛装各种软饮料及果汁。
	白兰地杯(Brandy Glass)	用于盛装白兰地酒。
	古典杯(Old Fashioned Glass)	杯身宽而短,用于盛装加冰的烈性酒和古典鸡尾酒。
	鸡尾酒杯(Cocktail Glass)	用于盛装短饮鸡尾酒。
	爱尔兰咖啡杯(Irish Coffee Glass)	用于盛装爱尔兰咖啡。
	醒酒器(Decanter)	用于服务红葡萄酒。
	雪莉杯(Sherry Glass)	用于盛装雪莉酒,为较小的高脚杯,杯身细而窄。
	波特杯(Port Glass)	用于盛装波特酒,容量较小,形状像红葡萄酒杯。
	水扎(Water Jug)	用于盛装冰水。

思考及训练

通过网络,查阅上述餐具的知识,然后分组以 PPT 形式进行汇报。

任务三　掌握西餐服务方式

西餐服务源于欧洲贵族家庭,经过多年的演变,形成了各国、各地区不尽相同的服务方式。目前在国内饭店中常见的服务方式有法式服务、俄式服务、英式服务、美式服务、大陆式服务及自助餐服务等。

一、法式服务

法式服务又称里兹服务，产生于法国。它是西餐服务方式中最豪华、最讲究、最细致和最周密的一种服务方式。通常法式服务用于法国餐厅，即扒房。法国餐厅装饰豪华和高雅，以欧洲宫殿式为特色，餐具常采用高质量的瓷器和银器，酒具常采用水晶杯，通常采用手推车或旁桌现场为顾客提供加热和调味菜肴及切割菜肴等服务。在法式服务中，服务台的准备工作很重要。通常在营业前做好服务台的一切准备工作。

（一）法式服务的特点

（1）服务周到，每位客人都能得到充分的照顾，注重服务程序和礼节礼貌。

（2）注重服务表演，注重吸引客人的注意力，客前烹制可以烘托就餐气氛。

（3）服务的客人人数较少，所需服务空间较大，花费较高，服务节奏慢、时间长，餐厅利用率和餐位周转率都比较低。

（二）法式服务规则

（1）食品基本上采取右上右撤的原则。

（2）沙拉、面包、黄油采取左上左撤的原则。

（三）法式服务方法

1. 法式服务的摆台

法式服务的餐桌上先铺上海绵桌垫，再铺上桌布，这样可以防止桌布在餐桌间产生滑动，也可以减少餐具与餐桌之间的碰撞。装饰盘常采用高级的瓷器或银器等，摆装饰盘时，将装饰盘的中线对准餐椅的中线，装饰盘距离餐桌边缘 1～2cm，装饰盘的上面放餐巾；装饰盘的左边放餐叉，餐叉的左边放面包盘，面包盘上放黄油刀；装饰盘的右边放餐刀，刀刃朝向左方。餐刀的右边常放一个汤匙，餐刀的上方放各种酒杯和水杯。

2. 传统的二人合作式服务

传统的法式服务是一种最周到的服务方式，由两名服务员共同为一桌客人服务。其中一名为经验丰富的正服务员，另一名是助理服务员，也可称为服务员助手。正服务员请顾客入座，接受顾客点菜，为顾客斟酒、上饮料，在顾客面前烹制菜肴，为菜肴调味，分割菜肴，装盘及递送账单等。助理服务员帮助正服务员现场烹调，把装好菜肴的餐盘送到客人面前，撤餐具和收拾餐台等。

3. 上汤服务

当客人点汤后，助理服务员将汤以银盆端进餐厅，然后把汤置于熟调炉上加热和调味，加工的汤一定要比客人需要量多些，方便服务。当助理服务员把热汤端给客人时，应将汤盘置于垫盘的上方，并使用一条叠成正方形的餐巾，这条餐巾能使服务员端盘时不烫手，同时可以避免服务员把大拇指压在垫盘的上面。正服务员用大汤匙从银盆中将汤装入顾客的汤盘后，再由助理服务员用右手从客人右侧服务。

4. 主菜服务

主菜的服务与汤的服务大致相同。正服务员将现场烹调的菜肴分别盛入每一位客人的主菜盘内，然后由助理服务员端给客人。当正服务员为顾客服务牛排时，助理服务员应从厨房端出烹调半熟的牛肉、土豆及蔬菜等，由正服务员在客人面前调配作料，把牛肉再加热烹调，然后切肉并将菜肴放在餐盘中，这时正服务员应注意客人的需求，看他要多大的牛排。同时，应该配上沙拉，助理服务员应当用左手从客人左侧将沙拉放在餐桌上。

二、俄式服务

俄式服务又称银盘服务，产生于俄国。俄式服务与法式服务在很多方面有相似之处，同样非常正规和讲究，客人也能得到相当多的关照，台面的摆设也与法式服务如出一辙，但是，它的服务方法不同于法式。俄式服务讲究优美文雅的风度，将装有整齐和美观菜肴的大浅盘端给所有客人过目，让客人欣赏厨师的装饰和手艺，并且也可刺激客人的食欲。俄式服务中，每一个餐桌只需要一名服务员，服务的方式简单快速，服务时不需要较大的空间。因此，它的效率和餐厅空间的利用率都比较高。由于俄式服务使用大量的银器，并且服务员将菜肴分给每一位客人，使每一位客人都能得到尊重和较周到的服务，因此增添了餐厅的气氛。

（一）俄式服务的特点

（1）服务效率较高。

（2）服务成本相对法式服务较低。

（3）服务空间占用较小。

（4）银盘投资大。

（5）最后一位客人挑选菜肴的余地较小。

（6）俄式服务已成为宴会服务中不可缺少的、深受客人欢迎的一种服务方式。

（二）俄式服务规则

（1）所有食品在厨房准备。

（2）分菜前先将空盘从客人右侧摆放在每位客人面前。

（3）分菜从客人左侧按逆时针顺序进行。

（三）俄式服务的方法

1. 分发餐盘

服务员先用右手从客人右侧送上相应的空盘，如开胃菜盘、主菜盘、甜品盘等。注意：冷菜上冷盘，即未加热的餐盘；热菜上热盘，即加过温的餐盘，以便保持食物的温度。上空盘依照顺时针方向操作。

2. 运送菜肴

菜肴在厨房全部制熟，每桌的每一道菜都放在一个大浅盘中，然后服务员从厨房中将装好菜肴的大银盘用肩上托的方法送到顾客餐桌旁，热菜盖上盖子，站立于客人餐桌旁。

3. 分发菜肴

服务员用左手以胸前托盘的方法，用右手操作服务叉和服务匙从客人的左侧分菜。分菜时以逆时针方向进行。斟酒、斟饮料和撤盘都在客人右侧。

（四）分菜注意事项

（1）先女后男，先宾后主。

（2）服务员侧身站在客人左侧，左腿在前，右腿在后，分菜盘与客人面前的盘子边缘交错，以免汤汁滴落在桌子上。

（3）分菜时服务员要面带微笑。

（4）注意菜肴在客人餐盘中的布局。

三、英式服务

英式服务又称家庭式服务，由主人将整块食物亲自动手切片装盘，并配上蔬菜，服务员把装盘的菜肴依次端送给每一位客人。调味品、沙司和配菜都摆放在餐桌上，由客人自取或相互传递。英式服务的家庭气氛很浓，许多服务工作由客人自己动手，用餐的节奏较缓慢。

（一）英式服务的特点

（1）气氛比较活跃。

（2）节省人力。

（3）节奏较慢。

（二）英式服务规则

服务员将厨房做好的食物盛在大盘中放在男主人的面前，由男主人进行分菜，分完后男主人将餐盘递给服务员，再由服务员将餐盘递给女主人、主宾和其他宾客。

阅读资料 **英式下午茶**

下午茶起源于17世纪。英国人最喜爱的下午茶时间，集中在下午3点到5点半之间，在优雅的氛围里让人们感受到心灵的祥和与家庭式的温暖。下午茶的专用茶为大吉岭与伯爵茶、火药绿茶，或锡兰茶，是一种传统口味纯味茶，若是喝奶茶，则是先倒牛奶再加茶。

正统的英式下午茶的点心是用三层点心瓷盘装盛，第一层放三明治，第二层放传统英式点心松饼，第三层则放蛋糕及水果塔，由下往上吃。松饼的吃法是先涂果酱，再涂奶油，吃完一口再涂一次。

四、美式服务

美式服务又称盘子服务，产生于美国。客人所点菜肴由厨师在厨房按客人人数烹制装盘，每人一份，服务员直接端给客人。美式服务是简单和快捷的餐饮服务方式，一名服务员可以服务数张餐台。美式服务简单、速度快，餐具和人工成本都比较低，空间利用率及餐位周转率都比较高。美式服务是西餐零点和西餐宴会理想的服务方式，广泛用于咖啡厅和西餐宴会厅。

（一）美式服务的特点

（1）服务简单明了。

（2）服务速度快。

（3）餐具成本及人力成本低。

（4）用餐费用低。

（5）缺乏表演性及烘托餐厅气氛。

（6）适用于西餐厅及咖啡厅，也常用于西餐宴会。

（二）美式服务规则

服务员在上菜时坚持右上右撤的原则。

五、大陆式服务

大陆式服务又称综合式服务，是一种融合了法式、俄式及美式的综合服务方式，根据一套菜中每道菜的特点选用不同的服务方式。不同的餐厅或不同的餐次选用的服务方式组合也不同，这与餐厅的种类和特色、客人的消费水平、餐厅的销售方式有着密切的联系。

（一）大陆式服务的特点

不同的餐厅选择的服务方式组合不同，一般以方便客人就餐、方便服务人员服务为主要原则。

（二）大陆式服务规则

通常用美式服务上开胃品和沙拉，用俄式服务上汤或主菜，用法式服务上主菜或甜点。

六、自助餐服务

自助餐服务是把事先准备好的菜肴摆在餐台上，客人进入餐厅后自己动手选择符合自己口味的菜点，然后拿到餐桌上用餐的一种用餐方式。餐厅服务员的工作主要是餐前布置，餐中撤掉用过的餐具和酒杯、补充餐台上的菜肴等。

思考及训练

请用表格总结对比西餐的主要服务方式。

任务四　以宾客为中心灵活管理咖啡厅

早期的咖啡厅是名副其实的供宾客饮用咖啡的地方。由于社会的发展，咖啡厅逐渐成了人们工作之余稍做休息的场所。咖啡厅除提供快餐和小吃外，还供应正餐。由于可以提供18～24h服务，很多饭店的客房送餐也归在咖啡厅。它是饭店餐饮部不可缺少的一个重要组成部分。咖啡厅装饰布置主题鲜明，简洁明快，色泽鲜艳，气氛柔和、清新，具有欧美特色，一般采用美式服务，服务迅速周到，座位周转率高，菜肴简单、轻巧、形式多样，价格适中。

一、咖啡厅西餐早餐服务

（一）西餐早餐种类

由于咖啡厅服务快捷，食品种类多，容易烹制，所以为节省时间，许多宾客都愿意到咖啡厅享用早餐。西餐早餐一般为散餐和套餐。早餐散餐内容有：果汁类、水果类、谷麦类、鸡蛋类、肉类、面包类、热饮类等。

早餐套餐可分为以下几种：

1. 欧陆式早餐（The Continental Breakfast）

欧陆式早餐也称为标准早餐。其内容简单，包括：

（1）果汁类：一般有橙汁（Orange Juice）、菠萝汁（Pineapple Juice）、番茄汁（Tomato Juice）、苹果汁（Apple Juice）、西柚汁（Grapefruit Juice）等。客人可任选一种。

果汁一般采用新鲜水果榨取，也可采用听（罐或瓶）装果汁。

（2）面包类：一般有土司（Toast）、牛角包（Croissant）、丹麦包（Danish Bread）、小松包（Muffin）、软包（Soft Roll）、硬包（Hard Roll）、全麦包（Whole Wheat Bread）等，上面包时配黄油（Butter）或果酱（Jam）。常见的果酱有苹果酱（Apple Jam）和橘子酱（Marmalade）等。

（3）饮料类：早餐最常用的饮料是咖啡（Coffee）和茶（Tea），另外还有牛奶（Milk）、热巧克力（Hot Chocolate）和酸奶（Yogurt）。服务咖啡和茶时要配牛奶和糖。

（4）水果类：一般为时令水果盘。

2. 美式早餐（The American Breakfast）

美式早餐比欧陆式早餐复杂，除欧陆式早餐的内容外，还包括：

（1）谷物类：一般有燕麦片（Oatmeal）、玉米片（Cornflakes）、卜卜米（Rice Crispy）等。通常加水、牛奶煮成粥类食品。

（2）蛋类：

1）煎蛋（Fried Egg）。煎蛋可分为单面煎和双面煎。双面煎又可分为双面煎嫩蛋和双面煎老蛋，其中的区别是蛋黄是否凝固。

2）煮蛋（Boiled Egg）。煮蛋一般因客人要求不同而老嫩不一。煮制2～3min的为嫩蛋，5～7min的为老蛋。所以客人点煮蛋时应问清煮制时间。煮蛋应放在蛋盅内奉客，同时送上垫碟和咖啡勺。

3）炒蛋（Scrambled Egg）。炒蛋要求鸡蛋熟但无凝结的蛋块，炒蛋时一般应加少许牛奶调匀，以确保成品质量。炒蛋通常放在烤面包上提供给客人，也可直接装盘。

4）水波蛋（Poached Egg）。水波蛋与我国一些地区的"糖氽蛋"类似，先将鸡蛋打入碗中，轻轻倒入加了少量盐和白醋的沸水锅内煮制两三分钟后捞出沥干水分，放在烤面包上装盘，服务时搭配糖浆或蜂蜜。

5）蛋卷（Omelet）。蛋卷又称奄列蛋，是将蛋液倒入放了少许油且油温较高的煎锅内摊成饼形，再加入不同原料后卷成梭子形。加入的原料主要有：西红柿、洋葱、橄榄、培根、火腿、香肠等。客人点蛋卷要问清所要加入的原料。服务蛋卷一般要配番茄酱。

（3）肉类：一般有火腿、香肠、培根三种，服务前应在油锅中略煎一下，通常与蛋类一起装盘。

3. 英式早餐（The English Breakfast）

一般饭店的零点餐厅提供英式早餐，内容丰富，数量充足，包括：果汁或水果；面包类，配黄油、蜂蜜；冷或热的谷物类食物；鸡蛋或鱼类；肉类；咖啡、茶或可可。

4. 行政式早餐（The Executive Breakfast）

除美式早餐的内容外，可另点菜和扒类。

5. 日式早餐（The Japanese Breakfast）

其内容包括时令水果、海鲜类、日式泡菜、味噌汤、绿茶等。

（二）西餐早餐服务程序

1. 餐前准备

（1）准备工作。

1）准备好摆台用具：刀、叉、勺、咖啡杯、咖啡碟、咖啡勺、面包碟、黄油刀、花瓶、烟灰缸、椒盐瓶、糖缸、奶缸、餐巾等。

2）准备好服务用具，包括菜单、点菜单、笔、托盘、果汁杯等。

3）准备好果汁，注意需冷藏；煮好咖啡，注意保温；备好充足的黄油、果酱、糖、牛奶等。

（2）摆台。按标准要求进行摆台。铺上桌布，摆放折好的餐巾，餐巾的左边放餐叉，餐叉的左边放面包盘，面包盘上放黄油刀。餐巾的右边放餐刀，刀刃朝向左方。餐刀的右边摆放汤勺。摆放椒盐瓶、烟灰缸、花瓶、烛台。

（3）检查。检查餐厅设施设备、环境卫生、空调温度，检查桌椅是否摆放整齐，检查摆台是否规范，检查背景音乐是否合适，检查个人仪容仪表是否标准，等等。

2. 餐中服务

（1）迎宾服务。看到客人，迎宾员应主动、礼貌地问候客人："早上好！先生/女士。"应面带微笑并注意目光接触。引领客人进入餐厅时，询问客人需要吸烟区或非吸烟区，为客人安排合适的餐桌并拉椅让座。

（2）点单服务。客人入座后，值台服务员上前问好并递上打开的菜单，从客人右侧为其铺上餐巾。记录客人所点内容，客人若点鸡蛋，应问清制作方法和老嫩程度，并在点菜单上注明。重复客人的点单。将点菜单送至厨房和收银台。

（3）菜品服务。根据客人所点菜品补充餐具。从客人右侧服务果汁、咖啡或茶，从左侧送上面包、黄油和果酱。依次从客人右侧服务谷类食品、肉类和鸡蛋。

（4）结账服务。提前准备好账单，检查无误，客人用餐完毕后，送上账单，询问满意度并感谢客人。

（5）送客服务。客人起身为其主动拉椅，感谢客人并祝客人愉快。

3. 餐后服务

客人离开后，迅速整理桌椅，清理台面，同时检查有无客人遗留物品。重新摆台，准备迎接下批客人。

特别提示

细节管理

（1）服务迅速，技艺娴熟；

（2）熟记本餐厅提供的早餐种类；

（3）注意问清宾客的特殊要求；

（4）面包要新鲜，咖啡和茶要热。

二、咖啡厅西餐零点服务

西餐零点服务包括午餐和晚餐，用餐内容复杂，服务技术要求高。

（一）餐前准备

1. 准备餐具用具

（1）不锈钢类：主要有头盘刀、头盘叉，汤匙，鱼刀、鱼叉，主餐刀、主餐叉，牛排刀，黄油刀，甜品叉、甜品勺，水果刀、水果叉，咖啡勺，服务叉、服务勺等。

（2）瓷器类：主要有各种规格的餐盘及面包碟、咖啡杯、咖啡碟、椒盐瓶、牙签筒、烟灰缸、花瓶等。

（3）杯具：主要有水杯、红葡萄酒杯、白葡萄酒杯、香槟杯、鸡尾酒杯、利口酒杯、啤酒杯等。

（4）服务用具：主要有托盘、菜单、酒水单、开瓶器、红酒篮、冰桶、火柴、洗手盅、餐巾纸等。

（5）酒水饮料：备好各种酒水饮料、香烟、雪茄、冰水等。

2. 摆台

按标准要求进行摆台。铺上桌布，摆放折好的餐巾，餐巾的左边放餐叉，餐叉的左边放面包盘，面包盘上放黄油刀。餐巾的右边放餐刀，刀刃朝向左方。餐刀的右边摆放汤勺。餐刀的上方摆放水杯。摆放椒盐瓶、烟灰缸、花瓶、烛台。

3. 检查

检查餐厅设施设备、环境卫生、空调温度，检查桌椅是否整齐，检查摆台是否规范，检查背景音乐是否合适，检查面包、黄油是否备好，检查个人仪容仪表是否标准，等等。

（二）餐中服务

1. 迎宾服务

看到客人，迎宾员应主动、礼貌地问候客人："中午/晚上好！先生/女士。"应面带微笑并注意目光接触。引领客人进入餐厅，询问客人是否有预订，如有预订，询问客人单位、姓名等。引领至预先安排好的餐桌。如无预订，询问客人用餐人数及需要吸烟区或非吸烟区，为客人安排合适的餐桌并拉椅让座。

2. 点单服务

客人入座后，值台服务员上前问好并递上打开的菜单，从客人右侧为其铺上餐巾。为客人递上酒水单，做相应的介绍和推荐。记录客人所点酒水并重复点单。

为客人点菜，做相应的介绍和推荐。记录客人所点菜品并重复点单，记录客人特殊要求，如牛排制作的成熟度。将酒水单送至吧台和收银台，将点菜单送至厨房和收银台。

3. 酒水服务

根据客人所点酒水，到吧台领取并准备相应的服务用具及酒杯。为客人服务酒水，遵循先女士后男士、先宾后主的原则从客人右侧服务。

4. 菜品服务

根据客人所点菜品补充餐具。从客人右侧服务各类菜品，从左侧送上面包、黄油。依次从客人右侧服务开胃菜、汤、沙拉、主菜、甜品、咖啡或茶。

5. 结账服务

提前准备好账单，检查无误，客人用餐完毕后，送上账单，询问满意度并感谢客人。

6. 送客服务

客人起身时主动为其拉椅，礼貌道别，感谢客人并祝客人愉快。

特别提示

细节管理

（1）熟悉本餐厅每日套餐的内容和特色，适时推介。
（2）点菜时使用宾客座位示意图，注意宾客对菜肴的特殊要求。
（3）注意菜肴与酒水的搭配，适时推销酒水。
（4）服务甜品前应撤走除酒杯外的所有餐具，摆上甜品叉勺。
（5）要勤巡台，及时为宾客添酒、冰水、黄油、面包，要换烟盅、收撤空酒杯等。
（6）服务迅速敏捷，细致周到。

（三）餐后服务

客人离开后，迅速整理桌椅，清理台面，同时检查有无客人遗留物品。重新摆台，准备迎接下批客人。操作时动作要轻，避免影响其他客人。

三、客房送餐服务

（一）客房送餐服务的特点

（1）服务独立性强。
（2）服务环节多，人工成本高。
（3）餐饮品种与服务内容有一定限制。
（4）因为与客房部的关系最为密切，往往需相互配合。

（二）客房送餐服务的内容

（1）饮料服务。
（2）食品服务。
（3）其他服务。

（三）客房送餐的服务程序

1. 接受订餐

客房送餐的预订方式有两种：一种是门把手早餐菜单预订，另一种是全天电话预订。点单员通过电话接受客人点单，要详细记录客人所点菜品及酒水，做适当的推销，重复点单内容和特殊要求。记录好客人的房号和姓名。告知客人送餐时间，感谢客人来电。

2. 送订单

将订单分别送到相应厨房和吧台。

3. 准备用具

准备托盘或餐车，准备相应的餐具、餐巾、调料、椒盐瓶、花瓶、洗手盅、收餐卡等。

4. 准备食品和酒水

准备好食品和酒水，注意食品的温度，需保温的应放在餐车的保温箱内。

5. 准备账单

提前打印好账单，放在账单夹内并准备好笔。

6. 检查

检查服务用具、餐具是否干净，食品酒水是否合乎标准，账单是否无误。

7. 送餐

搭乘员工电梯送餐。到达客人房间门口时，先敲门报“送餐服务”（Room Service）。客人开门后先问好，然后将食品、酒水摆放至客人指定位置，简单介绍，请客人结账并祝客人用餐愉快，告知客人收餐具时间后离开客人房间。

特别提示

细节管理

（1）订餐员要熟记送餐菜单内容，以便准确记录宾客所点饮食。

（2）送餐服务员送食物到客房时，须将调味料事先准备好，连同所需餐具一并送入客房。

（3）易冷的热菜或易融化的冷冻食品，须有保温或冷藏设备，并以最快的速度送至客人房间。

（4）到达客人房间时，征询客人同意后方可进入房间，同时称呼客人姓名问候，进入房间后，征询托盘或餐车的放置位置，然后按要求放好。

（5）结账收款时唱收并告知找零的数目、收餐具时间，然后前往收银台办理；若为客人签单收款，务必告知客人使用正楷和签字的位置。

（6）结账后，恭祝客人用餐愉快，退离房间并为客人关好房门。

（7）若客人未来电要求收餐具，送餐员在送早餐30分钟、正餐60分钟后，打电话到客房，征询客人进餐情况和对菜品的意见，询问是否可以收餐具。

（8）送餐服务员应具有相当的服务知识和技巧、良好的语言功底、灵敏的反应和足够的耐心。

思考及训练

请根据表1-4-2的描述画出西餐宴会摆台台型示意图。

表1-4-2　　西餐宴会摆台标准

物品	操作标准
台布	1. 台布中凸线向上，两块台布中凸线对齐。 2. 两块台布面重叠5cm。 3. 主人位方向台布交叠在副主人位方向台布上。 4. 台布四边下垂均等。
桌椅定位	1. 摆设操作从桌椅正后方进行。 2. 从主人位开始按顺时针方向摆设。 3. 桌椅之间距离基本相等。 4. 相对桌椅的椅背中心对准。 5. 桌椅边沿与下垂台布相距1cm。

续前表

物品	操作标准
装饰盘	1. 从主人位开始按顺时针方向摆设。 2. 盘边距离桌边 1cm。 3. 装饰盘中心与餐位中心对准。 4. 盘与盘之间距离均等。 5. 手持盘沿从右侧操作。
刀、叉、勺	1. 刀、勺、叉由内向外摆放，除鱼刀、鱼叉外距桌边 1cm，鱼刀、鱼叉距桌边 5cm。 2. 刀、勺、叉之间相距 0.5cm。 3. 刀、叉与瓷器之间相距 1cm。
面包盘、黄油刀、黄油碟	1. 摆放顺序：面包盘、黄油刀、黄油碟。 2. 面包盘盘边距开胃品盘 1cm。 3. 面包盘中心与装饰盘中心对齐。 4. 黄油刀置于面包盘右侧边沿 1/3 处。 5. 黄油碟摆放在黄油刀尖正上方，相距 3cm。 6. 黄油碟左侧边沿与面包盘中心成直线。
杯具	1. 摆放顺序：白葡萄酒杯、红葡萄酒杯、水杯（白葡萄酒杯摆在开胃品刀的正上方，杯底中心在开胃品刀的中心线上，杯底距开胃品刀尖 2cm）。 2. 三杯成斜直线，向右与水平线呈 45°。 3. 各杯身之间相距约 1cm。 4. 操作时手持杯中下部或颈部。
花瓶（花坛或其他装饰物）	1. 花瓶（花坛或其他装饰物）置于餐桌中央和台布中线上。 2. 花瓶（花坛或其他装饰物）的高度不超过 30cm。
烛台	1. 烛台与花瓶（花坛或其他装饰物）相距合适。 2. 烛台底座中心压台布中凸线。
椒盐瓶	1. 两瓶椒盐瓶为左椒右盐摆放。 2. 椒盐瓶摆放相对合理位置。
餐巾盘花	1. 在操作台上折叠，在盘中摆放一致，左右成一条线。 2. 造型美观、大小一致，突出正副主人。

任务五　自助餐与酒会管理

一、自助餐的服务与管理

（一）自助餐的特点

自助餐有如下特点：

1. 菜品丰富，价格合适

自助餐菜品品种繁多，餐台布置美观且富有吸引力，方便客人取用。客人不限取餐次数，用餐较为自由。

2. 进餐速度较快

客人进入餐厅后无须点菜即可取食菜品，较为适合现代社会快节奏的生活方式，同时也提高了餐厅的座位周转率。

3. 节省人力

因为是客人自己取餐，服务员仅需提供简单的服务，如酒水服务、整理餐桌、补充菜品和餐具等，这样可节省餐厅的人力资源，降低费用。

(二) 自助餐台设计与布局

自助餐台通常设在餐厅的一侧或餐厅中央，可由一个主台和几个小台组成。一般分为冷菜区、汤类区、热菜区、甜品区、饮料区等。

自助餐台的摆设要求如下：

(1) 美观、醒目和富有吸引力。

(2) 方便客人取菜。

(3) 餐台设计合理，并有很好的保温效果。如使用加热布菲炉或电加热炉等。

(4) 餐台设计应结合场地特点。

(5) 餐台设计有主题性。如使用鲜花、装饰品等装饰餐台。

(三) 自助餐服务程序

1. 餐前准备

(1) 摆放自助餐台。

1) 摆放好自助餐台的各类菜品。

2) 摆放好所用的各类餐具，如主餐盘、甜品盘、汤碗、饮料杯等。

3) 摆放好取餐用的服务叉勺。

4) 摆放好各类调料。

(2) 摆台。自助餐餐桌摆台通常按照西餐零点摆台方式，主要摆放主餐刀、主餐叉、汤勺、面包盘、黄油刀、餐巾、椒盐瓶、烟灰缸、牙签筒等。

(3) 检查。检查自助餐台菜品是否摆放完全、是否整齐美观，菜品温度是否合适，各类取餐餐具是否齐全，酱料调料是否齐全，饮料是否备齐等。检查餐厅设施设备、环境卫生、空调温度，检查桌椅是否摆放整齐，检查摆台是否规范，检查背景音乐是否合适，检查服务人员仪容仪表是否标准，等等。

2. 餐中服务

(1) 迎宾服务。看到客人，迎宾员应主动、礼貌地问候客人："中午/晚上好！先生/女士。"应面带微笑并注意目光接触。引领客人进入餐厅，询问客人是否有预订，如有预订，询问客人单位、姓名等。引领至预先安排好的餐桌。如无预订，询问客人用餐人数及需要吸烟区或非吸烟区，为客人安排合适的餐桌并拉椅让座。

(2) 酒水服务。为客人递上酒水单，做相应的介绍和推荐。记录客人所点酒水并重复点单。根据客人所点酒水，到吧台领取并准备相应的服务用具及酒杯。为客人服务酒水，遵循先女士后男士、先宾后主的原则从客人右侧服务。

(3) 餐桌服务。为客人斟倒酒水饮料，及时撤收客人用过的餐盘，及时更换烟灰缸，补充相应餐具等。

(4) 结账服务。提前准备好账单，检查无误，客人用餐完毕后，送上账单，询问满意度并感谢客人。

（5）送客服务。客人起身为其主动拉椅，礼貌道别，感谢客人并祝客人愉快。

3. 自助餐台服务

安排专门员工负责自助餐台，及时清理整理自助餐台面；通知厨房补充菜品；清理服务用具，补充餐盘，补充调料；及时补充自助餐台的饮料；随时为客人介绍菜品；随时做好菜品的保温工作等。

4. 餐后服务

客人离开后，迅速整理桌椅清理台面，同时检查有无客人遗留物品。重新摆台，准备迎接下批客人。操作要轻，避免影响其他客人。餐段结束后，将自助餐台剩余菜品撤至厨房处理，清理自助餐台，将所有服务用具进行清洗，做好餐台卫生清洁工作。

特别提示

细节管理

（1）进行人员分工时，派专人负责自助餐台服务。

（2）始终保持餐桌、餐台清洁卫生。

（3）不断补充陈列的食品，保持盛放食品不少于1/3。

（4）检查和控制食品温度，热菜始终保持一定热度，冷菜始终冷。

（5）客人点不包含在自助餐餐费中的酒水时，须向其说明单独另付费用。

（6）注意前后台的密切协调配合。

（7）妥善保管餐台装饰物品。

二、冷餐酒会服务

（一）冷餐酒会的种类及特点

冷餐酒会是西方国家比较流行的一种宴会形式，目前我国正逐渐流行，因气氛热烈、交流方便、进餐自由而深受客人的欢迎。

1. 冷餐酒会的种类

冷餐酒会按进餐形式不同可分为以下几种：

（1）立式冷餐酒会。所有来宾站立着用餐，但在宴会厅周围备有座椅供客人休息。

（2）坐式冷餐酒会。所有来宾坐着用餐，与正式宴会相同。

2. 冷餐酒会的特点

（1）自助形式的宴会，环境布置热闹隆重，菜品丰盛。

（2）客人用餐自由，气氛热烈。

（3）一般持续时间较长。

（二）冷餐酒会的服务程序

1. 餐前准备

（1）餐台设计及摆设。

1）冷餐酒会的餐台设计应根据客人人数及宴会场地灵活摆放，一般有“一”字形、“T”字形及波浪形等。

2）摆放好餐台的各类菜品。

3）摆放好所用的各类餐具，如主餐盘、甜品盘、汤碗等。

4）摆放好取餐用的服务叉勺。

5）摆放好各类调料。

6）冷餐酒会必须设置吧台，并安排专门的酒水员服务。备好各类酒水、酒杯和服务用具。

（2）摆台。

立式冷餐酒会：需在宴会厅内摆放鸡尾酒桌，方便客人放用过的餐盘、酒杯等，同时摆放烟灰缸、牙签筒、餐巾纸等，并摆放鲜花装饰。

坐式冷餐酒会：餐桌摆台通常按照西餐零点摆台方式，主要摆放主餐刀、主餐叉、汤勺、面包盘、黄油刀、餐巾、椒盐瓶、烟灰缸、牙签筒等。

（3）摆设签到台。签到台一般摆放在宴会厅入口处一侧，通常会根据主办单位要求备好签到簿、名片托盘等。

（4）检查。检查餐台菜品是否摆放完全、是否整齐美观，菜品温度是否合适，各类取餐餐具是否齐全，酱料调料是否齐全，饮料是否备齐等。检查宴会厅设施设备、环境卫生、空调温度，检查桌椅是否摆放整齐，检查摆台是否规范，检查背景音乐是否合适，检查个人仪容仪表是否标准，等等。

2. 餐中服务

（1）迎宾服务。看到客人，迎宾员应主动、礼貌地问候客人："中午/晚上好！先生/女士。"应面带微笑并注意目光接触。为客人提供存衣服务。引领客人到签到台签到并进入宴会厅。

（2）酒水服务。服务员为客人送上各类酒水供客人选择。

（3）餐桌服务。

立式冷餐酒会服务：服务员用托盘托送酒水饮料，及时为客人服务，及时撤收客人用过的餐盘、餐具，及时更换鸡尾酒桌上的烟灰缸。

坐式冷餐酒会服务：为客人斟倒酒水、饮料，及时撤收客人用过的餐盘，及时更换烟灰缸，补充相应餐具等。

（4）结账服务。当客人用完餐后，准备好账单，检查无误，与宴会负责人结账。

（5）送客服务。冷餐酒会结束后，及时为客人取所存衣物，热情道别。

3. 自助餐台服务

安排专门员工负责自助餐台，及时清理整理自助餐台面；通知厨房补充菜品；清理服务用具，补充餐盘，补充调料；及时补充自助餐台的饮料；随时为客人介绍菜品；随时做好菜品的保温工作等。

4. 餐后服务

冷餐酒会结束后，将自助餐台剩余菜品撤至厨房处理，清理自助餐台。巡视四周，看有无客人遗留的物品，收拾宴会厅，进行卫生整理。

三、鸡尾酒会的服务与管理

鸡尾酒会的形式较为灵活，以供应酒水为主，备有简单菜肴和小吃，客人站立饮食，用餐自由，交流广泛。

(一) 鸡尾酒会的特点

(1) 以酒水为主，还含有一些饮料。由服务员托盘在客人间行走，由客人自行拿取。

(2) 食品简单。只提供一些小吃、点心及少许的菜品。

(3) 不摆台、不设座。客人基本都是站着进食和交流，气氛活跃。

(4) 地点灵活。室内室外均可，空间不受限制。

(二) 服务程序

1. 餐前准备

(1) 根据客人要求布置会场，准备各种所需物品。

(2) 准备足够量的餐具用具。

(3) 对人员进行分工，专人负责吧台。

(4) 酒会开始前几分钟，要端出各种小吃。

2. 迎宾服务

看到客人，迎宾员应主动、礼貌地问候客人："中午/晚上好！先生/女士。"应面带微笑并注意与客人目光接触。为客人提供存衣服务。

3. 酒水服务

服务员用托盘托送酒水来回走动，注意观察客人的举动，及时为宾客提供服务。调酒师按客人所需及时调配鸡尾酒，由服务员送至客人面前。

4. 菜品服务

服务员用托盘托送各类食品，一般由客人自行拿取。保证有足够量的菜品及餐具的供应。专人负责收拾空的餐具、酒杯，保持清洁。

5. 结账服务

当客人用完餐后，准备好账单，检查无误，与宴会负责人结账。

6. 送客服务

鸡尾酒会结束后，及时为客人取所存衣物，热情道别。

7. 餐后工作

环视四周，看是否有宾客的遗留物品。收拾宴会厅，进行卫生整理。

思考及训练

请为毕业班的同学设计一场毕业生鸡尾酒会或冷餐会。

任务六　西餐宴会流程管理

西餐宴会是一种按西方国家礼节习俗举办的宴请。西餐宴会摆台正式规范，菜品丰富，服务讲究程序和规范，讲究食品与酒水的搭配，有较高的礼仪要求，注重就餐的环境和氛围。

一、西餐宴会前的组织准备工作

(一) 掌握宴会情况

宴会前，应详细了解宴会的人数、标准、台形设计、宾主身份、举办单位或个人、付款方式、特殊要求、菜单内容、酒水内容和服务要求等。

(二) 布置宴会厅

西餐宴会厅的环境布置应具有欧美文化艺术特点，如挂油画、设壁炉等。同时布置各种绿色植物，准备好背景音乐。根据宴会规模、宴会厅形状及宴会主办者的要求灵活设计台形。

西餐宴会的台形主要有以下几种形式：

1. “一”字形长台

“一”字形长台通常设在宴会厅的正中央，在宴会厅四周应留有较充分的位置，以便于服务员操作。

2. “U”字形台

“U”字形台又称马蹄形台，一般要求横向长度比竖向长度略短。

3. “E”字形台

“E”字形台的三翼长度应相等，竖向长度应比横向长度略长。

4. “回”字形台

“回”字形台一般设在宴会厅的中央，是一个中空的台形。

此外，还有“T”字形台、鱼骨形台、星形台等。目前许多西餐宴会也使用中餐的圆桌来设计台形。

(三) 席位安排

(1) 面门为上，面对门的位子则是上位，由最重要的客人落座。宴会主人坐背对门的位置。

(2) 长桌排列时，男女主人分坐两头，门边坐男主人，另一端坐女主人，男主人右手边是女主宾，女主人右手边是男主宾，其余依序排列。

(3) 桌子呈“T”形或“U”形排列时，横排中央位置是男、女主人位，身旁两边分别是男、女主宾座位，其余依序排列。

(4) 西餐排座位时，通常男女间隔而坐，用意是男士可以随时为身边的女士服务。

(5) 西餐宴会也使用席位卡，一般需要中英文。

(四) 准备餐具用具

1. 不锈钢类

主要有头盘刀、头盘叉，汤匙，鱼刀、鱼叉，主餐刀、主餐叉，黄油刀，甜品叉、甜品勺，水果刀、水果叉，咖啡勺，服务叉、服务勺等。

2. 瓷器类

主要有装饰盘、面包碟、咖啡杯、咖啡碟、椒盐瓶、牙签筒、烟灰缸、花瓶等。

3. 杯具

应根据宴会客人所选用的酒类而定，主要有水杯、红葡萄酒杯、白葡萄酒杯、香槟杯、鸡尾酒杯、利口酒杯等。

4. 布草类

主要有台布、餐巾、桌裙、净布等。

5. 服务用具

主要有托盘、开瓶器、席位卡、冰桶、烛台、蜡烛、火柴、洗手盅、餐巾纸等。

(五) 宴会摆台

铺上桌布，摆装饰盘，装饰盘常采用高级的瓷器或银器等。将装饰盘的中线对准餐椅的中线，装饰盘距离餐桌边缘1～2cm。装饰盘的上面放餐巾。装饰盘的左边放餐叉，餐叉的左边放面包盘，面包盘上放黄油刀。装饰盘的右边放主餐刀，刀刃朝向左方。根据宴会菜单每用一道菜，更换一套餐具，不同的菜式摆上不同的刀叉餐具，不同的菜配不同的酒及酒杯。摆放椒盐瓶、烟灰缸、花瓶、烛台，摆放菜单。

(六) 准备酒水、饮料

一般在宴会厅一侧设置吧台（或固定或临时）。吧台内备齐本次宴会所需的各种酒水、饮料及服务用具，如调酒壶、酒篮、冰桶、开瓶器等。吧台内安排1～2名酒水员负责服务。

(七) 服务面包、黄油

在宾客到达前5min，摆放黄油、面包。所有客人的面包、黄油种类和数量都应是一致的。

(八) 服务冰水

摆放完面包、黄油后，为客人斟倒冰水或矿泉水。小型宴会可在客人入席后进行此项服务。

二、西餐宴会服务程序

(一) 迎宾服务

(1) 热情迎宾，使用敬语，将客人引领至餐桌，拉椅让座，按先女宾后男宾、先客人后主人的顺序，为客人铺餐巾。

(2) 西餐宴会一般提供存衣服务。

(二) 宴会中服务

(1) 西餐宴会上菜顺序是：开胃品—汤—沙拉—主菜—甜品—咖啡或茶。

(2) 根据宴会预订单的要求及菜单内容搭配相应的酒水。

(3) 根据客人所点酒水，到吧台领取并准备相应的服务用具及酒杯，如红酒篮、冰桶、开瓶器等。

(4) 根据客人所点酒水摆放相应杯具，为客人服务酒水。

阅读资料　　**红葡萄酒的服务程序**

(1) 检查酒瓶：酒标是否完整，瓶盖是否完好，瓶内是否有沉淀物，确保瓶身美观。

(2) 准备好红酒篮，垫上白色餐巾。

(3) 展示酒瓶，将红酒放入酒篮，酒标向上，服务人员站在客人右手边，展示酒的产地、年份、特点等。

(4) 开酒：用酒刀打开酒，注意不要发出声音或溅出酒水。

(5) 展示瓶塞：将酒塞放至客人面前。

(6) 品酒：给主人倒入大约 30mL 红酒，请主人品尝。

(7) 倒酒：主人品尝后，按先女士后男士、先主宾后主人的顺序将酒倒入红酒杯约1/2。

(8) 将红酒篮放置于服务桌上。

阅读资料 白葡萄酒的服务程序

(1) 准备冰桶和冰桶架：冰桶加入约 1/2 的冰，再加冷水至七分满，准备一条叠成长条形的白口布。

(2) 检查酒瓶：(同红葡萄酒) 检查后将酒放入冰桶，冰桶架放置于客人的桌旁，注意不要离客人太近。

(3) 示酒：将酒取出用白口布包住瓶身，酒标向上。

(4) 开酒：用酒刀打开葡萄酒，注意不要发出声音或溅出酒水。

(5) 展示瓶塞：将酒塞放至客人面前。

(6) 品酒：给主人倒入大约 30mL 酒，请主人品尝。

(7) 倒酒：主人品尝后，按先女士后男士、先主宾后主人的顺序将酒倒入白葡萄酒杯约 1/3。

(8) 倒完酒后将酒瓶放入冰桶中，保持温度。

---

(5) 客人每用完一道菜，应将所用餐盘及餐具一起撤下。

(6) 西餐宴会要求等所有宾客都吃完一道菜后才可以一起撤盘，多桌时，以主桌为准。

(7) 服务主菜的要求。

1) 主菜的最佳部位对着客人放，而配菜自左向右按白、绿、红的顺序摆放。

2) 主菜的沙拉要立即跟汁，沙拉盘应放在客人的左侧。

(8) 服务甜品、水果。

1) 上甜品之前先撤下除酒杯以外的餐具，包括主餐盘、主餐餐具、面包盘、黄油碟、椒盐瓶、面包篮等。

2) 用一块叠成四方块的口布对餐台进行清扫。

3) 摆好甜品叉、勺，左叉右勺。

(9) 服务咖啡或茶。

1) 服务咖啡或茶之前先摆好糖缸和奶缸。

2) 咖啡杯或茶杯放在客人的右手边。

3）有些高档宴会需推酒水车，询问客人是否需要餐后甜酒，询问客人是否需要雪茄。

（10）所有服务遵循先宾后主、女士优先的原则和右上右撤的服务方法，派面包和黄油除外，从客人左侧服务。

（11）席间注意及时添加酒水，更换烟灰缸。

（三）结账服务

当客人用完餐后，准备好账单，检查无误，与宴会负责人结账。

（四）送客服务

（1）客人离席，主动为客人拉椅。

（2）为客人取所存衣物，热情道别。

三、宴会后的收尾工作

（1）检查台面，有无客人遗留物品。

（2）收拾台面，清理餐桌。

（3）进行总结提高。

思考及训练

1. 请利用教室中的桌椅设计西餐宴会的台形。

2. 实训：请利用客前烹制车为客人制作一份缤纷田园沙拉。

原料：

A料：各式生菜180g、胡萝卜15g、黄瓜15g、番茄15g、青肉椒15g。

B料：白面包片2片。

C料：法汁100g。

D料：橄榄油100mL。

制作过程：

（1）戴上手套，将A料中的生菜手撕成片，其余A料用刀切成片，与生菜一起拌匀。

（2）将面包片去除四周硬边，切成面包丁。

（3）平底锅加热后放入橄榄油，将面包丁煎成金黄色。

（4）将蔬菜浇上法汁拌匀分盘。

（5）沙拉上面撒上煎好的面包丁即可上桌。

项目五 通过与后厨的协调有效控制餐厅节奏

作为服务行业，餐饮服务是由不同的部门各司其职、分工合作完成的。但如果在服务流程中，各部门在服务的衔接上协调不好，就很容易产生矛盾，这样既有碍工作，又影响企业形象。大量的数据分析显示，餐饮企业中的矛盾往往集中在前厅和后厨两个部门。所以，餐饮管理不仅要为各部门制定严格的规章制度，明确责任，还要注意各部门之间的协调，保证整个服务流程的顺利畅通。

前厅和后厨之间产生矛盾的原因一般如下：

(1) 因顾客的特殊口味要求造成前厅和后厨之间的矛盾。由于顾客的口味不同，对菜品的要求也不同。负责接待的前厅服务人员对于顾客提出特殊的口味要求，如少放盐、不要辣椒等，在进行记录之后，要通过传菜部转达给后厨。而后厨在菜品的投料和烹制上有既成的规矩，可能会因为投料的不同影响菜品的风味，也可能因用餐人数较多，传菜部和后厨沟通不及时，稍有疏忽，便会出错。而顾客吃不到满意的菜，自然会向前厅服务人员抱怨，这样往往会让前厅服务人员觉得委屈。

(2) 因上菜速度慢造成前厅和后厨之间的矛盾。顾客到餐厅用餐有先来后到，但都要求服务人员尽快上菜。前厅服务人员要在顾客点菜之后，才能将菜单传给后厨通知制作，而不同菜品的加工繁易程度又有所不同。在顾客较多时，后厨在菜品制作上可能会因不能及时出菜而造成顾客不满。前厅认为，这种菜品上的问题应该是后厨的责任，而后厨会认为是前厅服务人员没有安排好上菜时间。双方互相推诿责任，矛盾由此产生。

(3) 餐厅承接宴会时，宴会现场信息与后厨出菜信息不匹配，可能造成宴会已经开始了，但还未上菜；或者嘉宾正在致辞，而传菜员刚好走菜等现象。

可见，前厅和后厨的矛盾主要是因为协调和沟通不够而产生的。以下以承接宴会的餐厅为例，介绍为解决这些矛盾，可从哪些方面入手。

一、营业前要及时沟通信息

前厅部在接受预订这个阶段，要尽可能回答客人提出的所有问题。要求宴会工作人员详细掌握有关宴会部的所有信息，便于回答客人提出的任何问题。例如，宴会菜肴、酒水的具体内容及价格，宴会厅的规模，消费标准，环境装饰、场地布置，举办宴会的一些设想餐厅是否可以满足等。

（一）填写宴会预订单

其内容主要包括：宴会主办单位或个人、地址、联系电话、宴会类型、举办日期和具体时间、出席人数、宴会标准、付款方式、预订金额、宴会预订员签名。

（二）填写宴会安排日记簿

填写完宴会预订单后，应将预订的细节填写到预订簿上，按照日期排列。对于没有确定的预订用铅笔记录，已确定的预订则用钢笔记录，一般由预订员来负责登记和管理。日记簿上的内容主要包括：宴会举办的日期和具体时间、客人的联系电话、宴会类型、出席人数（是暂定还是已确定）。

（三）签订宴会合同、支付订金

一旦宴会得到确认，应与客人签订合同书。同时为了保证宴会预订的确认，通常会要求客人预付一定金额的订金，一般是订席费用的10%，填好后由双方签字确认。

（四）发布宴会通知单

宴会正式确认后，由餐饮部对饭店内部各有关部门下发一张类似公文的宴会通知单，告知各部门在该宴会中应负责执行的工作。宴会通知单包括接洽人、餐厅、桌数、人数、菜单、特殊要求等。

（五）宴会预订后的再确认

一般大型宴会都于数月前定下，时间长难免发生参加人数的增减、宴会开始的时间变更等。因此，在宴会举办前的一周，要以电话或传真的方式与客人再次确认。如果有所更改，应马上通知各相关部门。

（1）对于预订的宴会或普通用餐，前厅和后厨应在用餐开始前进行及时交流，做好充足准备，对服务方式、上菜时间、上菜顺序等每一个细节进行协调、确认。

（2）对于散客，则要保证菜品穿插供应，不冷落每一位客人。

（3）对于有特殊要求的客人，服务人员应在菜单上注明，提醒传菜部及时通知后厨；对于出菜速度较慢的菜品，服务人员要及时提醒传菜部，尽量使后厨备菜时提前加工，避免不能及时供应菜品。

二、营业过程中出现问题要妥善解决

在餐厅的营业过程中，客人对菜品不满意，管理人员应妥善解决，避免激化前厅与后厨之间的矛盾。如客人对菜品提出投诉，服务人员应认真征询客人意见并采取补救措施，或返烧，或换菜，但不能因遇到客人非难而指责后厨。妥善的解决办法是，确认客人意见，及时解决，等到下班之后，再明确责任，避免营业时发生冲突给客人留下不良印象。

特别提示

细节管理

（1）事先了解宴会举行时间，调试好音响等设备，通知厨房做好出菜的准备。

（2）当宾主致辞时，服务人员应暂停操作，站立等候。

(3) 服务操作时，服务人员要做到“三轻”，即走路轻、说话轻、操作轻，以体现优质服务。

(4) 宴会服务要控制好节奏，以客人进餐速度为标准。

(5) 各岗位服务人员之间应分工协作、配合默契，对于服务中出现的漏洞应及时弥补。

(6) 宴会结束后，应对宴会服务情况进行总结，以提高服务质量和服务水平。

三、宴会售后管理

(一) 信息反馈并致谢

宴会结束一周后，由宴会销售部以电话、信函或邮件的方式征询主办单位或个人对本次宴会的意见和建议，并对其选择本饭店举行宴会再次表示感谢。在宾客提出意见或建议后，要及时向有关部门反映，以期下次做得更好。

(二) 跟踪回访

饭店宴会销售部应与客户保持长期的联系，在节假日以邮件、电话或邮寄明信片的方式转达饭店的问候和祝福，密切关注客户的重要信息，使客户再次选择本饭店举办活动。

(三) 建立宴会档案

设专门档案来保存所有举办过的宴会的资料，尤其对那些每年固定举办宴会的单位情况应详细记录。宴会档案包括预订资料、宴会执行资料和宴会活动的有关总结资料。饭店有必要派专人对宴会档案资料进行管理。建立宴会档案，有助于提高工作效率，改善工作效果，更好地提供个性化、针对性的服务。

(四) 营造和谐氛围，培养良好的企业文化

管理人员除了要注意协调前厅和后厨两个部门之间的关系外，还要教育员工树立团队合作的意识，努力营造和谐的氛围，在培养企业文化上下功夫。同时，还要有针对性地研究解决问题的办法，共同提高服务水平。要让员工明确只有互谅互让，才能形成和谐的工作氛围，才能使前厅与后厨结合成有机的整体，从而提高餐厅服务质量，赢得更多顾客。

思考及训练

仔细阅读下面两张表格（见表1-5-1、表1-5-2），找出其中存在的问题，并提出改正意见。

表1-5-1　　中餐服务

餐前准备	
餐前准备项目	餐前所有人员仪容仪表符合要求。
	保证物品及餐具的卫生、摆放、状态符合要求。
	房间温度调至夏天18℃左右，冬天24℃左右。
	服务员检查房间气味、设施设备是否符合要求。
	客人特殊要求的物品准备好，放于指定位置（老人椅、靠背、宝宝餐具、儿童椅、客人要求的菜品等）。

<table>
<tr><td colspan="2" rowspan="3">餐前准备检查</td><td>服务员自检餐前准备情况。</td></tr>
<tr><td>区域主管复检餐前准备情况。</td></tr>
<tr><td>区域点菜员对于客人特殊要求的物品进行针对性检查。</td></tr>
<tr><td colspan="3">站立迎宾</td></tr>
<tr><td colspan="2">站立</td><td>服务员在开完部门例会 1min 内到达指定地点站立。</td></tr>
<tr><td colspan="2" rowspan="3">交接、引领</td><td>当迎宾员引领客人到本区域，服务员主动上前迎接，面带微笑，主动打招呼（在走廊、大厅等公共场所，视情况称呼客人）。</td></tr>
<tr><td>根据迎宾员介绍，规范礼貌地将客人引领到相应就餐地点，并主动询问房间温度、灯光是否合适。</td></tr>
<tr><td>如不是本房间服务员，要与该房间服务员交接。</td></tr>
<tr><td colspan="3">接挂衣帽、自我介绍</td></tr>
<tr><td colspan="2">接挂衣帽</td><td>进入房间之后，及时为客人接挂衣帽，并及时递送香巾，及时将客人用过的香巾收拾好；同时房间内有卫生间的要提示客人卫生间位置。</td></tr>
<tr><td colspan="2">自我介绍</td><td>可适时自然地向客人做自我介绍。</td></tr>
<tr><td colspan="3">拉椅让座</td></tr>
<tr><td colspan="2">遵循四先原则</td><td>即先宾后主、先老后幼、先女后男、先主要后一般。</td></tr>
<tr><td colspan="2">操作要求</td><td>客人有入座、离座举动时，及时上前提供服务，操作轻、稳、准，避免碰伤、坐空等现象的发生。</td></tr>
<tr><td colspan="2">套防护套</td><td>零餐服务员椅子归复原位后，从接手桌内取出防护套，从主宾开始，按顺时针方向依次为后背挂有衣物和包的客人套好防护套，要求整齐美观，拉链无开缝。</td></tr>
<tr><td colspan="2">照顾特殊客人</td><td>对于特殊的客人，如 5 岁以下的儿童、1 岁以下的婴儿、老人、残疾人、身高体重特殊的客人等，应为其提供特殊服务（如提供高低椅子、靠垫、儿童餐具、宝宝椅、玩具、婴儿车、轮椅以及合适的菜品等）。</td></tr>
<tr><td colspan="2">客人落座前及时服务</td><td>对于有休息室或沙发的房间，在宴席开始前请客人在休息室和沙发上稍做休息，并提供香巾、热茶、饮料或果盘，或根据客人要求提供相应商品的服务，等宴席开始后，再请宾客入席。</td></tr>
<tr><td colspan="3">递送毛巾</td></tr>
<tr><td colspan="2">及时上热毛巾</td><td>示意客人入座后，随即递上热毛巾。</td></tr>
<tr><td colspan="2">满足客人特殊要求</td><td>根据客人特殊要求，提供冰香巾（用冰块降温）或常温的香巾。香巾加热的情况下，提示客人并帮其抖一下，以免烫伤。</td></tr>
<tr><td colspan="2">香巾质量要保证</td><td>保证香巾干净、整洁、温度适中、整齐、美观且经过严格消毒。</td></tr>
<tr><td colspan="3">提供茶水服务</td></tr>
<tr><td rowspan="2">征询茶水</td><td>主动介绍</td><td>客人使用毛巾时，站在主陪或副陪的右侧（客人在沙发上落座时，可站在沙发旁），征询客人是否需要准备茶水、果汁，服务员可根据客人的性别、年龄等主动向客人介绍茶水（按价格中、低、高的顺序）。</td></tr>
<tr><td>辅助选择</td><td>如果客人在选择时犹豫不决，尽可能帮助客人选择茶水的种类，并把客人点的茶水记录在酒水单上，写明茶水品种、客人人数。</td></tr>
</table>

斟倒茶水	烫壶、洗茶	根据茶水知识需要洗茶的，必须进行洗茶操作，如普洱茶、乌龙茶、龙井、观音王、碧螺春、大红袍等。洗茶时先烫壶（最好用沸水将茶壶烫5min左右，茶水会更有香味，根据客人要求把握烫壶时间长短），再放入茶叶，待茶叶泡开后，将第一道茶水倒掉，再次冲水后，即可斟倒。
	及时斟倒	及时给茶壶加水，避免倒茶中途加水；不允许出现等叫或空杯现象，注意操作要稳，不滴洒飞溅，以免烫伤客人。
	及时换茶	如有吐酒的客人，则倒六分满；有吐酒或茶凉时，应征询客人及时换茶。
征询点菜服务		
主动征询		斟倒茶水的同时，或客人进房间即有点菜意向时，或请客客人来得较晚时，其进入房间落座后，或者是其他情况下，应主动征询是否需要点菜，在点菜员到达之前及时递送菜谱。
视情况征询		客人未落座前，视情况征询是否点菜。
及时征询		客人落座后，及时征询是否点菜。客人提出点菜要求后，即将房间号、点菜地点等信息告知主管，呼叫点菜员提供点菜服务，同时将菜谱双手递给客人。若点菜员没有到达时客人已经开始点菜，服务员要及时补位记录菜品并做好特色介绍，并在点菜人员到达时做好交接（如点菜客人是谁、是否开始点菜、是否有信息卡信息等），同时要向客人致歉。
及时通知点菜信息		上菜前客人人数发生变动时，服务员必须及时通知点菜人员或厨房，落实加减菜情况，以避免菜品不够或剩余。
松口布、撤筷套		
要求		客人落座或当餐客人较多未来齐时，不准提前进行松口布、撤筷套，在第一道菜上桌前，要求口布、筷套全部打开。
增减餐位服务		
主动征询		服务员主动征询客人就餐人数。
减餐位		客人人数少于餐位时，如果客人已就座，服务员征询将多余的餐具收走，待客人同意后，将多余的餐具收到接手桌内，然后将餐桌上剩余的餐具摆放整齐。
增餐位		客人人数多于餐桌餐位时，及时增餐位。
增减餐位位置		如果餐位加一位时，应该在二宾的侧陪处加上；如果减一位，则在主宾的侧陪位减一位。
酒水服务		
征询酒水	征询是否存酒	根据吧台传递信息，有存酒的主动征询是否使用存酒。
	提醒客人价位	介绍酒水时，结合酒店推销酒水种类，主动向客人进行介绍。介绍酒水时，按中、低、高档的顺序进行，并注意客人的性别、年龄、民族、国籍等。介绍和推销时应注意使用礼貌用语，不能强迫客人接受。特色酒水做重点推荐，对于高档的酒水，要小声提示客人酒水价格。
	一次征询到位	客人未提出要求，服务员不应主动征询香烟；若客人主动提出，服务员按中、低、高档或南方烟、北方烟的顺序进行介绍和推荐。征询完毕后将客人点的酒水、香烟登记在酒水单上，同时向客人征询是否需要新鲜果汁，若有老人、女士、小孩或司机就餐，应一并征询是否需要准备奶或其他饮料，争取一次征询到位。
	先记录，后取拿	客人点了酒水和饮料后，要先记录、后取拿，拿取前要向客人重复所点酒水，以获得客人的确认，并记清每位客人所订饮料酒水，以便提供服务。对同一桌客人要在同一时间段内按顺序为客人提供酒水、饮料服务，如客人不喝酒，可在取得客人同意的时候，倒一杯白开水，避免空杯，便于客人敬酒，适当给客人介绍营养搭配、保健知识，引导客人健康消费。

<table>
<tr><td colspan="2">销售酒店推销酒水</td><td>介绍酒水时，结合酒店推销酒水种类，给客人进行介绍。</td></tr>
<tr><td colspan="2">取拿酒水</td><td>由餐管部配备的区域酒水员拿上服务员开好的酒水明细单（包间号、酒水名称、度数、数量），到吧台拿取酒水。</td></tr>
<tr><td colspan="2">展示酒水</td><td>在客人提出点酒需求后，将对应酒水展示给客人，以确认酒水，同时也是客人验证酒水的一个时机。</td></tr>
<tr><td colspan="2">开瓶</td><td>给客人示标后，当着客人的面开瓶。开启香槟酒、汽酒、啤酒时，应避免将开口对着客人，防止酒的气泡喷到客人身上，开启葡萄酒、香槟酒时，可以让客人“嗅瓶塞”以验证酒水。</td></tr>
<tr><td colspan="2">验酒、品酒</td><td>斟高档酒水前，先征求客人是否品尝，经客人验证后，再进行斟倒。如果客人要求品尝，则倒一小杯给主陪嗅辨酒香与口味，在得到主陪的初步认可后，将酒端去给主宾试口味，在得到主人与主宾的一致赞同后再开始斟酒。</td></tr>
<tr><td rowspan="4">斟酒</td><td>斟酒顺序</td><td>斟酒顺序按主宾、主陪的顺序顺时针方向依次斟倒。客人有特殊要求时，应满足客人需要。为客人斟酒时，应先征求客人的意见，按客人所需斟倒酒水，如客人不要，则征询客人斟倒茶水、饮料等。</td></tr>
<tr><td>干红、干白</td><td>对于干红、干白等需要加冰饮用的，征询客人后需要先加冰块，后倒酒，以免酒水溅到客人身上。</td></tr>
<tr><td>白酒、药酒</td><td>中国白酒与药酒一般都是净饮，不与其他酒掺兑，用容量较小的酒杯来斟酒。</td></tr>
<tr><td>黄酒</td><td>黄酒最好加温后再提供给客人餐中饮用，在征得客人同意的情况下，黄酒在加热过程中可加入少量的姜片、话梅、红糖或枸杞等提高口感（如即墨老酒）。高档黄酒一般不加调料，直接给客人饮用（或直接加热）即可，如女儿红等。</td></tr>
<tr><td colspan="3">撤换茶水、更换果汁</td></tr>
<tr><td colspan="2">撤换茶水</td><td>当酒水、果汁上来后，征询客人是否需要把茶水收走，因为餐中喝茶不易于营养的吸收。</td></tr>
<tr><td colspan="2">更换果汁</td><td>征得客人同意后，把茶水收掉，斟倒果汁、酒水。</td></tr>
<tr><td colspan="3">上菜</td></tr>
<tr><td colspan="2">检查菜单</td><td>点完菜后，服务员要及时检查菜单（份数与人数是否相符），有需要外部准备的物品或调料，打电话通知传菜班由其提前提供，有需要自己准备的（洗手茶、白开水等），则提前准备好，放到接手桌内或备餐间。</td></tr>
<tr><td colspan="2">检查餐具</td><td>菜品上桌前，检查餐具的破损情况，若发现餐具破损，与传菜人员共同确认后，及时退回传菜间，同时检查盘边有无溅出的汤汁或手印，并及时擦拭干净。</td></tr>
<tr><td colspan="2">检查菜品</td><td>菜品上桌前，检查台号是否相符，菜品质量是否符合要求，如发现菜品的温度不够、颜色不好、数量不够、菜量不足、气味不正常、配料不全、有异物、做法不符合规定时，夹上夹子并注明原因、台号、时间、处理人和处理意见后退到厨房。</td></tr>
<tr><td colspan="2">控制菜速和菜量</td><td>根据就餐进展情况合理控制菜速和菜量，及时催菜，若菜量过多时，菜品未上齐之前与厨房沟通落实后，主动征询客人是否退菜。若观察主陪或副陪有意巡视整桌菜后看到桌上的菜不多时，小声询问客人是否需要加菜。</td></tr>
<tr><td colspan="2">划菜单</td><td>对应菜单将已上桌菜品名称划去，上面食及第一道凉、热菜和最后一道热、凉菜时，上菜人员要在点菜单上记录上菜时间，并记录起菜时间，等候叫起菜品通知时间。菜品上菜超时的，需要在菜单上进行记录，并于餐后及时进行信息反馈。</td></tr>
</table>

上菜原则	对于上到接手桌上的菜品必须第一时间上桌，若同时有两道以上菜品，可以用托盘操作，遵循先高档、后一般的原则。
摆放原则	上菜时，要根据台面已经上桌的菜品确定出合理位置，有空盘或需要折盘整理的，先将菜品撤下，再进行折盘。兼顾原则为：冷热、荤素、颜色、器皿大小和形状、价格、加工工艺等的搭配摆放。两道菜呈“一”字形，三道菜呈“品”字形，四道菜呈正方形，五道菜呈五角形，依次均匀摆放。
	有刀口形象的凉菜要注意刀口的朝向，摆放带有盘花的菜品时，盘花应朝向转盘转芯，花式拼盘正面应朝向主陪。
	如有热菜使用长盘，盘子应横向朝主陪，上菜时将鸡、鸭、鱼头部一律朝左，脯（腹）部朝向主宾，表示对客人的尊重。
现场发现菜品不合格的处理	菜品上桌时，客人对加工工艺、菜量、菜品质量、菜品器皿及上菜速度进行投诉时，应首先真诚致歉。确认加工工艺与客人要求不符时，电话通知厨房正确的加工工艺后，及时将菜品夹上夹子并注明原因、台号、时间、处理人和处理意见后退到厨房。
	如有其他方面的投诉时，确认无误后，及时呼叫主管、点菜员，将客人投诉情况进行传递，餐后将信息记录在顾客投诉单上。
	如果客人餐中表现出对某道菜的强烈不满，可以给客人更换相同价值的菜品或重新加工、赠送果盘等。
提示客人重点品尝	有新菜、高档菜上桌时，可以适当在语言中体现“新菜”、“特色菜”或“名贵菜”，提醒客人重点品尝。
介绍菜品	
介绍重点菜品	客人点了高档菜品时，需进行重点介绍（如果没有点，当餐的鱼类必须给客人做介绍）。
分菜服务	
分菜位置	将菜品转至主宾，为主宾提供分菜服务，同时介绍菜品，如“××您好，这是××菜品，其营养价值是××，请您趁热品尝”。
分菜注意事项	分菜时，可以边分边向客人介绍菜的名称、特色和风味，切忌正对菜品讲话，避免污染菜品。严格按照菜品知识内容进行介绍，切忌不着边际、信口开河。
	除按个数之外的菜品，分菜完毕后，需要剩余1/5左右的菜品，以示菜量充足，汤类要剩余1～2汤碗的量，以备客人再次需要。
更换接碟服务	
注意事项	冷热菜交替时、上带壳食品时、上高档菜前、上面食前、上水果前、接碟里超过两种（包括两种）以上食品（杂物）时，席间服务员随脏随换，杂物不可超过接碟的1/3。
台面整理	
撤换烟缸	撤换烟缸时机：烟缸内烟头超过2根，烟缸内杂物过多，烟缸内的水超过1/2等时。换烟缸时，瓷烟缸要把干净的烟缸放在待换的烟缸上，平移到桌边后拿起，并将干净的烟缸放在原处，按“品”字形摆好；玻璃烟缸要先把脏烟缸先撤下，然后把干净的烟缸按“品”字形摆放好。
撤空盘	撤空盘时机：当餐桌上盘中的菜吃完时，或等菜品剩余很少时，主动征询客人进行分菜后，将空盘撤下。
调整摆放	撤空盘时，空盘转到副陪与第三宾之间，征求客人同意后，低于客人肩部撤下空盘。同时把转盘上的菜品均匀摆好，保持美观，方桌可直接征求客人意见，把空盘撤下，并把菜品均匀摆好，保持美观。

大盘折小盘	当盘中的菜量少于1/3或桌上的菜已摆满时，征求客人同意后进行大盘折小盘。客人点的套餐或菜量较少时，尽量避免大折小。
及时清理桌面	客人用餐过程中，随时观察客人的桌位，并及时撤换多余的餐具，保持桌面清洁。
整理台面	礼貌地征得客人同意后方可进行台面整理。餐桌上有杂物时，随时用小镊子清理干净，以保持台面的整洁、美观。
卫生间服务	
服务要求	房间内有卫生间的，服务员餐前应配备好卫生间物品（手纸、抽纸、毛巾、坐便垫、香皂、洗手液、摩丝、洗面奶、擦手油、擦脸油、梳子），检查烘干机及坐便器的正常运转情况。
	服务员发现客人有去卫生间的意向时，及时上前将客人领到卫生间位置，并为客人打开卫生间的门。
	清洁人员发现有客人来到卫生间时，及时迎接客人（语言：您好，里面请）。如果是老人、儿童、残疾人等，及时上前进行搀扶、引领。
	客人用完卫生间后，清洁人员及时上前为客人打开水龙头，并提醒客人“请用洗手液”，客人洗完手后，及时为客人提供毛巾或擦手纸擦手。
	清洁人员待客人将手擦拭干净后，及时从客人手中接过脏毛巾，为客人开门恭送客人（语言：请慢走）。
	客人离开公共卫生间后，清洁人员及时检查并清理用过的卫生间的卫生。
	当客人进卫生间时，清洁人员要及时离开卫生间；当客人离开卫生间时，及时进入卫生间清理。
征询主食、水果	
征询时机	菜品上齐后需向客人（副陪、主陪或点菜客人）暗示一下菜已上齐，并征询是否需要主食、水果。
介绍、征询注意事项	向客人介绍主食的品种，供客人选择，客人如点特殊主食需明示制作时间。
	对于特殊主食需用本子记录下来，并向客人重复再次确认，与厨房交接好，或者请点菜人员进行关注。
	根据特殊客人的特殊爱好进行特殊准备，让客人有倍受重视的感觉。
	点水果时可征询是上大份的还是上分菜水果。
	在餐中服务时根据就餐、宴请性质可适当在餐后上果雕，并加上服务语言对果雕进行解释。
	在征询水果时会出现客人要求送果盘的，根据情况而定，并灵活做出处理。 老客户：“已准备好了，马上就上来。” 新客户：“××先生或女士，果盘已经为您准备好了，请问现在是否可以上？” 消费档次高客户：“已申请主管，特意给您安排好了，马上上来！”
报账、核对账单、结账	
通知报账	客人点完主食、水果后呼叫点菜人员加上，这时可电话通知收银吧台进行报账。
核对账单	服务员在报账前对酒水单进行核对，包括茶水、酒水数量有无漏记或多记的，酒水单有无点菜员及主管签字，客人打碎餐具是否登记，外买物品及去菜项目是否填写完整。
检查账单	包括菜品有无漏加、活海鲜有无斤数及准确性、大小份是否准确、去菜杂项是否体现等。

解释账单	点菜人员向客人解释菜单，说明加、减、赠送菜品情况，明示消费金额，根据情况而定，声音要适中。
结账方式	
现金	唱收唱付，识别假币。
支票	需留客人单位、地址、联系电话，检查公章是否清晰。
签字	有签字协议的客人：直接到吧台去签单即可，并确认签字是否正确（必须确认签字人名称、签字字体清晰）。无签字协议的客人：如客人无签字协议要求签字时，应小声委婉提示客人换一种结算方式，或将客人叫到门外，告知客人即可。语言为："××您好，我们这里签字是需要办签字协议的，您下次方便的话，可以找我为您办理，麻烦您换一种结算方式好吗?"
刷卡	询问客人是在吧台还是在房间刷卡，如果在吧台刷卡，是否方便留下密码。
发票服务	所有的发票在给客人时都要写上单位。
提供主食、水果服务	
检查	关注主食上得是否及时，并核实是否是该房间的主食。
	先用筷子在面碗里挑一下面食，以免面条粘在一起，并检查该面食。
	擦一下面碗边，用托盘将主食从主宾开始依次上桌。
语言	对于外地来的客人上面条时视情况讲"吃面条代表长来长往的意思。友谊长长远远"烘托一下气氛。
	特殊做法的面条上桌时，语言为："这是××领导特意为您准备了一份××面食，请您品尝。"
	在上水果之前检查一下盛放的器皿有无破损及杂物，并将水果叉放入盘内，从主宾依次上桌。语言为："您好，请用水果。"
征询打包	
征询打包	在上水果前，站在主、副陪客人右侧，声音适中，征询是否需要打包菜品并征询是否整理台面，尽量让整桌客人都能听到，征得客人同意后清洁餐桌、准备打包。
打包时机	观察征询打包时机：服务员在客人吃完主食时，菜盘内剩余的菜较多时征询打包。
	客人点的有论份的菜，餐中未吃完时征询打包。
提供新茶	
语言	在上水果之后，将茶水冲好，并将台面整理干净。
	从主宾开始，并运用服务语言："××先生或女士，给您重新上了杯热茶，您趁热喝。"
清理台面	
合格台面的标准	大折小及时，无杂物，及时撤下去多余餐具，无汤汁，无空盘。在上主食时及时将小勺、勺托收下，在吃完主食后及时将筷子与筷架收起。
寄存酒水	
征询存酒时机	服务员在客人喝完酒上主食时，或是客人的酒是餐前在酒水吧拿的存酒时，征询是否需要存酒服务。
存酒程序	客人走后，服务员用托盘托着酒到酒水吧台，让酒水员拿存酒卡，将存酒卡的单位、姓名、电话、酒品、数量、房间、时间、服务员、酒水员以及年月日及备注项填写完毕后，用双面胶将存酒卡粘在酒瓶上，交给吧台酒水员并做检查。
	由吧台酒水员将客人存酒的单位、电话等信息输入电脑的存酒管理系统内，并查询以前有无存酒，如果没有存酒，需要建立新客户资料，并在增加项内将酒加入，如果以前有存酒的，直接存入。

存放酒水	酒水员把各个房间送来的存酒按照中、高、低档，整瓶、半瓶等分类储存在指定的存酒区。
送客	
及时服务	如客人有意要走，按“四先”原则，把椅子拉开，并协助其穿好衣服。
提醒客人勿遗漏物品	提醒客人拿好自己的物品（如手机、火机、香烟、酒水附带赠品、包、寄存物品等），并巡视有无遗留物品；同时看一下是否有没熄灭的烟头等，若有及时熄灭，并及时关闭电器。
送客	值台服务员应送客到大厅门口，协同迎宾员一起将客人送到车上，并提醒客人系好安全带，目送客人离开。
提供特殊服务	下雨天为客人提供雨具服务。
通知厨师长看菜品	
通知	送客回到房间后，如果菜品剩得较多，客人也未打包或餐中客人说“××菜口味不好”时，拨打厨师长办公室电话或厨房热菜电话找厨师长。语言为：“××房间客人已走，需要厨师长看一下菜。”
保护菜品	打完电话后开始收台，收台时注意不可将烟缸的杂物、酒水及茶水倒入菜品中，等厨师长的到来。
厨师长鉴定	厨师长到房间后，将客人反映不好的菜品告诉厨师长，由厨师长鉴定。
通知传菜员送菜	服务员将厨师长鉴定有问题的菜品写在纸条上，打电话通知传菜员来将菜品送到厨房中厨师长指定的位置。
收拾卫生	
关灯	包厢服务员在餐后清理时，只留射灯，其他开关和电器设备全部关闭（中午向阳的房间可以全部关闭），零餐电器在规定时间内由专人关闭。
撤椅子	将椅子整齐摆放于餐桌两边，轻拿轻放。
撤香巾、口布	服务员将香巾、口布用托盘撤放于指定的香巾方桶内，并叠放整齐，记录数量，由发香巾人员换取。
撤餐具	将用过的餐具分类摆放，由传菜员撤回洗碗间，餐具注意轻拿轻放。
擦转盘	擦转盘时，要用专用擦布擦拭，要求转盘干净、明亮、无污渍。
撤台布	换新台布。
摆台	按照摆台规范摆台。
客户信息收集	
收集注意事项	餐前服务员在房间里配备好“客情表”，按照酒店统一要求将餐中获得的客户信息：姓名，单位，职务，生日，家庭情况，结婚纪念日，电话，车牌号，交际圈，个人爱好，性格特征，外貌特征，喝的茶水、酒水、饮料填写在“客情表”内，并及时更新。
	针对一段时间没来酒店就餐的老客户，餐后送客时有针对性地与客人沟通，将了解到的信息记录在“客户爱好信息收集表”上，并及时通知部门主管。
	服务员将当餐整理好的“客情表”传递给区域点菜员。
	部门主管、点菜员、值台服务员将当餐获取的客户信息进行初步评审。
	点菜员在次日 10:00 前将“客户爱好信息收集表”传递给酒店客户信息管理员处。
班后服务点评	
时间	班组主管在餐后集合部门员工开班后会。

点评内容	班组主管针对餐中发现的服务方面的优缺点对员工进行点评； 班组主管对餐中服务做得好的员工给予表扬及激励； 班组主管针对餐中服务缺点及时制定纠正措施并对员工进行培训。
当天餐后总结服务和菜品的信息并整理传递	
总结内容	班组负责人对餐中服务情况进行记录； 班组负责人对餐中的菜品质量情况进行记录； 班组负责人餐后将服务和菜品方面得到的信息进行汇总记录。
	班组负责人将服务的优点与缺点记录在会议记录本上，餐后进行点评。
	班组负责人将优秀服务案例进行延伸分析，对责任人进行表扬。
	对于服务中出现的投诉进行分析、评审、改进或负激励。
菜品信息的整理传递	对服务方面出现的投诉开出投诉表，传递相关班组，及时纠正。
	菜品速度、质量出现问题时，及时将信息传递给厨房，进行纠正。
	对于菜品方面得到客人认可的，及时表扬，传递厨房，进行及时激励。

表 1-5-2　　西餐服务

餐前准备	
餐前准备项目	餐前所有人员仪容仪表符合要求。
	保证物品及餐具的卫生、摆放、状态符合要求。
	房间温度调至夏天 18℃左右，冬天 24℃左右。
	服务员检查房间气味、设施设备是否符合要求。
	客人特殊要求的物品准备好，放于指定位置（老人椅、靠背、宝宝餐具、儿童椅、客人要求的菜品等）。
餐前准备检查	服务员自检餐前准备情况。
	区域主管复检餐前准备情况。
	区域点菜员对于客人特殊要求的物品进行针对性检查。
站立迎宾	
站立	服务员在开完部门例会 1min 内到达指定地点站立。
交接、引领	当迎宾员引领客人到本区域，服务员主动上前迎接，面带微笑，主动打招呼（在走廊、大厅等公共场所，视情况称呼客人）。
	根据迎宾员介绍，规范礼貌地将客人引领到相应就餐地点，并主动询问房间温度、灯光是否合适。
	如不是本房间服务员，要与该房间服务员交接。
接挂衣帽、自我介绍	
接挂衣帽	进入房间之后，及时为客人接挂衣帽，并及时递送香巾，及时将客人用过的香巾收拾好；同时房间内有卫生间的要提示客人卫生间位置。
自我介绍	可适时自然地向客人做自我介绍。
拉椅让座	
遵循“四先”原则	即先宾后主、先老后幼、先女后男、先主要后一般。
操作要求	客人有入座、离座举动时，及时上前提供服务，操作轻、稳、准，避免碰伤、坐空等现象的发生。

<table>
<tr><td colspan="2">套防护套</td><td>零餐服务员椅子归复原位后，从接手桌内取出防护套，从主宾开始，按顺时针方向依次为后背挂有衣物和包的客人套好防护套，要求整齐美观，拉链无开缝。</td></tr>
<tr><td colspan="2">照顾特殊客人</td><td>对于特殊的客人，如 5 岁以下的儿童、1 岁以下的婴儿、老人、残疾人、身高体重特殊的客人等，应为其提供特殊服务（如提供高低椅子、靠垫、儿童餐具、宝宝椅、玩具、婴儿车、轮椅以及合适的菜品等）。</td></tr>
<tr><td colspan="2">客人落座前及时服务</td><td>对于有休息室或沙发的房间，在宴席开始前请客人在休息室和沙发上稍做休息，并提供香巾、热茶、饮料或果盘，或根据客人要求提供相应商品的服务，等宴席开始后，再请宾客入席。</td></tr>
<tr><td colspan="3">鸡尾酒、餐前小吃</td></tr>
<tr><td colspan="2">先上汤或冰水</td><td>在鸡尾酒服务前往往先供应一份清汤，如洋葱胡萝卜汤、芹菜西红柿鸡汤等。其作用是保护胃壁，减少酒精刺激。如无清汤供应，西餐厅一般都有冰水供应，宾客入座后，即应斟满水杯。与此同时，另一名服务员应开始端送面包和黄油，面包、黄油碟摆放在宾客左边，因此面包应从左边送上，用一把叉、一把匙夹送。</td></tr>
<tr><td colspan="2">询问餐前鸡尾酒</td><td>询问宾客点用什么鸡尾酒，逐一复述所点款式，以免出差错，然后礼貌地退离餐桌。</td></tr>
<tr><td colspan="2">上餐前酒</td><td>鸡尾酒应从宾客右边送上。</td></tr>
<tr><td colspan="3">递送菜单，接受点菜</td></tr>
<tr><td rowspan="3">征询点菜</td><td rowspan="2">主动介绍</td><td>鸡尾酒服务以后，应立即递送菜单。一般情况下，每位宾客都应有一份菜单，且先要递送给女性宾客。</td></tr>
<tr><td>接受点菜一般应在宾客左边进行，但应视具体环境，以让宾客感到舒适方便为原则，态度应和蔼可亲。有的饭店也规定从宾客右边接受点菜，从主宾左边的那位宾客开始，然后按顺时针方向进行，与前者恰好相反。</td></tr>
<tr><td>认真记录</td><td>要记清每位宾客所点菜肴；接受点菜时，应问清楚每位宾客对其所点菜肴的烹制要求，包括老嫩程度、咸淡口味、配菜调料、上菜时间等，并做相应记录。</td></tr>
<tr><td colspan="3">递送酒单，接受点酒</td></tr>
<tr><td colspan="2">主动征询</td><td>接受点菜以后应及时送上酒单，点酒在点菜以后进行。酒单不需每人一份，但应先将酒单向全桌宾客展示，然而递送给准备点酒的宾客。</td></tr>
<tr><td colspan="2">视情况建议</td><td>根据客人所点菜肴，视情况为客人提出与菜肴相搭配的酒水。</td></tr>
<tr><td colspan="2">先记录，后取拿</td><td>客人点了酒水和饮料后，要先记录、后取拿，拿取前要向客人重复客人所点酒水，以获得客人的确认，并记清每位客人所订饮料、酒水，以便为客人提供符合要求的服务。对同一桌客人要在同一时间段内按顺序为客人提供酒水、饮料服务。</td></tr>
<tr><td colspan="3">服务开胃菜</td></tr>
<tr><td colspan="2">检查客人订单</td><td>了解客人所点开胃菜名称，准备好调味品、调味汁等。</td></tr>
<tr><td colspan="2">给客人上开胃菜</td><td>一桌客人的开胃菜需同时准备好；热菜要保持一定热度；从客人右侧上菜；按女士、客人、主人的顺序上菜。</td></tr>
<tr><td colspan="3">服务汤（客人所点的汤）</td></tr>
<tr><td colspan="2">检查客人订单</td><td>了解客人所点汤类品种及名称，确保准确无误。</td></tr>
<tr><td colspan="2">为客人上汤</td><td>冷汤用冷汤钵，配垫盘；热汤用热汤钵，配垫盘；服务顺序是女士、客人、主人；从客人右侧上；一桌客人需同时提供上汤服务。</td></tr>
<tr><td colspan="3">酒水服务</td></tr>
<tr><td colspan="2">展示酒水</td><td>将客人所点酒水展示给客人，以确认酒水，同时也是客人验证酒水的一个时机。</td></tr>
<tr><td colspan="2">开瓶</td><td>当着客人的面，用适当的开瓶器打开酒水。开启香槟酒、汽酒、啤酒时，应避免将开口对着客人，防止酒的气泡喷到客人身上，开启葡萄酒、香槟酒时，可以让客人“嗅瓶塞”验证酒水。</td></tr>
</table>

验酒、品酒		给客人示标后，当着客人的面开瓶，先征求客人是否品尝，经客人验证后，再进行斟倒。如果客人要求品尝，则倒一小杯给主陪嗅辨酒香与口味，在得到主陪的初步认可后，将酒端去给主宾试口味，在得到主人与主宾的一致赞同后再开始斟酒。
醒酒		征询客人意见后为客人醒酒。
斟酒	斟酒顺序	斟酒顺序按主宾、主陪的顺序顺时针方向依次斟倒。客人有特殊要求时，应满足客人需要。
	加冰	如酒需要加冰饮用，征询客人后需要先加冰块、后倒酒，以免酒水溅到客人身上。
服务主菜		
检查客人点单		了解客人所点菜肴名称；餐具应与菜肴相配；使用热菜盘。
检查调整餐具		准备好调味汁。
给客人上菜、上调味汁		从客人右侧上菜；按女士、客人、主人的顺序上菜；向客人介绍菜名；上菜动作要轻；征求客人意见，介绍调味汁品种；从客人左侧上调味汁。
祝客人用餐愉快		先女士、后男士、先客人、后主人；随时了解客人需求，提供服务。
上菜		
检查菜单		点完菜后，服务员要及时检查菜单（份数与人数是否相符），有需要外部准备的物品或调料，打电话通知传菜班由其提前提供，需要自己准备的（洗手茶、白开水等）则提前准备好，放到接手桌内或备餐间。
检查餐具		菜品上桌前，检查餐具的破损情况，若发现餐具破损，与传菜人员共同确认后，及时退回传菜间，同时检查盘边有无溅出的汤汁或手印，并及时擦拭干净。
检查菜品		菜品上桌前，检查台号是否相符，菜品质量是否符合要求，如发现菜品的温度不够、颜色不好、数量不够、菜量不足、气味不正常、配料不全、有异物、做法不符合规定时，夹上夹子并注明原因、台号、时间、处理人和处理意见后退到厨房。
控制菜速和菜量		根据就餐进展情况合理控制菜速和菜量，及时催菜，若菜量过多时，菜品未上齐之前与厨房沟通落实后，主动征询客人是否退菜；若观察主陪或副陪有意巡视整桌菜后看到桌上的菜不多时，小声询问客人是否需要加菜。
划菜单		对应菜单将已上菜品名称划去，上第一道菜和最后一道菜时，上菜人员要在点菜单上记录上菜时间，并记录起菜时间，等候叫起菜品通知时间。菜品上菜超时的，需要在菜单上进行记录，并于餐后及时进行信息反馈。
上菜原则		对于上到接手桌上的菜品必须第一时间上桌，上菜前需将前面一道菜盘撤下。撤盘之前要征询客人的意见。
现场发现菜品不合格的处理		菜品上桌时，客人对加工工艺、菜量、菜品质量、菜品器皿及上菜速度进行投诉时，应真诚致歉。确认加工工艺与客人要求不符时，电话通知厨房正确的加工工艺后，及时将菜品夹上夹子并注明原因、台号、时间、处理人和处理意见后退到厨房。
		如有其他方面的投诉时，确认无误后，及时呼叫主管、点菜员，将客人投诉情况进行传递，餐后将信息记录在顾客投诉单上。
		如果客人餐中表现出对某道菜的强烈不满，可以给客人更换相同价值的菜品或重新加工、赠送果盘等。
提示客人重点品尝		有新菜、高档菜上桌时，可以适当在语言中体现“新菜”、“特色菜”或“名贵菜”，提醒客人重点品尝。
介绍菜品		
介绍重点菜品		先征询客人的意见，然后要注意介绍时的站位、语速、手势。
台面整理		
及时清理桌面		客人用餐过程中，随时观察客人的桌位，并及时撤换多余的餐具和杂物，保持桌面清洁。

整理台面	礼貌地征得客人同意后方可进行台面整理。餐桌上有杂物时，随时用小镊子清理干净，以保持台面的整洁、美观。
卫生间服务	
服务要求	房间内有卫生间的，服务员要在餐前配备好卫生间物品（手纸、抽纸、毛巾、坐便垫、香皂、洗手液、摩丝、洗面奶、擦手油、擦脸油、梳子），检查烘干机及坐便器的正常运转情况。
	服务员发现客人有去卫生间的意向时，及时上前将客人领到卫生间位置，并为客人打开卫生间的门。
	清洁人员发现有客人来到卫生间时，及时迎接客人（语言：您好，里面请）。如果是老人、儿童、残疾人等，及时上前进行搀扶、引领。
	客人用完卫生间后，清洁人员及时上前为客人打开水龙头，并提醒客人“请用洗手液”，客人洗完手后，及时为客人提供毛巾或擦手纸擦手。
	清洁人员待客人将手擦拭干净后，及时从客人手中接过脏毛巾，为客人开门恭送客人（语言：请慢走）。
	客人离开公共卫生间后，清洁人员及时检查并清理用过的卫生间的卫生。
	当客人进卫生间时，清洁人员要及时离开卫生间；当客人离开卫生间时，及时进卫生间清理。
服务甜点和餐后饮料	
服务甜点	上甜点前，应用专用的面包刷或干净服务布巾，将台上的面包屑及脏物扫进左手拿着的托盘内（若情况允许，也可在进餐的其他时间做此项工作）；将甜点放在桌子中间。
服务餐后饮料	使用托盘为顾客送上咖啡并带上糖、牛奶，糖和牛奶要放在餐桌的适当位置，以便客人使用。如果客人在用咖啡或茶的同时还用其他食品，咖啡具或茶具应放在客人餐位的右边；如果客人只用咖啡或茶，则将咖啡具或茶具放在客人餐位正中。
报账、核对账单、结账	
核对账单	服务员在报账前对酒水单进行核对，包括茶水、酒水数量有无漏记或多记的，酒水单有无点菜员及主管签字，客人打碎餐具是否已登记，外买物品及去菜项目是否填写完整。
检查账单	包括菜品有无漏加，活海鲜有无斤数及准确性，大小份是否准确，去菜杂项是否体现等。
解释账单	点菜人员向客人解释菜单，说明加、减、赠送菜品情况，明示消费金额，根据情况而定，声音要适中。
结账方式	
现金	需要使用现金夹子，注意说话声音要适中。
支票	需留客人单位、地址、联系电话，检查公章是否清晰。
签字	有签字协议的客人：直接到吧台去签单即可，并确认签字是否正确（必须确认签字人名称、签字字体清晰）。无签字协议的客人：如客人无签字协议要求签字时，应小声委婉提示客人换一种结算方式，或将客人叫到门外，告知客人即可。语言为：“××您好，我们这里签字是需要办签字协议的，您下次方便的话，可以找我为您办理，麻烦您换一种结算方式好吗？”
刷卡	询问客人是在吧台还是在房间刷卡，如果在吧台刷卡，是否方便留下密码。
发票服务	所有的发票在给客人时都要写上单位。

清理台面	
合格台面的标准	无杂物，无汤汁，无空盘。
寄存酒水	
征询存酒时机	服务员在客人喝完酒时，或是客人的酒是餐前在酒水吧拿的存酒时，征询存酒服务。
存酒程序	客人走后，服务员用托盘托着酒到酒水吧台，让酒水员拿存酒卡，将存酒卡的单位、姓名、电话、酒品、数量、房间、时间、服务员、酒水员以及年月日及备注项填写完毕后，用双面胶将存酒卡粘在酒瓶上，交给吧台酒水员并做检查。 由吧台酒水员将客人存酒的单位、电话等信息输入电脑的存酒管理系统内，并查询以前有无存酒，如果没有存酒，需要建立新客户资料，并在增加项内将酒加入，如果以前有存酒的，直接存入。
存放酒水	酒水员把各个房间送来的存酒按照中、高、低档，整瓶、半瓶等分类储存在指定的存酒区。
送客	
及时服务	如客人有意要走，按“四先”原则，把椅子拉开，并协助其穿好衣服。
提醒客人不要遗漏物品	提醒客人拿好自己的物品（如手机、火机、香烟、酒水附带赠品、包、寄存物品等），并巡视有无遗留物品；同时看一下是否有没熄灭的烟头等，若有及时熄灭，并及时关闭电器。
送客	值台服务员应送客到大厅门口，协同迎宾员一起将客人送到车上，并提醒客人系好安全带，目送客人离开。
提供特殊服务	下雨天为客人提供雨具服务。
收拾卫生	
关灯	包厢服务员在餐后清理时，只留射灯，其他开关和电器设备全部关闭（中午向阳的房间可以全部关闭），零餐电器在规定时间内由专人关闭。
撤椅子	将椅子整齐摆放于餐桌两边，轻拿轻放。
撤口布	服务员将香巾、口布用托盘撤放于指定的香巾方桶内，并叠放整齐，记录数量，由发香巾员换取。
撤餐具	将用过的餐具分类摆放，由传菜员撤回洗碗间，餐具注意轻拿轻放。
擦转盘	擦转盘时，要用专用擦布擦拭，要求转盘干净、明亮、无污渍。
撤台布	换新台布。
摆台	按照摆台规范摆台。
客户信息收集	
收集注意事项	餐前服务员在房间里配备好“客情表”，按照酒店统一要求将餐中获得的客户信息：姓名，单位，职务，生日，家庭情况，结婚纪念日，电话，车牌号，交际圈，个人爱好，性格特征，外貌特征，喝的茶水，酒水，饮料填写在“客情表”内，并及时更新。
	针对一段时间没来酒店就餐的老客户，餐后送客时有针对性地与客人沟通，将了解到的信息记录在“客户爱好信息收集表”上，并及时通知部门主管。
	服务员将当餐整理好的“客情表”传递给区域点菜员。
	部门主管、点菜员、值台服务员将当餐获取的客户信息进行初步评审。
	点菜员在次日 10:00 前将“客户爱好信息收集表”传递给酒店客户信息管理员处。

<table>
<tr><th colspan="2">班后服务点评</th></tr>
<tr><td>时间</td><td>班组主管在餐后集合部门员工开班后会。</td></tr>
<tr><td>点评内容</td><td>班组主管针对餐中发现的服务方面的优缺点对员工进行点评；
班组主管对餐中服务做得好的员工给予表扬及激励；
班组主管针对餐中服务缺点及时制定纠正措施对给员工进行培训。</td></tr>
<tr><th colspan="2">当天餐后总结服务和菜品的信息并整理传递</th></tr>
<tr><td rowspan="4">总结内容</td><td>班组负责人对餐中服务情况进行记录；
班组负责人对餐中的菜品质量情况进行记录；
班组负责人餐后将服务和菜品方面得到的信息进行汇总记录。</td></tr>
<tr><td>班组负责人将服务的优点与缺点记录在会议记录本上，餐后进行点评。</td></tr>
<tr><td>班组负责人对优秀服务案例进行延伸分析，对责任人进行表扬。</td></tr>
<tr><td>对于服务中出现的投诉进行分析、评审、改进或负激励。</td></tr>
<tr><td rowspan="3">菜品信息的整理传递</td><td>对服务方面出现的投诉开出投诉表，传递相关班组，及时纠正。</td></tr>
<tr><td>菜品速度、质量出现问题时，及时将信息传递给厨房，进行纠正。</td></tr>
<tr><td>对于菜品方面得到客人认可的，及时表扬，传递厨房，进行及时激励。</td></tr>
</table>

第二部分

酒水饮料制作流程管理

项目一 掌握酒水饮料知识

一、茶水饮料

茶已有五千多年的历史，现代人把饮茶当作生活中必不可少的事之一。

(一) 茶的分类

中国是茶叶的原产地，茶叶生产历史悠久，茶叶种类丰富，居世界之冠。我国的茶叶不仅种类很多，名称也很复杂，故茶叶行家们有句俗话："茶叶喝到老，茶名记不了。"对茶叶的分类，现在基本上是根据茶叶制造方法，结合茶叶品质的特点，具体分为基本茶类和再加工茶类。

1. 基本茶类

基本茶类即绿茶类、黄茶类、白茶类、青茶类、红茶类和黑茶类六大茶类。

(1) 绿茶。由于加工方法的不同绿茶又分为以下 4 种：

1) 炒青绿茶。炒青绿茶是利用高温锅炒杀青和锅炒干燥的绿茶，如龙井茶、碧螺春等。

2) 烘青绿茶。鲜叶经过杀青、揉捻，而后烘干的绿茶称为烘青绿茶，通常是作为窨制花茶的原料茶。其中品质好的品种有黄山毛峰、庐山云雾等。

3) 晒青绿茶。鲜叶经过杀青、揉捻以后，用日光晒干的绿茶称为晒青绿茶，如滇青、陕青、川青、黔青、桂青等，主要用作加工紧压茶原料。

4) 蒸青绿茶。蒸青绿茶具有色绿、汤绿、叶绿的"三绿"特点。产于湖北、浙江、安徽、江西等省，如玉露、煎茶等。

(2) 黄茶。黄茶属轻发酵茶类，基本工艺流程近似绿茶，在制作过程中加以闷黄，因此具有黄汤黄叶的品质特点。其品种有君山银针，温州黄汤，霍山黄芽，皖西黄小茶、黄大茶，广东大叶青等。

(3) 白茶。白茶是福建特产，成茶外表披满白色茸毛，呈白色隐绿，故名"白茶"。制造时，只经萎凋和晾干或烘干两个过程，以保持茶叶的原形。其品种有银针、白牡丹、贡眉、寿眉等。近几年在云南出现了白茶工艺茶——月光白。

（4）青茶。青茶又称乌龙茶，系半发酵茶类。青茶的品质特点是既具有绿茶的清香和花香，又具有红茶醇厚的滋味，外形条索粗壮，色泽青灰有光，内质汤色清澈金黄，滋味浓醇鲜爽，叶底呈绿叶红镶边。青茶是我国的特产，产于福建、广东、台湾。青茶的种类，因茶树品种的不同而形成各自独特的风味，产地不同，品质差异也十分显著，青茶分为：

1）闽北青茶，以武夷岩茶为代表。因其茶树生长在岩上的土壤中，故名“岩茶”。它又分为特种岩茶和一般岩茶。特种岩茶中的大红袍、铁罗汉、白鸡冠、水金龟被称为“武夷四大名丛”。

2）闽南青茶。产地以福建安溪为中心，多以茶树品种命名，如铁观音、毛蟹、黄金桂、本山等。

3）广东青茶。这类茶的产地以广东饶平、丰顺为中心，品种有水仙、浪菜、凤凰、单丛等。

4）台湾青茶。著名品种有冻顶乌龙、文山包种等。

（5）红茶。红茶是全发酵茶类，鲜叶经过萎凋、揉捻、发酵、烘干等工艺过程。茶汤和叶底都呈红色。根据其制造方法的不同，红茶又分为：

1）工夫红茶。工夫红茶是我国传统的出口茶类，加工精细，以产地命名，如祁红工夫、闽红工夫、滇红工夫、川红工夫、湘红工夫、越红工夫等。

2）小种红茶。小种红茶是福建省的特产，叶形较工夫红茶粗大、松散，具有特殊的松烟香。产于福建省崇安县星村乡桐木关的称“正山小种”，福建其他地区将粗大的工夫红茶，用松木烟熏，称“烟小种”或外山小种。

3）红碎茶。红碎茶是国际规格的商品茶，鲜叶经过萎凋后，用机器揉切呈颗粒形碎茶，然后经发酵、烘干而制成。其特点是冲泡时茶汁浸出快、浸出量大，滋味浓烈，主要产于四川、云南、广东、广西、海南、湖南、湖北等省（自治区）。以云南大叶种为原料加工的红碎茶品质最好。

（6）黑茶。黑茶制造时经过杀青、揉捻、渥堆、干燥的过程，成茶外形油黑，汤色橙黄，叶底黄褐，主要用作紧压茶的原料，如安化黑茶、四川边茶、普洱茶、六堡茶等，产于湖南、四川、云南等省。普洱茶是以云南省一定区域内的云南大叶种晒青毛茶为原料，经发酵加工成的散茶和紧压茶。其外形色泽褐红，内质汤色红浓明亮，香气独特陈香，滋味醇厚回甘，叶底褐红。

2. 再加工茶类

用上述各茶类为原料，进行再加工的产品，统称再加工茶类，主要包括花茶、紧压茶、速溶茶、罐装茶、药用保健茶等。

（1）花茶。花茶主要是用绿茶中的烘青绿茶和香花窨制而成，主要产于福建福州、浙江金华、安徽歙县、四川成都、江苏苏州、广西横县等地。品种有茉莉花茶、玉兰花茶、珠兰花茶、玳玳花茶、玫瑰花茶、柚子花茶等。

（2）紧压茶。紧压茶是以已制成的红茶、绿茶、黑茶的毛茶为原料，经过再加工，蒸压成型而制成。我国目前生产的紧压茶主要有沱茶、普洱茶、六堡茶、青砖茶等。在云南普洱茶的地方标准中，紧压茶品质要求是这样描述的：“普洱茶紧压茶外形要求平滑、整齐、端正，厚薄匀称。分洒面茶、包心茶，其洒面茶应分布均匀，不起层掉面，包心不外露。汤色红浓，陈香纯正，叶底褐红，匀齐。”

(3) 速溶茶。速溶茶以茶叶为原料，用沸水提取茶叶中可溶成分，经过滤去除茶渣，获得茶汁而制成。

(4) 罐装茶。罐装茶是在茶汤中加入一定量的抗氧化剂后，装罐或装瓶，密封杀菌而制成，即开即饮，饮用方便。

(5) 药用保健茶。用茶叶和某些中草药拼和后制成各种保健茶，使本来就具有营养保健作用的茶叶，更加强了它的某些防病、治病的功效。

(二) 茶的饮用

1. 泡茶的基本要求

为宾客泡茶，其服务要求与茶的品类、风俗习惯、茶道礼仪有密切的关系。不同的茶品有不同的泡饮方法，不同的民族有各自的传统习俗。因此，应视具体情况，为宾客提供优质的服务。然而，各种泡茶服务方法仍离不开以下几点基本要求：

第一，提供优质饮用水。好茶要用好水，才能品尝到好茶的真味。古人说：“茶性必发于水，八分之茶，遇十分之水，茶亦十分矣。”可见水对茶叶冲泡的重要性。选择泡茶用水以软水为宜，软水中所含其他的溶解质少，因此能提高茶叶内在有效成分的溶解量，减少对茶叶的破坏，所泡出来的茶汤色、香、味俱佳。

第二，配备齐全的器皿。要泡好茶还需要有适宜的茶具。配备的原则为：优质细嫩的绿茶用玻璃杯冲泡，普通大众的绿茶用盖碗或茶壶冲泡；花茶用盖碗冲泡；青茶、普洱茶等用料较粗老的茶宜用紫砂壶或盖碗冲泡。需要注意的是，在选用紫砂壶时，一把壶只能冲泡一种茶，不可混用，否则紫砂壶的吸味性会影响茶汤的质量。

第三，妥善储存茶叶。茶叶的储藏要以密封、避光、避热、防潮、防吸收异味为原则。一般可采用锡罐、马口铁罐、瓷坛、木盒、锡箔纸及食品用塑料袋等包装物盛放储藏。

第四，掌握好泡茶“三要素”。服务人员要掌握正确的泡茶技术，就必须明确泡茶“三要素”，即投茶量、泡茶水温、冲泡时间和次数。绿茶、红茶、花茶冲泡时，茶与水的比例为1∶50～1∶60；乌龙茶冲泡时，茶与水的比例为1∶22；普洱茶冲泡时，茶与水的比例为1∶30～1∶40。泡茶的水温由泡饮的具体类型的茶叶而定。高级细嫩的名茶不能用温度过高的水冲泡，水温太高容易破坏茶叶的有效成分，使茶汤变得苦涩，一般用80℃～90℃的开水冲泡；如果冲泡条索粗大的绿茶或乌龙茶类，则要用95℃以上的开水。茶叶的冲泡时间和次数与茶的品类、用茶数量、泡茶水温及饮用习惯有关。一般来说，茶叶在热开水中浸泡的时间宜短不宜长，但应以品饮茶汤味道的浓淡来界定；绿茶冲泡次数以1～3次为宜；乌龙茶可冲泡7次；云南普洱茶可冲泡10次以上。

2. 绿茶饮用方法

绿茶不经过发酵，保持了鲜叶的特点，重在品饮其清香、甘醇的味道。绿茶的干叶有多种形状，冲泡时茶叶变化千姿百态，因此，饮用名贵的绿茶，宜采用透明的玻璃杯，以便充分观赏茶叶在水中的形态变化。具体方法可视茶条的松紧度，采取如下两种冲泡方法：

一是上投法，用热开水洗净茶杯后，将90℃开水冲入杯中，然后取茶投入杯中，不必加杯盖。茶叶吸水后便会自动下沉，但有先后，或直线下沉，或上下沉浮后降至杯底。这种茶在水中缓慢舒展、变幻的过程，人们称之为“茶舞”。上投法适用于外形紧结重实的绿茶，如龙井茶、碧螺春、庐山云雾等。尝“上投法”冲泡的茶汤，宜细品慢啜，领略茶品风韵。待饮至三分之一杯量时，再续加开水。一般冲泡3次后要更换新茶叶。

二是下投法，用热开水洗净茶杯后，投茶入杯，冲入90℃开水至杯容量的三分之一，稍停片刻润润茶，待茶叶吸水伸展后，再冲水至7分满，这时茶叶在水中徘徊飘舞，沉浮变换，别具茶趣。下投法适用于外形松弛伸展的绿茶，品饮及续水与上投法相同。

3. 红茶饮用方法

红茶汤色红艳明亮，微透黄，香气浓郁，口味醇厚鲜甜，有色、香、味俱全的优点。冲泡时宜采用95℃以上的开水。根据红茶的花色品种，可采取如下三种冲泡办法：

(1) 工夫饮法是中国传统的工夫红茶冲泡品饮方法。将3～5g红茶放入白瓷茶杯中，冲入沸水，几分钟后即可品饮。通常续加2～3次开水。此法适宜泡饮工夫红茶类及小种红茶。

(2) 快速饮法是指即冲即饮的快速冲泡法。将茶放入白瓷杯内，冲入沸水后即可饮用。此法适用于红碎茶、袋泡茶、速溶红茶等。由于这类茶多数呈颗粒状，茶叶的内含物易溶于水，故宜采用“快速饮法”。

(3) 调饮法是指在茶汤中加入牛奶、糖、鲜柠檬片等，以调整茶汤滋味的方法。所加调料的种类和数量，可随口味增减。此法可用于各种红茶。

4. 乌龙茶饮用方法

泡饮乌龙茶采用“工夫茶”方法最为适宜。此法多流行于广东、潮汕、福建、台湾等地区。由于冲泡时方法考究，颇费工夫，故被称为泡“工夫茶”。泡“工夫茶”需要有一套完整的茶具，泡茶之前先用热开水淋洗茶具，然后放入茶叶，第一泡为润茶，茶水用来加热茶杯，冲入第二泡水之后，要盖紧壶盖，并用热开水淋壶增温，以追香出味。接着把茶杯按“一”字形摆在茶盘上，采用“关公巡城”的方法来回斟倒茶汤，使各茶杯中的茶汤浓淡均匀。主人奉茶，宾客接茶，彼此讲究礼节茶道。品饮时，宜小杯细品，边泡边饮，反复多次。

5. 花茶饮用方法

花茶泡饮方法，应以能维护香气不散失、显示茶叶外形美为原则。一般冲泡名贵细嫩的花茶宜采用透明玻璃杯，具体方法是清洗温热杯子后，取2～3g花茶入杯，用90℃左右开水冲泡，随即盖上杯盖，以防止香气散失。此时，可把杯子对着光线，观察欣赏杯中茶叶的外形变化，然后再品尝名贵花茶的真香实味。泡饮中档花茶可用盖碗，着重闻其香气，品其茶味。方法是先投入茶叶，再冲入开水，加盖片刻，即可饮用。

二、中国黄酒

中国的黄酒，也称为米酒（rice wine），属于酿造酒，在世界三大酿造酒（黄酒、葡萄酒和啤酒）中占有重要的一席。黄酒是以稻米、黍米、黑米、玉米、小麦等为原料，经过蒸料，拌以麦曲、米曲或酒药，进行糖化和发酵酿制而成。

(一) 黄酒的特点及分类

黄酒是一种低度原汁酒，酒味醇厚，风味独特，集饮料、药用、调味于一身，酒精含量为12°～18°，具有酸、甜、苦、辣、鲜五味一体的风格。

1. 按黄酒的含糖量划分

(1) 干黄酒："干"表示酒中的含糖量少，糖分都发酵变成了酒精，故酒中的糖分含量最低，在最新的国家标准中，其含糖量小于1g/100mL（以葡萄糖计）。在绍兴地区，干黄酒的代表是"元红酒"。

(2) 半干黄酒："半干"表示酒中的糖分未全部发酵成酒精，还保留了一些糖分。在生产上，这种酒的加水量较低，相当于在配料时增加了糯米的量，故又称为"加饭酒"。酒的含糖量在1～3g/100mL。酒质厚浓，风味优良，可以长久储藏。它是黄酒中的上品，我国大多数出口酒均属此种类型。

(3) 半甜黄酒：这种酒的含糖量在3～10g/100mL。这种酒采用的工艺独特，是用成品黄酒代水，加入发酵醪中，使糖化发酵的开始之际，发酵醪中的酒精浓度就达到较高的水平，在一定程度上抑制了酵母菌的生长速度，由于酵母菌数量较少，发酵醪中产生的糖分不能转化成酒精，故成品酒中的糖分较高。这种酒酒香浓郁，酒度适中，味甘甜醇厚。它是黄酒中的珍品。但这种酒不宜久存。

(4) 甜黄酒：这种酒一般是采用淋饭操作法，拌入酒药，搭窝先酿成甜酒酿，当糖化至一定程度时，加入40%～50%浓度的米白酒或糟烧酒，以抑制微生物的糖化发酵作用，酒中的糖分含量在10～20g/100mL。由于加入了米白酒，酒度也较高。甜黄酒可常年生产。

(5) 浓甜黄酒：糖分含量大于或等于20g/100mL。

(6) 加香黄酒：这是以黄酒为酒基，经浸泡（或复蒸）芳香动、植物或加入芳香动、植物的浸出液而制成的黄酒。

2. 按黄酒的产地划分

(1) 江南黄酒，以绍兴酒为代表，主要品种有元红酒、加饭酒、花雕酒、善酿酒。

(2) 福建黄酒，以福建老酒和龙岩沉缸酒为代表。

(3) 北方黄酒，以山东即墨老酒为代表。

(二) 黄酒的饮用与服务

黄酒常作为佐餐酒。用小陶瓷杯盛酒。饮用时要加温至40℃～50℃。黄酒可在烹饪过程中作为调味酒使用，也可在餐桌上直接加入海鲜类食品中。

三、日本清酒

清酒是日本的国酒，与我国的黄酒为同一类型的低酒精含量米酒。清酒是以精白米为主要原料，以滩之宫水为水源，采用优质微生物和现代科学方法酿制而成。以英文"sake"闻名世界。

(一) 清酒的特点及分类

1. 清酒的特点

酒液呈淡黄色或无色，清亮透明。酒香宜人，口味酸度小，微苦，绵柔爽口，酸、甜、苦、辣、涩诸味协调。酒精度为16°。清酒含有多种氨基酸、维生素，是营养丰富的酒品。

2. 清酒的分类

（1）米酒：纯粹用蒸熟的米饭酿制的清酒。

（2）本酿酒：在米酒中加入少量蒸馏酒。

（3）吟酿酒：用米粉酿制的酒。

（4）大吟酿酒：用最细的米粉酿制的酒。

（二）清酒的饮用与服务

清酒可作为餐后酒，也可作为佐餐酒。用浅平碗或小陶瓷杯服务。饮用时要加温至40℃～50℃。

四、葡萄酒

葡萄酒的起源，可以追溯到公元前6世纪。当时腓尼基人和克尔特人首先将葡萄种植和酿造业传入现今法国南部的马赛地区，葡萄酒成为人们佐餐的奢侈品。到公元前1世纪，在罗马人的大力推动下，葡萄种植业很快在法国的地中海沿岸盛行，饮用葡萄酒成为时尚。

（一）葡萄酒的分类及特点

1. 按葡萄酒的颜色分类（见表2-1-1）

表2-1-1 按葡萄酒的颜色分类

名称	特点
红葡萄酒	选择用皮红肉白或皮肉皆红的酿酒葡萄，采用皮汁混合发酵，然后进行分离陈酿而成的葡萄酒。这类酒的色泽应呈自然宝石红色、紫红色、石榴红色等。失去自然感的红色不符合红葡萄酒色泽要求。
白葡萄酒	选择用白葡萄或浅红色果皮的酿酒葡萄，经过皮汁分离，取其果汁进行发酵酿制而成的葡萄酒。这类酒的色泽应近似无色，浅黄带绿，或浅黄，或禾秆黄。若颜色过深，则不符合白葡萄酒色泽要求。
玫瑰红葡萄酒	此酒是介于红、白葡萄酒之间，选用皮红肉白的酿酒葡萄，进行皮汁短时期混合发酵达到色泽要求后进行皮渣分离，继续发酵，陈酿成为桃红葡萄酒。这类酒的色泽应该是桃红色或玫瑰红、淡红色。

2. 按葡萄酒的含糖量分类（见表2-1-2）

表2-1-2 按葡萄酒的含糖量分类

名称	含糖量
干葡萄酒	葡萄酒中的糖分几乎已发酵完，每升葡萄酒中总含糖量低于4g。饮用时品尝不出甜味，酸味明显。
半干葡萄酒	每升葡萄酒中总含糖量在4～12g。饮用时有微甜感。
半甜葡萄酒	每升葡萄酒中总含糖量在12～50g。饮用时有甘甜、爽顺感。
甜葡萄酒	每升葡萄酒中总含糖量在50g以上，饮用时有明显的甜纯感。

3. 按葡萄生长来源不同分类（见表 2－1－3）

表 2－1－3 按葡萄生长来源不同分类

名称	特点
山葡萄酒（野葡萄酒）	以野生葡萄为原料酿成的葡萄酒。产品以山葡萄酒或葡萄酒命名
家葡萄酒	以人工培植的酿酒葡萄品种为原料酿成的葡萄酒，产品直接以葡萄酒命名。国内葡萄酒生产厂家大都以生产家葡萄酒为主。

4. 根据酒中二氧化碳的压力分类（见表 2－1－4）

表 2－1－4 根据酒中二氧化碳的压力分类

名称	特点
无气葡萄酒	也称静酒（包括加香葡萄酒）。这种葡萄酒不含有自身发酵产生的二氧化碳或人工添加的二氧化碳。
起泡葡萄酒	这种葡萄酒中含的二氧化碳是以葡萄酒加糖再发酵而产生的或用人工方法压入的，其酒中的二氧化碳含量在 20℃时保持压力 0.35MPa 以上，酒精度不低于 8%。香槟酒属于起泡葡萄酒，在法国只有香槟省出产的起泡葡萄酒才能称为香槟酒。由于 Champagne 与英语中“冠军”“优胜者”发音相同，所以香槟酒成为一种庆贺酒。
葡萄汽酒	葡萄酒中的二氧化碳是发酵产生的或是人工方法加入的，其酒中二氧化碳含量在 20℃时保持压力 0.025～0.051MPa，酒精度不低于 4°。

5. 根据再加工方式分类（见表 2－1－5）

表 2－1－5 根据再加工方式分类

名称	特点
加香葡萄酒	加香葡萄酒也称开胃酒，该酒以具有香气的草本植物的根、茎、花、果实等为香料，经过一定的工艺加工，使酒具有特殊的香味。按葡萄酒中所添加的主要呈香物质的不同，可分为苦味型、花香型、果香型和芳香型。该酒酒精含量亦较高，在 16%～20%。
加强葡萄酒	该酒在酿造过程中为保留天然葡萄糖分，中途加入葡萄酒精，使其停止发酵。因此，这种酒酒精含量较高，在 14%～24%，可保存较长时间。
白兰地	该酒是葡萄酒经过蒸馏而成的蒸馏酒。有些白兰地也可用其他水果酿成的酒制造，但需冠以原料水果的名称，如樱桃白兰地、苹果白兰地和李子白兰地等。

（二）葡萄酒的饮用与服务（见表 2－1－6）

表 2－1－6 葡萄酒的饮用与服务

酒名	饮用杯具	饮用温度	斟酒量
红葡萄酒	7～8oz 红葡萄酒杯	16℃～18℃	1/3 或 1/2 杯
白葡萄酒	12oz 白葡萄酒杯	10℃～12℃	2/3 杯
玫瑰红葡萄酒	7～8oz 红葡萄酒杯	12℃～14℃	2/3 杯
香槟酒	郁金香杯或浅碟杯	6℃～8℃	郁金香杯 2/3 杯 浅碟杯 1/2 杯

五、啤酒

啤酒是以大麦为主要原料，加入啤酒花发酵制成，带有泡沫和特殊香味，味道微苦的低酒精度饮料。

啤酒起源于 9 000 年前的中东和古埃及地区，后传入欧洲，19 世纪末传入亚洲。目前，除了信仰伊斯兰教的人因宗教原因而不生产和饮用啤酒，啤酒几乎遍及世界各地。到 14 世纪，添加蛇麻花的啤酒逐渐盛行于欧亚大陆。林德（Linde）发明了冷冻机，使啤酒香味更趋柔和。巴氏杀菌使啤酒的保存期大为延长。酿造啤酒的主要原料是大麦、水、酵母、酒花。

（一）啤酒的分类和特点

啤酒酒标上的度数与白酒上的度数不同，它并非指酒精度，而是指原麦汁浓度，即啤酒发酵进罐时麦汁的浓度。我们通常饮用的啤酒酒精度数多在 3.5°～5°。

1. 根据原麦汁浓度分类

主要的度数有 18°、16°、14°、12°、11°、10°、8°啤酒。日常生活中我们饮用的啤酒多为 11°、12°啤酒。

2. 根据啤酒色泽分类

（1）淡色啤酒，为啤酒产量最大的一种。淡色啤酒又分为浅黄色啤酒、金黄色啤酒。浅黄色啤酒口味淡爽，酒花香味突出。金黄色啤酒口味清爽而醇和，酒花香味也突出。

（2）浓色啤酒，色泽呈红棕色或红褐色，麦芽香味突出、口味醇厚、酒花苦味较轻。

（3）黑色啤酒，色泽呈深红褐色乃至黑褐色，产量较低。黑色啤酒麦芽香味突出、口味浓醇、泡沫细腻，苦味根据产品类型而有较大差异。

3. 根据杀菌方法分类

（1）鲜啤酒，是指啤酒经过包装后，不经过低温灭菌（也称巴氏灭菌）而销售的啤酒。这种啤酒味道鲜美，但容易变质，保质期在低温下 7 天左右，一般就地销售。

（2）熟啤酒，是指经过巴氏灭菌的啤酒。可以存放较长时间，可用于外地销售，优级啤酒保质期为 120 天。

4. 根据包装容器分类

（1）瓶装啤酒，国内主要为 640mL 和 355mL 两种包装。国际上还有 500mL 和 330mL 等其他规格。

（2）易拉罐装啤酒，采用铝合金材料，规格多为 355mL。便于携带，但成本高。

（3）桶装啤酒，材料一般为不锈钢或塑料，容量为 30L。啤酒经瞬间高温灭菌，温度为 72℃，灭菌时间为 30s。多在宾馆、饭店出现，并专门配有售酒机。酒桶内的压力可以保持啤酒的卫生。

5. 根据啤酒酵母性质分类

（1）上发酵啤酒，发酵过程中，酵母随二氧化碳浮到发酵面上，发酵温度为 15℃～20℃。啤酒的香味突出。

（2）下发酵啤酒，发酵完毕，酵母凝聚沉淀到发酵容器底部，发酵温度为 5℃～10℃。啤酒的香味柔和。世界上绝大多数国家采用下发酵啤酒。我国的啤酒均为下发酵啤酒。

6. 啤酒新品种

(1) 干啤酒：20世纪80年代末由日本朝日公司率先推出，一经推出便大受欢迎。该啤酒的发酵度高，残糖低，二氧化碳含量高，故具有口味干爽、杀口力强的特点。由于糖的含量低，属于低热量啤酒。

(2) 全麦芽啤酒：遵循德国的纯粹法，原料全部采用麦芽，不添加任何辅料，采用浸出或煮出法糖化酿制的啤酒。这类啤酒成本较高，但麦芽香味突出。

(3) 头道麦汁啤酒：由日本麒麟啤酒公司率先推出，即利用过滤所得的麦汁直接进行发酵，而不掺入冲洗残糖的二道麦汁。具有口味醇爽、后味干净的特点。目前，麒麟公司已经在我国珠海的厂中推出该类酒，名为“一番榨”。

(4) 黑啤酒：麦芽原料中加入部分焦香麦芽酿制成的啤酒。具有色泽深、苦味重、酒精含量高的特点，并有焦糖香味。最著名的为司陶特黑啤酒。

(5) 低（无）醇啤酒：基于消费者对健康的追求，减少酒精的摄入量所推出的新品种。美国规定酒精含量少于2.5%（V/V）的啤酒为低醇啤酒，酒精含量少于0.5%（V/V）的啤酒为无醇啤酒。它们的生产方法与普通啤酒的生产方法一样，但最后经过脱醇方法，将酒精分离。脱醇的方法较多，目前常用的有蒸馏脱醇法。

(6) 冰啤酒：由加拿大拉巴特（Labatt）公司开发。将啤酒冷却至冰点，使啤酒出现微小冰晶，然后经过过滤，将大冰晶过滤掉。通过这一步处理，解决了啤酒冷混浊和氧化混浊问题。处理后的啤酒浓度和酒精度并未增加很多。

(7) 绿啤酒：啤酒中加入天然螺旋藻提取液，富含氨基酸和微量元素，啤酒呈绿色。国内已有生产。

(8) 暖啤酒：属于啤酒的后调味。后酵中加入姜汁或枸杞，有预防感冒和胃寒的作用。

(9) 菠萝啤酒：后酵中加入菠萝提取物，适于妇女、老年人饮用。

(10) 白啤酒：以小麦芽为主要原料的啤酒，酒液呈白色，清亮透明，酒花香气突出，泡沫持久，适合于各种场合饮用。

(11) 沙棘啤酒：啤酒中加入沙棘果汁，酒中有酸甜感，富含多种维生素、氨基酸。酒液清亮，泡沫洁白细腻，属于天然果汁饮料型啤酒。

(12) 纯生啤酒：这是在生产工艺中不经热处理灭菌，就能达到一定的生物稳定性的啤酒。

(13) 小麦啤酒：以小麦芽为主要原料（占总原料40%以上），采用上发酵法或下发酵法酿制而成。此种酒的生产工艺要求较高，酒的储藏期较短。此种酒的特点为色泽较浅，口感淡爽，苦味轻。

(14) 混浊啤酒：这种啤酒在成品中存在一定量的活酵母菌。

(二) 啤酒的鉴赏与品尝

1. 一看

看酒体色泽：普通浅色啤酒应该是淡黄色或金黄色，黑啤酒为红棕色或淡褐色。

看透明度：酒液应清亮透明，无悬浮物或沉淀物。

看泡沫：啤酒注入无油腻的玻璃杯中时，泡沫应迅速升起，泡沫高度应占杯子的三分之一，当啤酒温度在 8℃～15℃时，5min 内泡沫不应消失；同时泡沫还应细腻、洁白，散落杯壁后仍然留有泡沫的痕迹（俗称“挂杯”）。

2. 二闻

闻香气，在酒杯上方，用鼻子轻轻吸气，应有明显的酒花香气，新鲜、无老化气味及生酒花气味；黑啤酒还应有焦麦芽的香气。

3. 三尝

品尝味道，入口纯正，没有酵母味或其他怪味杂味；口感清爽、协调、柔和，苦味愉快而消失迅速，无明显的涩味，有二氧化碳的刺激，使人感到杀口。

（三）啤酒的质量鉴别及储存保管方法

1. 啤酒的质量鉴别

啤酒的质量鉴别主要看这几个方面：啤酒瓶的商标或瓶盖上是否有出厂日期及保存期；该啤酒是否在保存期之内；二氧化碳是否充足，开瓶时是否有二氧化碳气泡升起；啤酒注入杯中有泡沫升起，泡沫以洁白、细腻、持久、挂杯为好，一般泡沫从斟酒时盖满酒面到消失持续的时间不应少于 3min；酒液清亮透明，富有光泽，无明显悬浮物或其他杂质；饮后应爽口，有柔和感，并有杀口力和愉快的苦味，无其他异味；浅色啤酒应有酒花香味，浓色啤酒应有麦芽香味。

2. 啤酒的储存保管

啤酒的储存保管要考虑以下因素：

（1）酒库应该阴凉干燥，无异味。

（2）啤酒要避光存放，特别注意防止日光直照，经阳光直晒的啤酒会发生氧化而产生像柿饼的味道，俗称“日光臭”。

（3）搬运过程中要减少振动。

（4）啤酒要先进先喝，不宜久放。

（四）啤酒的饮用方法

（1）要掌握饮用的温度。啤酒适合在 6℃～8℃时饮用，一旦冰镇低于 3℃时，就会改变啤酒的原有风味，倒入玻璃杯时难以起泡。啤酒里所含有的蛋白质还会形成白色的沉淀物。

（2）要用干净的玻璃杯子倒酒。沾了油脂的杯子就不起沫了，主要原因是含有二氧化碳气体的泡沫接触油脂类而失去表面张力，保持泡沫的能力被降低了。洗涤时残留在玻璃杯上的洗涤剂也会使啤酒的起泡性变差。

（3）在启瓶前不要剧烈摇晃瓶子。

（4）要掌握好正确的倒杯法。倒入杯中酒液与泡沫的比例以 3∶2 为宜。饮用时大口饮入，才能产生一种美好的快感。

（5）啤酒最宜纯饮，也可加入果汁、汽水、可乐后再饮。

六、白兰地

白兰地俗称“葡萄酒的灵魂”。“白兰地”分狭义和广义，从广义上讲，所有以水果为原料发酵蒸馏而成的酒都称为白兰地。但现在已经习惯把以葡萄为原料，经发酵、蒸馏、储存、调配而成的酒称作白兰地。若以其他水果为原料制成的蒸馏酒，则在白兰地前面冠以水果的名称，如苹果白兰地、樱桃白兰地等。

16 世纪，荷兰为海上运输大国，法国是葡萄酒的重要产地，荷兰船主将法国葡萄酒运往世界各地，但当时英国和法国开战，海上交通经常中断，葡萄酒储藏占地费用大，于是荷兰商人想将葡萄酒蒸馏浓缩，可节省储藏空间和运输费用，运到目的地后再兑水出售。可意想不到的是浓缩的酒更受欢迎，而且储藏时间越长酒味越醇，从此，便出现一种新酒，即蒸馏葡萄酒——白兰地。

1L 白兰地大约需要 8L 葡萄酒浓缩，蒸馏出的酒是近乎无色的，但在橡木桶中储藏时，将橡木的色素溶入酒中，形成褐色。年代越久，颜色越深。由于有颜色的更受欢迎，因此很多酿酒厂都使用焦糖加色。

（一）白兰地的特点

白兰地有一种高雅醇和的口味，具有特殊的芳香。白兰地中的芳香物质首先来源于原料，优良葡萄品种含特有的香气。其次白兰地的高雅芳香还有一个重要来源，那就是橡木桶。未经勾兑的原白兰地储存在橡木桶中，要发生一系列变化，从而变得高雅、柔和、醇厚、成熟，即“天然老熟”。在“天然老熟”的过程中，发生两方面的变化：一是颜色的变化，二是口味的变化。原白兰地都是如水一般纯净透明的颜色，它在储存时不断地吸收橡木桶的木质成分，加上白兰地所含的单宁成分被氧化，经过五年、十年以至更长时间，逐渐变成金黄色、深金黄色、浓茶色。新蒸馏出来的原白兰地口味暴辣，香气不足，它从橡木桶的木质素中吸取橡木的香气，与自身单宁成分氧化产生的香气结合起来，形成一种白兰地特有的奇妙的香气。酿制合格的白兰地，还有一个极为重要的程序，那就是调配。调配也称勾兑，是白兰地生产的点睛之笔，它使葡萄酒的观感、香气和口感实现高度的和谐统一。怎样调配是各葡萄酒厂家的秘密，各厂家都有自己的配方和自己的调配专家。作为白兰地调配大师，不仅需要精深的酿酒知识、丰富的实践经验，而且需要异常灵敏的嗅觉、味觉和优秀的艺术鉴赏能力。

最好的白兰地是由不同酒龄、不同来源的多种白兰地勾兑而成的。兑酒师要通过品尝储藏在桶内的酒类来判断酒的品质和风格，并决定勾兑比例。兑酒师都有自己的配方，绝不外传。勾兑后的白兰地在适当的容器中放置 6 个月就可装瓶。白兰地与葡萄酒不一样，不在瓶中沉淀，装瓶以后就成为定型产品。只要密封后避光、低温保存就可长期留用。勾兑的白兰地酒精度在国际上的一般标准是 42°～43°，在我国的酒精度标准是 38°～44°。

（二）著名的白兰地

目前世界上最好的白兰地产地是法国夏朗德省的干邑地区和热尔省的雅文邑（阿马尼亚克）地区。

1. 干邑白兰地

最著名的白兰地产于法国，然而当人们提到极品白兰地的时候，却不是泛指法国白兰地，而是指干邑（Cognac）白兰地。干邑是法国南部的一个地区，位于夏朗德省境内。干邑地区的土壤、气候、雨水等自然条件特别利于葡萄的生长，因此，这个地区所生产的葡萄是全世界首屈一指的。干邑是法国白兰地最古老、最著名的产区，干邑地区生产白兰地有其悠久的历史和独特的加工酿造工艺，干邑白兰地之所以享有盛誉，与其原料、土壤、气候、蒸馏设备及方法、老熟方法密切相关。

干邑白兰地的原料选用的是圣·爱米勇（Saint Emilim）、哥伦巴（Colombard）、白福儿（Folle Blanche）三个著名的白葡萄品种，以夏朗德壶式蒸馏器，经两次蒸馏，再盛入新橡木桶内储存，一年后，移至旧橡木桶陈酿。

干邑是白兰地的极品，被称为“白兰地之王”。干邑酒液呈琥珀色，清亮透明，香气优雅细腻，风格豪华典雅，酒精度为43°。干邑产品受到法国政府的严格限制和保护，依照1909年5月1日法国政府颁布的法令，只有在干邑地区（包括夏朗德省及附近的6个区）生产的白兰地才能称为干邑，并受国家监督和保护。

干邑的名品有：人头马（Remy Martin）、马爹利（Martell）、轩尼诗（Hennessy）等。

2. 雅文邑白兰地（Armagnac）

仅次于干邑白兰地的是雅文邑白兰地。雅文邑位于干邑南部，即法国西南部的热尔省境内，以产深色白兰地驰名。酒液呈深琥珀色，发黑发亮，因储存时间较短，所以口味烈。陈年或远年的雅文邑白兰地酒香袭人，它风格稳健沉着，醇厚浓郁，回味悠长，留杯长久，酒精度为43°。雅文邑白兰地也是受法国法律保护的白兰地品种。只有雅文邑当地产的白兰地才可以在商标上冠以“Armagnac”字样。雅文邑白兰地的名品有：卡斯塔浓（Castagnon）、夏博（Chabot）、珍尼（Janneau）、索法尔（Sauval）、桑卜（Semp）等。

3. 其他国家和地区的白兰地

世界上其他国家和地区生产的葡萄蒸馏酒，均可称为白兰地。

法国白兰地（Franch Brandy）：指除干邑、雅文邑以外的法国其他地区生产的白兰地，与其他国家的白兰地相比，品质上乘。

西班牙白兰地（Spanish Brandy）：西班牙白兰地味较甜而带土壤味。

美国白兰地（American Brandy）：大部分产自加州，它是以加州产的葡萄为原料，发酵蒸馏后，储存在白色橡木桶中至少两年，有的加焦糖调色而成。

除此之外，葡萄牙、秘鲁、德国、希腊、澳大利亚、南非、以色列、意大利和日本也生产优质白兰地。

4. 白兰地的饮用与服务

（1）净饮。用白兰地杯，另外用水杯配一杯冰水，标准用量为28mL/份，喝时用手掌握住白兰地杯壁，让手掌的温度经过酒杯稍微暖和一下白兰地，让其香味挥发。充满整个酒杯，边闻边喝，才能真正地享受饮用白兰地酒的奥妙。冰水的作用是：每喝完一小口白兰地，喝一口冰水，清新味觉，能使下一口白兰地的味道更香醇。

小贴士

英国人喝白兰地喜欢加水，中国人多喜欢加冰，不过那只是喝一般牌子的白兰地的方法。对于陈年上佳的干邑白兰地来说，加水、加冰是浪费了几十年的陈化时间，丢失了香甜浓醇的味道。

(2) 兑饮。白兰地也可以与其他软饮料混合在一起喝，例如，白兰地加可乐，用一个柯林杯，放半杯冰块，量 28mL 白兰地、168mL 可乐，用吧匙搅拌一下。

现代的另类饮法也有加茶水的，越是名贵的茶叶越好，白兰地的芳香加上茶香，具有浓郁的另类特色。

七、威士忌

(一) 威士忌的分类及特点

广义上讲，威士忌是所有以大麦等谷物为原料所制造出来的蒸馏酒之通称。世界上最著名的威士忌有四大产地，即苏格兰威士忌、美国威士忌、爱尔兰威士忌、加拿大威士忌（见表 2-1-7）。

表 2-1-7　　威士忌的分类及特点

分类	特点
苏格兰威士忌	以大麦为主要原料，用泥煤烘烤麦芽，起码要储存 8 年以上，15～20 年为最优质的成品酒，超过 20 年的质量会下降，色泽棕黄带红，清澈透亮，气味焦香，带有浓烈的烟味。
美国威士忌	以麦类和玉米为主要原料，蒸馏后放入内侧熏焦的橡木酒桶中酿制 4～8 年。装瓶时加入一定数量蒸馏水稀释，因而美国威士忌没有苏格兰威士忌那样浓烈的烟味，但具有独特的橡树芳香。
爱尔兰威士忌	以麦类为主要原料，经过三次蒸馏，然后入桶陈酿，一般需 8～15 年。装瓶时还要混合掺水稀释。因原料不用泥炭熏焙，所以没有烟熏味，口味比较绵柔长润，略显甜腻，适用于制作混合酒与其他饮料共饮。
加拿大威士忌	以黑麦为主要原料，采用二次蒸馏，在木桶中储存 4 年、6 年、7 年、10 年不等，口感轻快爽适。

(二) 威士忌的名品

1. 皇家礼炮 21 年（Royal Salute 21 years old）

1953 年，为庆祝英国伊丽莎白女王登基，芝华士兄弟（Chivas Brothers）酒厂推出一款名为“皇家礼炮”的顶级调和威士忌。为打造皇室形象，“皇家礼炮”从名称到包装都紧扣皇家主题。其名称源于每年英国女王或查尔斯王子生日时，英国皇家海军舰队对空鸣响 21 声礼炮的最高敬意；每一瓶手工打造的蓝色瓷瓶，由英国知名陶瓷厂“Wade”的工匠花费 6 天制作而成。伊丽莎白女王登基当年推出的“皇家礼炮”，每一个酒瓶都铸有皇室徽章标签，上面印有女王题词的缩写。女王皇冠上所镶的红、蓝、绿翠三色宝石，化为三色瓶身。当然，这一切都是为了珍藏瓶内储藏 21 年的甘美佳酿。丰盈的果香、蜜汁般柔顺甘美与深邃迷人的烟熏味巧妙交融，韵味悠长。

2. 皇家礼炮 50 年（Royal Salute 50 years old）

2003 年，英国女王即位 50 周年，芝华士兄弟酒厂推出酝酿 50 年的珍藏纪念酒。为打造出这种酒的“尊荣极致”，瓶身设计与包装更加气势非凡。瓶身仍由“Wade”以纯手工打造，深蓝色瓶身外饰以 999 纯银及 24K 金纹章，连瓶塞也是金银镶嵌；此外，因全球限量 255 瓶，酒标上还编有珍藏序号，每瓶定价高达一万美元。口感犹如香水，有核果香、花香和烟熏味均匀结合的迷人香气，入喉带有深沉、甘美、醇郁、令人迷醉的欢愉享受。

3. 芝华士威士忌（Chivas Regal Whisky）

“芝华士”，对于许多人来说，几乎等于“苏格兰调和威士忌”的代名词。口感华丽又均衡，浓郁又不失柔顺。

4. 格兰利威（The Glenlivet）

“格兰利威”单一纯麦芽威士忌系列，果香浓郁，细致儒雅。

5. 波本威士忌（Bourbon Whisky）

波本威士忌是采用连续蒸馏两次的方法酿造而成的，必须在新制的烘烤过的白橡木桶内储藏两年以上。所有的产品均在保温仓库里储藏和装瓶。波本威士忌的口味与苏格兰威士忌有很大的区别。由于波本威士忌被储藏于烘烤过的橡木桶内，使其产生一种独特的丰富香味。波本威士忌的佼佼者是“占边（Jimbeam）”和“杰克丹尼（Jack Danel）”。

（三）威士忌的饮用与服务

1. 纯饮

标准用量为40mL/份，可选用利口杯净饮或古典杯加冰块净饮。

2. 兑饮

用柯林杯，加1/3杯冰、适量的酒。美国威士忌适合兑可乐；加拿大威士忌适合兑干姜汽水。威士忌也可兑热水或热咖啡作为热饮。

八、金酒

金酒又叫杜松子酒，金酒的蒸馏生产起源于1660年的荷兰。一位名叫西尔维亚斯（Sylvius）的教授发现杜松子有利尿作用，于是他将杜松子浸泡在酒精中，然后蒸馏成一种含有杜松子成分的药用酒，这种酒还同时具有健胃、解热等功效。他将这种酒投入市场，很快便受到了人们的喜爱。17世纪，杜松子酒由英国海军带回伦敦，很快就在伦敦打开了市场，结果大量制造商蜂拥而至，开始大规模生产金酒，并将名称作相应改变，称之为“Gin”。

金酒是用谷物酿制的中性酒，由玉米、大麦等加上杜松子和芫荽、菖蒲根、小豆蔻、当归、茴香、杏仁、柠檬皮等蒸馏而成。金酒蒸馏完毕以后，一般可以直接稀释装瓶上市，而不需要任何陈酿过程。

（一）金酒的分类与特点

1. 伦敦干金酒（London Dry Gin）

伦敦干金酒最初是指在伦敦周围地区生产的金酒，现在泛指淡型的金酒，不仅在英国生产，在美国等世界其他国家和地区也都有生产。这类金酒主要用玉米、大麦和其他谷物制成，生产过程包括发芽、制浆、发酵、蒸馏，然后稀释至40°左右装瓶销售。这种酒无色透明，口感干冽，酒味醇美，不甜，不带原体味，口味与其他酒相比，比较淡雅。带有淡淡的橙皮香，很受人们欢迎，特别适合于调制鸡尾酒。

2. 荷式金酒（Holland's Geneva，Dutch Gin）

荷式金酒产于荷兰，是荷兰的国酒。荷式金酒以大麦为主要原料，加入杜松子、苦杏仁、小豆蔻等香料蒸馏而成。荷式金酒的酒液无色透明，酒香和香料味突出，个性强，味道微甜。由于酒的口味过于浓重，所以只适于单饮，不宜调制鸡尾酒。

(二) 金酒商标及名品

英式干金酒的商标有：Dry Gin，Extra Dry Gin，Very Dry Gin，London Dry Gin，English Dry Gin，这些都是英国上议院给予金酒一定地位的记号。

金酒的名品有：必富达（Beefeater）、歌顿金（Gordon's）等。

(三) 金酒的饮用与服务

1. 兑饮

伦敦干金酒一般不做纯饮用，可兑汤力水再加上柠檬片，即成为著名的“金汤力”。服务时，要用水杯或直身平底杯。

2. 净饮

标准用量为28mL/份。荷兰金酒主要用于纯饮，可适当冰镇，作为餐前或餐后酒饮用。服务时可用利口酒杯盛酒（荷兰金酒不纯饮时，仍可兑汤力水，并加入冰块或柠檬片饮用）。

九、伏特加

伏特加是从俄语中的“水”一词派生而来的，是俄罗斯具有代表性的酒，最开始是用小麦、黑麦、大麦等原料酿造的。到18世纪以后就开始使用土豆和玉米作为原料了，将蒸馏而成的伏特加原酒，用白桦树树皮制成的活性炭经过8小时以上的缓慢过滤吸附，从而形成伏特加无色、无香的特点，不需储存即可出售。除俄罗斯外，波兰、德国、美国、英国、日本、中国等都生产出品伏特加。

(一) 伏特加的分类及特点

1. 原味伏特加

最初的用料为大麦，以后逐渐改用含淀粉的玉米、土豆，经过连续蒸馏达到190proof，即酒精度相当于95°。然后注入白桦活性炭过滤槽中，进行缓慢的过滤，以使精馏液与活性炭分子充分接触而净化，将原酒中包含的酸类、醛类、醇类及其他微量物质去除，便得到了纯粹的伏特加，它不需要陈酿。经过以上工序处理的伏特加，酒液无色，清亮透明，除酒香外，几乎没有什么别的香味，口味凶烈，劲大冲鼻，咽后腹暖，但饮后绝无上头的感觉。

2. 调味伏特加

调味伏特加的酿造工艺与原味伏特加相似，区别只是在酿造过程中，会加入许多调香原料，酒体更加丰富、更富韵味。

(二) 伏特加的名品

维波罗瓦（Wyborowa）、皇牌伏特加（Smirnoff）、芬兰地亚（Finlandia）、瑞典伏特加（Absolut Vodka）、哥萨克（Cossack）、卡夫卡（Kafka）。

(三) 伏特加的饮用与服务

1. 纯饮

伏特加的标准用量为40mL/份，可选用利口杯净饮或古典杯加冰块净饮。

2. 兑饮

伏特加是一种无臭无味又无香气的酒，非常适宜兑果汁、汽水饮用，是鸡尾酒最佳的基酒之一。

十、朗姆酒

朗姆酒是利用甘蔗制糖的副产品——糖蜜和糖渣作为原料，经发酵、蒸馏所制成的蒸馏酒。世界上朗姆酒的原产地在中美洲地区。

(一) 朗姆酒的分类及特点

朗姆酒是微黄、褐色的液体，具有细致、甜润的口感，芬芳馥郁的酒精香味。朗姆酒分为清淡型和浓烈型两种风格。

1. 清淡型朗姆酒

清淡型朗姆酒是用甘蔗糖蜜、甘蔗汁加酵母进行发酵后蒸馏，在木桶中储存多年，再勾兑配制而成的。酒液呈浅黄到金黄色，酒精度在45°～50°。清淡型朗姆酒主要产自波多黎各和古巴。

2. 浓烈型朗姆酒

浓烈型朗姆酒是由掺入榨糖残渣的糖蜜在天然酵母菌的作用下缓慢发酵制成的。酿成的酒在蒸馏器中进行两次蒸馏，生成无色的透明液体，然后在橡木桶中熟化5年以上。酒液呈金黄色，酒香和糖蜜香浓郁，味辛而醇厚，酒精度为45°～50°。浓烈型朗姆酒以牙买加的为代表。

(二) 朗姆酒的名品

百家得（Bacardi）、美雅士（Myer's）、哈瓦那俱乐部（Havana Club）、唐Q（Don Q）等。

(三) 朗姆酒的饮用与服务

1. 纯饮

在出产国和地区，人们大多喜欢喝纯朗姆酒，不加以调混。标准用量为40mL/份，可选用利口杯净饮或用古典杯加冰块净饮。

2. 兑饮

把朗姆酒用来调制鸡尾酒。

朗姆酒的用途也有很多，它可用作甜点的调味品，在加工烟草时加入朗姆酒可以增加风味。诗人对朗姆酒也有许多评价，如英国大诗人威廉·詹姆斯说："朗姆酒是男人用来博取女人芳心的最大法宝。它可以使女人从冷若冰霜变得柔情似水。"

十一、特基拉酒

特基拉酒是墨西哥的特产，被称为"墨西哥的灵魂"。特基拉是墨西哥的一个小镇，此酒以产地得名。因为以仙人掌科的植物龙舌兰（Agave）为原料，有时也被称为"龙舌兰"烈酒。龙舌兰通常要生长12年，成熟后割下送至酒厂，再被割成两半后泡洗24h，然后榨出汁来，汁水加糖送入发酵柜中发酵两天至两天半，然后经两次蒸馏，酒精度达52°以上，此时的酒香气突出，口味凶烈。然后放入橡木桶陈酿，装瓶时酒精度要稀释至40°。

(一) 特基拉酒的分类及特点

1. 白色或银色特基拉

白色者未经陈酿，银色储存期最多为3年，无色，口味凶烈。

2. 金色或陈年特基拉

金色酒储存至少 2～4 年，特级特基拉需要更长的储存期，色泽金黄，口味甜润。

（二）特基拉酒的名品

凯尔弗（Cuervo）、斗牛士（EI Toro）、索查（Sauza）、欧雷（Ole）、玛丽亚西（Mariachi）、特基拉安乔（Tequila Aneio）。

（三）特基拉酒的饮用与服务

特基拉酒的口味凶烈，香气独特。它是墨西哥的国酒，墨西哥人对其情有独钟，饮酒方式也很独特。

1. 净饮

每当饮酒时，墨西哥人总先在手背上倒些海盐末来吸食，然后用鲜柠檬佐酒。

标准用量为 28mL/份，也可选用古典杯加冰块和柠檬片净饮。

2. 兑饮

在古典杯中量入 1oz 酒，兑以适量雪碧，用干净的杯垫纸盖杯口，食指和中指压住杯垫，拇指和无名指、小指抓住杯身，用力甩酒，在泡沫涌起的刹那间一饮而尽。

另外，特基拉酒也常作为鸡尾酒的基酒。

十二、开胃酒

开胃酒的名称来源于在餐前饮用能增加食欲之意。能开胃的酒有许多，如威士忌、俄得克、金酒、香槟酒，以及某些葡萄原汁酒和果酒等。起初开胃酒的概念是比较含糊的，随着饮酒习惯的演变，开胃酒逐渐专指以葡萄酒和某些蒸馏酒为主要原料的配制酒，如 Vermouth（味美思）、Bitter（比特酒）、Anise（茴香酒）等。这就是开胃酒的两种定义：前者泛指在餐前饮用能增加食欲的所有酒精饮料，后者专指以葡萄酒基或蒸馏酒基为主的有开胃功能的酒精饮料。

（一）开胃酒的名品

1. 味美思酒（Vermouth）

味美思酒的主要成分是葡萄酒，约占 80%，以干白葡萄酒为酒基，加入各种各样的配制香料，如苦艾、金鸡纳树皮、鸢尾草、小茴香、豆蔻、龙胆、牛至、安息香、可可豆、生姜、桂皮、白芷、丁香、苦橘、鼠尾草、接骨木、百里香、香草、陈橘皮等。白味美思酒还需加入冰糖和蒸馏酒，色泽微黄，含糖量在 10%～15%。红味美思酒还需加入焦糖调色。琥珀黄色味美思酒含糖量为 15%。干味美思酒，含糖量不超过 4%，酒精度在 18°左右。

意大利味美思酒名牌有：仙山露（Cinzano）、马提尼（Martini）、干霞（Gancia）。

法国味美思酒最有名气的有：香百丽（Chambery）、杜瓦尔（Duval）、诺瓦利·普拉（Noilly Part）。

2. 比特酒（Bitter）

比特酒从古药酒演变而来，有滋补的效用。比特酒种类繁多，有清香型，也有浓香型；有淡色，也有深色。但不管是哪种比特酒，苦味和药味是它们的共同特征。用于配制比特酒的调料主要是带苦味的草卉和植物的茎根与表皮，如阿尔卑斯草、龙胆皮、苦橘皮、柠檬皮等。较有名气的比特酒主要产自意大利、法国、特立尼达。

（1）金巴利（Campari），产于意大利米兰，是由橘皮和其他草药配制而成的，酒液呈棕红色，药味浓郁，口感微苦。苦味来自奎宁，酒精度为26°。

（2）西娜尔（Cynar），产自意大利，是由蓟和其他草药浸泡于酒中配制而成的。蓟味浓，微苦，酒精度为17°。

（3）菲奈特·布朗卡（Fernet Branca），产于意大利米兰，是意大利最有名的比特酒。是以多种草木、根茎植物为原料调配而成的，味道很苦，号称“苦酒之王”。但药用功效显著，尤其适用于醒酒和健胃，酒精度为40°。

（4）艾玛·皮孔（Amer Picon），产于法国，它的配制原料主要有金鸡纳皮、橘皮和其他多种草药。酒液酷似糖浆，以苦著称，饮用时只用少许，再掺入其他饮料共饮，酒精度为21°。

（5）苏滋（Suze），产于法国，它的配制原料是龙胆草的根块。酒液呈橘黄色，口味微苦、甘润，糖分为20%，酒精度为16°。

（6）杜宝内（Dubonnet），产于法国巴黎，它主要采用金鸡纳皮，浸于白葡萄酒，再配以其他草药。酒色深红，药香突出，苦中带甜，风格独特。有红、黄、干三种类型，以红杜宝内最出名，酒精度为16°。

（7）安哥斯特拉（Angostura），产于特立尼达，以朗姆酒为酒基，以龙胆草为主要调制原料。酒液呈褐红色，药香悦人，口味微苦。

3. 茴香酒（Anisés）

茴香酒实际上是用茴香油和蒸馏酒配制而成的酒。茴香油一般从八角茴香和青茴香中提炼取得，八角茴香油多用于制作开胃酒，青茴香油多用于制作利口酒。酒液视品种而呈不同色泽，一般都有较好的光泽，茴香味浓厚，馥郁迷人，口感味重而有刺激，酒精度在25°左右。著名的法国茴香酒有：里卡尔（Ricard）、巴斯的士（Pastis）、彼诺（Pernod）、白羊倌（Perger Blanc）等。

（二）开胃酒的饮用与服务

味美思酒的标准用量为2oz/份，可以加冰饮用，用白葡萄酒杯服务。

比特酒的标准用量为1oz/份，需要兑水或果汁，用平底高身杯服务。

茴香酒的标准用量为1oz/份，需要兑水饮用。

十三、利口酒

我国大多数地方音译为“利口酒”，沿海地区由广东方言译为“力娇酒”。“Liqueur”一词是拉丁语，意思是溶解，使人柔和。

公元前460—377年，生于希腊科斯岛、人称“医学之父”的霍克拉特斯（Hppkrates）在蒸馏酒中溶入各种药草，使之变成具有药用价值的酒，这就是利口酒的由来。利口酒含糖量较高，相对密度大，色彩丰富，气味芬芳独特，用以增加鸡尾酒的色、香、味，也是彩虹酒不可缺少的材料。西餐中既可用于烹调，也用于制作冰激凌、布丁及甜点。药用上有舒筋活血、助消化的功用，一般用作餐后酒。

（一）常见的利口酒品种

1. 库拉索酒

库拉索酒产于荷属库拉索岛，该岛位于加勒比海中。库拉索酒是由橘子皮调香浸制成的利口酒，有无色透明的，也有呈粉红色、绿色、蓝色的，橘香悦人，味微苦，但十分爽适。酒精度在25°～35°，比较适合做餐后酒或配制鸡尾酒。

2. 大马尼尔酒

大马尼尔酒产于法国科涅克（Cognac）地区，是用苦橘皮浸制成“橘精”调香配制而成的果类利口酒。大马尼尔酒是库拉索酒的仿制品。大马尼尔酒有红标和黄标两种，红标是以科涅克为酒基，黄标则是以其他蒸馏酒为酒基。它们的橘香都很突出，口味凶烈，甘甜，醇浓，酒精度在40°左右，属特精制利口酒。

3. 冠特鲁酒

冠特鲁酒在世界上很有名气，产量较大，主要由法国Cointreau酒厂生产，是用苦橘皮和甜橘皮浸制而成的，也是库拉索酒的仿制品，酒精度为40°，较适合做餐后酒和兑水饮料。同属库拉索一类的橘酒还有：库拉索三干酒（Curacao Triple Sec），39°；库拉索桔酒（Curacao Orange），30°；蜜橘利口酒（Liqueur de Mandarine），25°；等等。

4. 修道院酒

修道院酒是由法国修士发明的一种驰名世界的配制酒，目前仍然由法国依赛地区的卡尔特教会大修道院生产。修道院酒的秘方至今仍掌握在教士们的手中，从不披露。经分析表明：该酒以葡萄蒸馏酒为酒基，浸制130余种阿尔卑斯山区的草药，其中有虎耳草、风铃草、龙胆草等，再配兑以蜂蜜等原料，成酒需陈酿3年以上，有的长达12年之久。

修道院酒中最有名的叫修道院绿酒（Chartreuse Verte），酒精度为55°左右；其次是修道院黄酒（Chartreuse Jaune），酒精度为40°左右；陈酿绿酒（V. E. P. Verte），54°左右；陈酿黄酒（V. E. P. Jaune），42°左右；驰酒（Elixir），71°左右。修道院酒是草类利口酒中的一个主要品种，属特精制利口酒。

5. 修士酒

修士酒有的译为本尼狄克丁，也称泵酒、当酒。此酒产于法国诺曼底地区的费康，是很有名的一种利口酒。此酒为家传秘方，参照教士的炼金术配制而成，人们虽然对它有所了解，但仍然没有完全弄清楚它的细节。修士酒用葡萄蒸馏酒做酒基，用27种草药调香，再掺兑糖液和蜂蜜，经过提炼、冲沏、浸泡、掐头去尾、勾兑等工序最后制成。酒精度为43°，属特精制利口酒。

6. 杜林标酒

杜林标酒产于英国，是用草药、威士忌和蜂蜜配制成的利口酒。在美国也十分流行。

7. 荷兰蛋黄酒

荷兰蛋黄酒产于荷兰和德国，主要配料是鸡蛋黄和杜松子。香气独特，口味鲜美。酒精度在15°～20°。

8. 咖啡乳酒

咖啡乳酒主要产于咖啡生产国，它的原料是咖啡豆，酒精度在26°左右。咖啡乳酒属普通利口酒。较出名的有：卡鲁瓦（Kahlúa）、蒂亚·玛丽亚（Tia Maria）、爱尔兰绒（Irish Velvet）、巴笛奶（Bardinet）、巴黎佐（Parizot）。

9. 可可乳酒

可可乳酒的原料是可可豆种子。制酒时，将可可豆焙烘磨碎后浸入酒精中，取一部分直接蒸馏提取酒液，然后将这两部分酒液勾兑，再加入香草和糖浆制成。以最优等的烘焙可可豆为原料，蒸馏过程中等可可豆破裂，再进行过滤，同时添加多种药草制成黑可可香甜酒，可可香味香浓醇厚。白可可香甜酒的制造过程和黑可可相同，唯一不同点在于可可豆以完全蒸馏取代过滤程序，白可可香甜酒香味较淡雅，色泽透明。

10. 杏仁利口酒

杏仁利口酒以杏仁和其他果仁为配料，酒液绛红发黑，果香突出，口味甘美。较为有名的是阿玛瑞托（Amaretto）。

11. 百利甜酒

百利甜酒是极具创意的甜酒。自 1974 年在爱尔兰生产以来，在短短 25 年间即风靡全球，年销达 400 多万箱，成为单一品味甜酒之冠。在世界洋酒中名列第 13 位，畅销 167 个国家。百利甜酒可以加入冰块或碎冰摇匀饮用或可混入冰激凌饮用。无论在何时何地以百利甜酒做休闲饮品，都给饮者带来独特的感受。

12. 薄荷乳酒

薄荷乳酒是专为调配鸡尾酒而酿造的，是世界各地酒吧的宠儿。薄荷香味非常浓郁、自然，以白兰地做基酒，调配来自英格兰、美国和摩洛哥等地的薄荷油，经连续式蒸馏法制造出品质精纯的产品。依调酒的不同需要，有绿色及透明两种供选择。富含多种助消化的成分。

13. 香蕉利口酒

金黄的色泽与香蕉浓郁的果香已完全突显产品特色，香草的点缀更满足丰富的口感，蒸馏时特意添加药草与香料，使本产品风味更特殊。

14. 马利宝椰子酒

马利宝椰子酒源于 1980 年，由白朗姆酒混合椰子汁制成，配合独特全白色瓶子包装。酒精度较低，带有甜味，非常适合初饮烈酒之人士饮用。马利宝椰子酒混合性强，除可用来调配鸡尾酒外，也可混合汤力水、菠萝汁或加冰块饮用。

15. 加里安奴利口酒

加里安奴利口酒是意大利产的特制利口酒。1896 年以来就在米兰的索拉罗按照古老的神秘配方生产。这种由 70 多种不同的药草、芳香植物和花制得的利口酒具有细腻的、使人感到愉快的滋味。

（二）利口酒的饮用与服务

1. 纯饮

用利口酒杯或雪莉酒杯。用作餐后酒以助消化，每杯 28mL。

基本原则是：果味越浓的甜味越大，香味越浓烈，饮用的适宜温度越低。杯具需冰镇，可以溜杯，也可加冰或冰镇。

2. 兑饮

可加入苏打水、矿泉水或适量柠檬水。注意要先加酒。也可加在冰激凌、果冻中，做蛋糕时可替代蜂蜜。

十四、中国白酒

白酒又叫烧酒、白干酒。为什么叫白酒、白干酒和烧酒？白酒就是无色的意思，白干酒就是不掺水的意思，烧酒就是将经过发酵的原料入甑加热蒸馏出的酒。

（一）中国白酒的特点

中国白酒在饮料酒中独具风格。与世界其他国家的蒸馏酒相比，我国的白酒具有特殊的、不可比拟的风味。酒色洁白晶莹、无色透明；香气宜人，五种香型的酒各有特色，香气馥郁、纯净，溢香好，余香不尽；口味醇厚柔绵，甘润清冽，酒体谐调，回味悠长。

（二）中国白酒的香型

中国白酒的香型，目前被国家承认的有5种：酱香、浓香、清香、米香和其他香型。

1. 酱香型白酒

酱香型亦称茅香型，以茅台酒为代表，属大曲酒类。其酱香突出，幽雅细致，酒体醇厚，回味悠长，清澈透明，色泽微黄。以酱香为主，略有焦香（但不能出头），香味细腻、复杂、柔顺。酯香柔雅谐调，先酯后酱，酱香悠长，杯中香气经久不变，空杯留香经久不散（茅台酒有“扣杯隔日香”的说法）。

2. 浓香型白酒

浓香型亦称泸香型、五粮液香型，以泸州老窖特曲及五粮液为代表，属大曲酒类。其特点可用六个字、五句话来概括：六个字是香、醇、浓、绵、甜、净；五句话是窖香浓郁，清冽甘爽，绵柔醇厚，香味协调，尾净余长。

3. 清香型白酒

清香型亦称汾香型，以山西汾酒为代表，属大曲酒类。它入口绵，落口甜，香气清正。清香型白酒的特点是：清香纯正，醇甜柔和，自然谐调，余味爽净，可概括为清、正、甜、净、长五个字。

4. 米香型白酒

米香型亦称蜜香型，以桂林象山牌三花酒为代表，属小曲酒类。小曲香型酒，一般以大米为原料，其典型风格是在“米酿香”及小曲香基础上增添幽雅清柔的香气。可概括为：蜜香清雅，入口柔绵，落口甘冽，回味怡畅。

5. 其他香型酒

其他香型亦称兼香型、复香型、混合香型，属大曲酒类。此类酒大都工艺独特，大小曲都用，发酵时间长。凡不属上述四类香型的白酒（兼有两种香型或两种以上香型的酒）均可归于此类。此香型的代表酒是国家名酒董酒、西凤酒。其口感特点：绵柔、醇甜、味正、余长，其特有风格突出。

（三）中国白酒的饮用与服务

中国白酒一般作为佐餐酒，纯饮为宜。冬季可以温热以后饮用，夏季可加冰饮用。用小陶瓷杯或小口高脚杯服务。中国白酒也可用于调制鸡尾酒。

思考及训练

1. 请解释酒标上的XO、Proof、VSOP的含义。
2. 根据酒谱（见表2-1-8）练习使用调和法调制鸡尾酒。

表 2-1-8　　鸡尾酒酒谱

序号	酒名	配方	载杯	调制方法	装饰物
1	热托蒂 (Hot Toddy)	威士忌 1oz 糖浆 1 吧勺 开水适量 柠檬 1 个	古典杯	调和	柠檬皮
2	教父 (God Father)	威士忌 1oz 杏仁甜酒 1oz	古典杯	调和	—
3	血腥玛丽 (Bloody Mary)	伏特加 1oz 番茄汁注满杯 李派林喼汁少量 辣椒汁少量 芹菜盐少量 胡椒粉少量 芹菜杆 1 根	古典杯	调和	芹菜杆
4	盐狗 (Salt Dog)	伏特加 1oz 西柚汁注满杯 盐	古典杯	调和	盐霜
5	环游世界 (Around World)	伏特加 1oz 绿薄荷酒 1/2oz 樱桃 1 粒	古典杯	调和	樱桃挂杯

项目二 制订酒吧计划

一、计划的制订与调整

酒吧计划可分为以下几项：员工人数计划、营业额计划、培训计划、工作计划、购货计划。

制订计划时，要列出表格和详细内容。员工人数按年度做计划，营业额按月份做计划，培训、日常工作按月度做计划。购货较复杂些，要视酒吧的酒水用量、库存和购货时间长短而定。

（一）计划的制订

1. 员工人数计划

员工人数计划包括人数、职位、级别等项目。

员工人数计划制订后，还要列出现有人数表进行相互对照，便可以知道所缺人数和相应的职位。

2. 营业额计划

营业额计划要列出每年上升的百分率和上一年同期营业额。

3. 培训计划

每个月根据员工的工作情况确定培训内容，培训计划包括员工级别、培训项目、内容安排、培训形式、导师及培训人员等。

4. 工作计划

工作计划每月制订一份，包括酒吧工作、工程维修、酒水推销等内容。

5. 购货计划

购货计划主要指酒水进货计划，每月要经常性地检查酒水仓库的存货数量，及时填写酒水采购申请表交餐饮部经理签字后由采购部采购。申请表要注明酒水名称、规格、产地和公司，并写明进货时间。

阅读资料　　××酒吧10月份工作计划

(1) 10月1日为国庆节，酒吧将推出特色鸡尾酒2款。制作方法及配方将由酒吧经理在9月28日下午的会议上教授示范。价格及卡片在9月30日发至酒吧，10月1日上午开始启用。

(2) 10月15日为秋季交易会开幕日。在秋交会期间，酒吧将使用新的酒水单，并从10月14日开始使用。新酒水单的价格将上浮15%。

(3) 10月中旬酒吧每逢星期二、星期六下午2点半召开工作例会，星期二为全体员工会议，星期六为主任级以上人员会议。

(4) 根据9月份员工考勤情况，10月份必须再向所有员工发出通知，强调各项请假制度和工作时间安排，任何人违反将受到纪律处分。

(5) 酒吧酒杯应在秋交会前进行补充，由调酒员填好领货表并于10月8日前交到经理处。

(6) 秋交会期间所有员工取消休假，待11月份再按实际加班天数补休。

(7) 必须加强酒吧清洁工作。早班调酒员除清洁酒吧各位置外，每星期一、星期三、星期五要清洁冰箱内部。此项工作由酒吧主任负责监督。

(8) 酒吧生啤酒机将在3日、15日早上由供应商派人来清洗，到时当班调酒员要给予协助。

(9) 10月1日上午9点成本会计人员将到酒吧清点酒水，早班调酒员要提早半小时上班，做好准备工作。

(10) 酒吧使用的百货、棉织品由早班调酒员每星期二上午写好领货单到仓库领取。

(11) 酒水领货单一定要由晚班调酒员填好，并于当晚交给酒吧经理签字后投到仓库货单收集箱中。

计划制订后必须通知所有有关人员。

酒水仓库每两周出一份酒水存货记录（Beverage Store List）给酒吧主管或经理，酒水存货记录将所有仓库中的酒水数量、中英文名称及规格列在表上。使用数量大的软饮料可由仓库自动购货补仓，酒类品种必须由酒吧主管根据用量出购货申请表。酒水存货记录起到核实数量与参考作用。

成本会计人员每月出一份酒水用量表（Beverage Monthly Consumption List）给酒吧主管或经理，表中将全月酒吧所领用的品种、数量及规格列出。酒吧主管在填写购货申请时可以参考此表，按某种酒的每月用量，考虑在购货时需进多少个月的货。通常较贵重的酒类品种可以半年的用量为一期的进货数量。

(二) 计划的实施与调整

每项计划制订后要上交餐饮部经理批准，餐饮部经理签字批准后，各项计划才可以实行。但是在执行过程中经常会遇到一些意想不到的问题。例如：人员招聘不到或员工流动性大，营业状况差，临时增加特别工作项目等。这时要立即进行临时调整，调整时要修改计划，也要呈报餐饮部经理批准。各项计划与酒吧实际营业运行不能偏差太大。所以，不仅制订计划时要联系实际，调整计划时也要根据现实状况。

计划批准后要通知所有有关部门和人员，通知方式最好使用文件形式。在许多合资饭店中称其为“内部通启”牌，把它发到有关人员手中，作为执行时的依据。调整更改计划时也使用同样的方法。

二、酒吧常用表格的设置

酒吧的表格设置是根据酒店的规模和各部门间的相互联系而制定的，主要是为各项工作制定程序。常用的表格有：饮品领料单（Beverage Requisition）、酒吧调拨单（Inter-Bar Transfer）、饮食损耗报告（Food & Beverage Spoilage & Breakage Report）、营业用具盘点表（Operating Equipment Count Sheet）、员工考勤表（Daily Attendance Record）、宴会领（退）料登记表（Banquet Requisition & Return List）、营业成本分析表（Sales & Potential Cost Analysis）。

项目三 建立酒吧组织机构

一、酒吧人员结构图

酒吧的人员构成通常由饭店中酒吧的数量决定。一般情况下，每个服务酒吧配备调酒师和实习生 4～5 人，主酒吧配备领班、调酒师、实习生 5～6 人。酒廊可根据座位数来配备人员，通常 10～15 个座位配备 1 人。以上配备为两班制需要人数，一班制时人数可减少。酒吧人员结构图如图 2-3-1 所示。

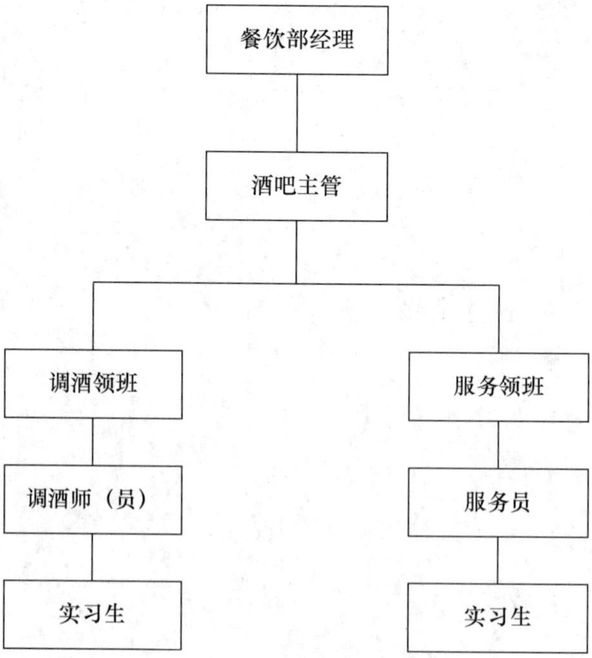

图 2-3-1　酒吧人员结构图

例如：某饭店共有各类酒吧 5 个，其人员配备如下：

酒吧主管 1 人。

调酒领班、服务领班各 1 人。

调酒师、服务员 15～16 人。

实习生 4 人。

二、酒吧的人员配备

酒吧人员配备需依据两个方面，一是酒吧工作时间，二是营业状况。酒吧的营业时间多为上午 11 点至凌晨 1 点，上午客人是很少到酒吧去喝酒的，下午客人也不多，从傍晚直至午夜是营业高峰时间；营业状况主要看每天的营业额及供应酒水的杯数。一般的主酒吧（座位在 30 个左右）每天可配备调酒师 4～5 人。酒廊或服务酒吧可按每 50 个座位每天配备调酒师 2 人，如果营业时间短可相应减少人员配备。餐厅或咖啡厅每 30 个座位每天配备调酒师 2～3 人。营业繁忙时，可按每日供应 100 杯饮料配备调酒师 1 人的比例，如某酒吧每日供应饮料 450 杯，可配备调酒师 5 人。

三、酒吧各岗位分析

岗位分析 10 酒水部经理

<table>
<tr><td colspan="2">岗位名称</td><td colspan="2">酒水部经理</td><td>岗位编号</td><td></td></tr>
<tr><td colspan="2">所在部门</td><td colspan="2">餐饮部</td><td>岗位定员</td><td></td></tr>
<tr><td colspan="2">直接上级</td><td colspan="2">餐饮部经理</td><td>工资等级</td><td></td></tr>
<tr><td colspan="2">直接下级</td><td colspan="2">酒水部领班、酒水员</td><td>薪酬类型</td><td></td></tr>
<tr><td colspan="6">工作综述</td></tr>
<tr><td colspan="6">负责饭店内各餐厅、酒吧的酒水经营管理工作，制定和实施酒吧优质服务标准和程序，督导本部门员工为客人提供优质高效的饮品服务。</td></tr>
<tr><td colspan="6">职责与工作项目</td></tr>
<tr><td rowspan="5">职责一</td><td colspan="5">职责表述：负责制定酒吧服务程序和服务标准，并组织实施。</td></tr>
<tr><td rowspan="4">工作项目</td><td colspan="4">将所有的服务程序和服务标准以文本形式存档并对员工进行培训。</td></tr>
<tr><td colspan="4">严格按照程序及标准开展日常工作。</td></tr>
<tr><td colspan="4">若发现问题及不合理之处，及时修改程序和标准，使其更能符合工作需要及客人的需求。</td></tr>
<tr><td colspan="4">负责组织及实施工作程序，贯彻工作标准。</td></tr>
<tr><td rowspan="6">职责二</td><td colspan="5">职责表述：负责建立并实施酒水质量检查控制制度，杜绝酒水浪费现象。</td></tr>
<tr><td rowspan="5">工作项目</td><td colspan="4">制定严格的量化出品标准，对于零散出售的酒水、饮品必须依据出品标准进行出售。</td></tr>
<tr><td colspan="4">每月定期进行商品盘点检查，对于账物不相符的按酒店规定予以处理。</td></tr>
<tr><td colspan="4">不定期对库房进行抽查，诸如某个品种的数量、某批存货的生产日期及外包装完整程度等，确保商品质量。</td></tr>
<tr><td colspan="4">吧台商品、酒水严禁任何人擅自借用或未经许可授权私自拿取，一旦发现按酒店规章制度处理。</td></tr>
<tr><td colspan="4">严格按使用标准验收所用物品，不允许浪费。</td></tr>
</table>

职责三	职责表述：负责酒水成本控制。		
	工作项目	配合采购部门进行市场采购，对比同档次经营场所及市场价进行分析，对于进价过高的商品有权拒绝使用。	
		根据进价定出销售价并控制毛利率。	
		对于市场价波动的，应及时做出适当调整及变更，以确保毛利率。	
		每月严格按制度进行盘点清查，杜绝跑、冒、滴、漏现象及严重积压滞销现象。	
职责四	职责表述：合理制定酒水价格，提高经济收入。		
	工作项目	随时掌握餐饮部经营酒水销售和竞争方面的信息，合理制定酒单价格。	
		积极组织各种酒水促销活动，提高经济收入。	
职责五	职责表述：定期对员工进行业务培训，督导员工遵守酒店的规章制度。		
	工作项目	每月对员工进行专业知识的培训，主要以理论加实操形式进行。	
		每日对员工进行质检，对违反制度的现象加以制止和处理。	
		月底进行综合考评，包括出勤率、平日工作表现、工作能力等，实行打分制，依据分数高低来实施奖惩制度。	
职责六	职责表述：负责制订本部门年度工作计划和分析每月经营状况。		
	工作项目	找出经营报表中关于酒水销售的各个数据，以便分析每月经营状况。	
		计算所销售酒水的种类及数量，并对客人的消费喜好及趋势进行分析。	
		对各种数据做出详细分析和说明，制订本部门工作计划。	
职责七	职责表述：负责制订每月商品销售及采购计划。		
	工作项目	根据上月销售情况做出分析。	
		检查库存量。	
		依据上述数据以及对下月销售形势的分析统计出商品所需数量。	
		将所要采购物品列明细清单送至采购部。	
权力			
权限一：有对下属员工考核奖惩的权力。			
权限二：对下属员工晋级、提升等有建议权。			
权限三：有权签署酒吧各类物品申领单、采购计划等。			
工作协作关系			
内部协调关系	各餐厅经理、库管、采购部。		
外部协调关系	酒水供应商。		
任职资格			
教育水平	中专及以上学历。		
专业	酒店管理、企业管理、旅游服务、市场营销等相关专业。		
培训经历	接受过酒店管理、服务意识、服务程序规范性和专业技巧性培训。		
经验	有1年以上的酒吧管理经验。		
知识	精通酒吧专业知识及实际操作，熟悉酒水知识，了解专业外语知识。		
技能技巧	具有英语应用技能。		
个人素质	个人能力	具有较强的管理能力、指导能力、领导能力、计划能力、组织能力、协调能力、分析能力。	
	身体素质	身体健康、无传染病、无色盲、嗅觉灵敏等。	
其他			
使用工具/设备	计算器、电话、档案柜、调酒设备用品等。		

工作环境	一般工作环境。
工作时间特征	正常的工作时间，偶尔加班。
所需记录文档	员工培训记录、账目检查记录、通信记录、经营商品价目表、合同协议、操作程序、酒水配方。
考核指标	
月计划营业收入达到酒店指标。	
成本率控制在计划成本内。	

岗位分析 11　酒水员

岗位名称	酒水员	岗位编号	
所在部门	餐饮部	岗位定员	
直接上级	酒水部领班	工资等级	
直接下级		薪酬类型	
工作综述			
负责酒吧酒水服务工作，以高质量的服务水准对客服务。			
职责与工作项目			
职责一	职责表述：负责吧台每日管理及出品工作。		
	工作项目	每日领取钥匙，打开吧台，展示酒水品种，凭单出货。	
		每日统计销售数量、金额并做报表。	
职责二	职责表述：负责领料。		
	工作项目	每日盘点存货。	
		开具领料单，至库房领料。	
职责三	职责表述：负责红酒、香槟服务（冷餐酒会）。		
	工作项目	询问客人是否需要，将酒水展示给客人。	
		开瓶后先倒给主人尝，待主人认可后给客人倒。	
		及时补充、添加客人杯中的酒水。	
职责四	职责表述：负责水果拼盘制作。		
	工作项目	根据菜单标准，制作水果拼盘。	
		制作好后送至传菜间。	
权力			
权限一：对工作方法的改进或提高有建议权。			
权限二：对非酒吧员工进入柜台内有制止权。			
权限三：对吧台库房存货有盘查权。			
工作协作关系			
内部协调关系	各餐厅服务员、洗碗工、收银员、仓库管理员。		
外部协调关系			
任职资格			
教育水平	中专及以上学历。		
专业	酒店或旅游管理相关专业。		
培训经历	接受过酒店管理、工作理念、酒水专业知识技能、质量管理等知识培训。		
经验	有 1 年的酒吧服务工作经验。		
知识	精通酒吧专业知识。		

技能技巧	英语应用技能、酒吧人员服务规范、调酒技能。	
个人素质	个人能力	创新能力、表达能力、分析能力、协调能力。
	身体素质	身体健康、无传染病、无色盲、嗅觉灵敏等。
其他		
使用工具/设备	调酒用品、冰箱、咖啡机、榨汁机、存酒柜、制冰机。	
工作环境	一般工作环境。	
工作时间特征	正常工作时间，偶尔加班。	
所需记录文档	交接班账目记录本、存酒服务记录本。	
考核指标		
月计划营业收入达到酒店指标。		
工作考核按岗位考核标准执行。		
成本率控制在计划成本内。		

四、酒吧内清洁工作

（一）酒吧台与工作台的清洁

酒吧台通常是由大理石及硬木制成的，表面光滑。由于每天客人喝酒水时会弄脏或倒洒少量的酒水而在其光滑表面形成点、块状污迹，且在隔一个晚上后会硬结，清洁时先用湿毛巾擦拭后，再用清洁剂喷在表面擦抹，至污迹完全消失为止。清洁后要在酒吧台表面喷上蜡光剂以保护光滑面。如果工作台是不锈钢材料，表面可直接用清洁剂或肥皂粉擦洗，清洁后用干毛巾擦干即可。

（二）冰箱清洁

冰箱内常存放罐装饮料和食物，使底部形成油滑的尘积块，网隔层也会由于果汁和食物的翻倒粘上滴状和点状污痕，因此3天左右必须对冰箱彻底清洁一次，从底部、壁到网隔层，先用湿布和清洁剂擦洗污迹，再用干净抹布抹净。

（三）地面清洁

酒吧柜台内地面多用大理石或瓷砖铺砌。每日要多次用拖把擦洗地面。

（四）酒瓶与罐装饮料表面清洁

瓶装酒在散卖或调酒时，瓶上残留的酒液会使酒瓶变得黏滑，特别是餐后甜酒，由于酒中含糖多，残留酒液会在瓶口结成硬颗粒状；瓶装或罐装的汽水、啤酒饮料则由于长途运输和储存而表面积满灰尘，每日要用湿毛巾将瓶装酒及罐装饮料的表面擦干净，以符合食品卫生标准。

（五）酒杯、工具清洁

酒杯与工具的清洁与消毒要按照规程做，即使没有使用过的酒杯每天也要重新消毒。

（六）酒吧柜台外的地方

每日按照餐厅的清洁方法去做，有的饭店是由公共区域清洁工或服务员做。

五、酒吧漏洞管理

（一）单据漏洞

1. 单据领用无记录

一旦丢失或出现问题没有责任者，无法查证。

处理方式：建立领取记录。

2. 单据无人核对号码、数量

在使用后如无人核对，会有心存侥幸的员工利用这样的漏洞进行作弊，因无人查点而瞒天过海。

处理方式：建立日审部门进行每日的核对单据工作。

3. 单据划单脚不规则

单据如果划单脚不规则，容易在使用后被人继续填写品种进行贪污，因接手的人过多而无法进行查证。

处理方式：按规定填写酒水单。

(二) 服务员作弊

1. 借用酒水

服务员向熟悉的吧台人员借用酒水进行销售。

处理方式：吧台酒水不外借，违者重罚。

2. 剩余酒水

服务员将客人结账后的酒水私藏，转手卖给客人，以获取利润。

处理方式：客人结账后，请主管级以上人员进行检查，将剩余酒水返还酒吧。

3. 服务员存酒

服务员将剩余酒水找人代签后存放吧台，另日贩卖。

处理方式：吧台只存放高级酒类，一是节省空间，二是避免让服务人员有机可乘。若客人需存酒应由主管请客人签字后送吧台存放。

4. 服务员私带酒水进场

服务员将酒水带入后进行贩卖而获取利润。

处理方式：在员工进场前，由保安与主管级以上人员进行检查、监督，包括带入的与本公司相同品牌的酒水。

5. 哄抬物价，赚取差价

服务员不送酒单给客人，虚报物价。

处理方式：每桌必须放置酒水单，客人来后也需留有一份酒牌。

(三) 服务员、吧台联合作弊

1. 利用返还酒水

吧台将客人剩余酒水利用不下账的手法，与服务员进行二次销售。

处理方式：建立返还登记本，厅面主管与酒吧主管共同签字确认。

2. 利用过期存酒

吧台人员将存放超过日期的酒水拿出，给服务员进行销售。

处理方式：一是吧台只存放高级酒类；二是酒吧主管定期检查存酒，进行登记上报处理。

3. 借取服务员酒水

有意按“我出酒你贩卖”的方针谋取利润。

处理方式：酒吧主管在每日收市后进行酒水盘点，如发现缺少，按公司销售价格当日补足。

4. 勾兑酒水

酒吧将返还的剩余开瓶酒水进行勾兑，与服务员联合再次进行销售。

处理方式：酒吧主管与厅面主管联合监督服务员不可将开瓶酒水返还酒吧，另酒吧主管收市盘点时发现盘赢酒水立即入账。

5. 多次使用无账物品

如鲜花、冰块等，不使用单据而直接出品。

处理方式：吧台主管与厅面主管经常保持沟通与监督。

(四) 收银员、服务员联合作弊

1. 退酒水

在客人买单后，有剩余酒水未及时返还酒吧，通过收银员、酒吧退掉酒水，以获取利润。

处理方式：收银员在客人买单后立即封单，如需要更改，须主管签字，主管须与厅面主管、酒吧主管先行取得共识。

2. 作废单据

将结账后的单据作废，用剩余的酒水或其他酒水顶替返还酒吧，共同分享利润。

处理方式：酒吧主管、厅面主管及时监督检查。

项目四 酒吧人员管理

一、酒吧工作安排

酒吧的工作安排是按酒吧日工作量的多少来安排人员。通常上午时间，只是开吧和领货，可以少安排人员；晚上营业繁忙，所以多安排人员。在交接班时，上下班的人员必须有半小时至一小时的交接时间，以清点酒水和办理交接班手续。酒吧采取轮休制。节假日可取消休息，在生意清闲时补休。工作量特别大或营业超计划时可安排调酒员加班加点，同时给予足够的补偿。

二、酒吧人员管理细节

（一）工作态度

（1）按酒吧操作规程，准确及时地完成各项工作。

（2）员工对上司的安排有不同意见且不能说服上司，一般情况下应先服从执行。

（3）员工对直属上司答复不满意时，可以越级向上一级领导反映。

（4）工作认真，待客热情，说话和气，谦虚谨慎，举止稳重。

（5）对待顾客的投诉和批评时应冷静倾听，耐心解释，任何情况下都不得与客人争论，解决不了的问题应及时告知直属上司。

（6）员工应在规定上班时间的基础上适当提前到达岗位，做好准备工作。

（7）工作时间不得擅离职守或早退。

（8）上班时严禁串岗、闲聊、吃零食。禁止在公共场所吸烟，不做与本职工作无关的事。

（9）热情待客，站立服务，使用礼貌语言。

（10）未经部门经理批准，员工一律不准在酒吧做客，各级管理人员不准利用职权给亲友以各种特殊优惠。

（二）制服及工作牌

（1）员工制服由酒吧发放。员工有责任保管好自己的制服。

(2) 所有员工应佩戴作为工作服一部分的工号牌。

(三) 仪表、仪容、仪态及个人卫生

(1) 员工在岗时应表情自然，面带微笑，端庄稳重。

(2) 员工的工作服应随时保持干净、整洁。

(3) 男员工应修面，前发不能过耳，后发不能及衣领。

(4) 女员工应梳理好头发，使用发夹网罩。

(5) 男员工应穿皮鞋，禁穿拖鞋或凉鞋。女员工应穿黑色高跟鞋，肉色长筒丝袜末端不得露于裙外。

(6) 手指应无烟熏色，女员工只能使用无色指甲油。

(7) 只允许戴手表以及无坠耳环。

(8) 工作时间内，不剪指甲、抠鼻、剔牙，打哈欠、喷嚏时应用手遮掩。

(9) 工作时间内保持安静，禁止大声喧哗，做到说话轻、走路轻、操作轻。

(四) 拾遗

(1) 在酒吧任何场所拾到钱或遗留物品，应立即上缴主管并做好详细的记录。

(2) 如物品保管三个月无人认领，则由酒吧领导决定处理方法。

(3) 拾遗不报将被视为偷窃处理。

(五) 酒吧财产

酒吧物品（包括发给员工使用的物品）均为酒吧财产，无论是疏忽还是有意损坏，当事人都必须酌情赔偿。员工如犯有盗窃行为，酒吧将立即予以开除，并视情节轻重进行处理。

(六) 奖惩条例

1. 优秀员工

酒吧每月按照各员工的岗位职责进行考核，年终进行评比，被评为优秀员工者，将受到酒吧的荣誉激励及物质奖励。

2. 嘉奖、晋升

酒吧对改进管理、提高服务质量和经济效益有突出贡献，或者在酒吧日常的工作中创造出优异成绩者，将进行嘉奖或晋升。

3. 纪律处分/失职的种类

纪律处分包括口头警告、纠正面谈、书面警告、辞退警告、停薪、辞退、解除合同或开除。纪律处分由部门经理发过失单，过失单交失职的员工签收，副本送主管部门负责归档。失职行为犯有其中任何一条都要填写职工过失单，并视情节轻重予以惩罚。

思考及训练

阅读下面的案例，谈谈你对员工管理的看法。

以下是五粮液财富美食会所“快乐服务天使”表格：

快乐天使高敏	
宾客表扬	8次
总经理评语	本周与上周你都获奖了，这种精神值得我们所有人去学习。日夜朝宗来万里，共怜江水引蕃心，高敏，要保持你的状态！
奖励	50元

快乐天使杨晓芬	
宾客表扬	6次
总经理评语	我对你的工作非常满意，你很有天赋。如果你们掌握了知识，那就要让别人利用你们的知识去点燃他们自己的灯盏！
奖励	50元

项目五 酒吧的质量管理

酒吧是否能够经营成功，除本身的装修格调外，还取决于调酒师的服务质量和酒水的供应质量。服务要求礼貌周到，面带微笑。微笑的作用很大，不但能给客人以亲切感，而且能解决许多本来难以解决的事情。调酒师要训练有素，对酒吧的工作、酒水牌的内容都要熟悉，操作熟练，能回答客人提出的有关酒吧及酒水牌的问题。酒吧服务要求热情主动，按服务程序去做。供应质量是一个关键，所有酒水都要严格按照配方要求，绝不可以任意替换或减少分量，更不能使用过期或变质的酒水。特别要留意果汁的保鲜时间，保鲜期一过便不能使用；所有汽水类饮料在开瓶（罐）两小时后都不能用来调制饮料，不合格的饮品不能出售给客人，例如调制彩虹鸡尾酒，任何两层有相混情形时，都不能出售，要重新做一杯。

一、酒吧经营产品的时效性分析

酒吧产品无论是酒水、小食品还是娱乐服务项目都具有时效性，也就是说，酒吧产品的销售受时空环境和顾客行为等因素的影响。在某一特定时期某一产品成为流行产品，就会使酒吧销量大增。我们在对酒吧经营进行评估时，首先要分析酒吧所提供产品的经营情况，即产品的销售处在增长或衰退的哪个阶段，通常的方法是根据酒吧产品的销售增长率来判断。

$$销售增长率=\frac{Q_2-Q_1}{Q_1}$$

式中：Q_1 为上一期（年）的实际销售额；Q_2 为计划期（年）的实际销售额。

根据有关资料，销售增长率在 0.1%～10%，则酒吧经营产品处于初试期至成长期；销售增长率大于 10%，则说明该产品已被人们普遍接受，进入流行的成熟期；销售增长率小于 0 则为衰退期。

酒吧无论是在开业初期选择酒水品种和娱乐项目，还是在经营过程中增加新的产品，都必须充分考虑受顾客欢迎的程度。处于正在流行阶段的酒吧产品，会很容易被顾客接受，如目前酒吧中的卡拉 OK、KTV 很受顾客喜爱，这些会提高酒吧的销售水平和经济效益。对于一些新兴的酒吧产品，如鸡尾酒，尽管有很好的发展前景，但目前还不被我国顾客认可或接受，还需要大力宣传和促销。酒吧在选择经营品种时，要注意其时效性，才能加快酒吧产品的消费速度，减少资金占用，节约成本，从而获得最理想的利润。

（一）酒吧产品推广阶段的经营策略分析

当酒吧产品首次向顾客展示时，由于不被顾客认同，销售额较少，促销费用高，因此利润低，甚至造成亏损。这时，需要高水平的促销活动完成下列工作：向酒吧老顾客宣传推荐新的、鲜为人知的产品；吸引消费者试用此产品。在产品推出阶段，销售额能否增长往往取决于促销的手段和方法。

酒吧在向市场推出饮料和娱乐项目时，必须确定好每个销售变量，如价格、促销、配销和产品质量等。在酒吧产品推出阶段常采取的经营手段如下。

1. 以高价格和高水平的促销推出新产品

酒吧推出的产品大多属于顾客还不知晓的产品，而了解了该产品的人往往对该产品有强烈的偏好并能照价付款。酒吧在促销方面的活动，目的是使市场上的顾客相信其以高价购买的商品是值得的。有必要培养顾客对本酒吧产品的浓厚兴趣。

2. 以高价格和低水平的促销将经营产品推向市场

高价格可获取尽可能多的利润；低促销则可以减少费用支出。如酒吧中经营的洋酒产品，顾客认为该产品的高价代表高品质，采用这种经营策略有可能获取最大的利润。

3. 以高水平的促销和低价格推出新产品

酒吧推出的新产品绝大部分顾客不了解，大部分顾客对价格有较高的敏感性，酒吧还受强大的潜在竞争对手的影响。因此，低价格对顾客有一定的诱惑力，并能增强竞争优势，借此以最快速度渗透市场，并达到最大市场占有率。

4. 以低价格和低水平的促销赢得市场

低价格会刺激市场尽快接受这种产品，低促销费用是为了实现更多利润。当顾客对这类产品非常熟悉，对价格变动非常敏感并存在着竞争对手的情况下，宜采用这类经营策略。

经营分析要使经营者明白，在市场上迟早都会发生竞争，并且会导致价格以及自身的市场占有率下降。问题在于：什么时候会发生竞争？经营时应在各个阶段采取什么措施？这些问题都要针对不同的经营产品进行具体分析。

（二）酒吧产品成长阶段的经营策略分析

成长阶段最显著的特征是销售额迅速上升。不但老顾客喜欢该产品，而且新的消费者也开始喜欢这种产品。新的竞争者由于受到盈利机会的诱惑，开始进行模仿，从而加剧竞争。从目前酒吧经营情况来看，干红葡萄酒、卡拉 OK 等产品正处在此阶段。某产品当利润上涨到一定阶段时，其增长速度就变得较为缓慢。酒吧要尽可能采取相应措施长久地保持该产品在市场上的增长。可采用的措施如下：

（1）改进产品质量；

（2）改变广告内容，从提高产品知名度的广告转变为诱导性、说服性的广告；

（3）为了吸引低收入顾客，适当的时候可以降低价格。

（三）酒吧产品成熟阶段的经营策略分析

一般来说，此阶段的酒吧经营产品划分为三个时期：第一个时期为增长成熟期，产品销售额增长开始下降；第二个时期是稳定的成熟期，由于市场相对饱和，人均销售额将会持平，大部分潜在顾客已经使用了该产品，要想增加销售额只有依靠消费数量的增加和需求的更新；第三个时期是衰退成熟期，这时市场达到绝对饱和，绝对销售量开始下降，消费者开始转移消费倾向。此阶段的经营策略如下：

（1）酒吧应尽可能扩大目标客源，增加顾客；

（2）设法吸引竞争对手的顾客到本酒吧消费；

（3）提高产品的品质和口味，并使顾客确信酒吧已提高了产品质量；

（4）改进酒吧产品装饰策略。从美学角度出发，不断提高产品的美学价值，增强产品个性，为酒吧经营产品赢得优势。

（四）酒吧产品衰退阶段的经营策略分析

酒吧经营产品的销售量大多会随着时间的推移而下降，但其下降方式不同，有的缓慢下降，有的则直线下降。这一阶段的经营策略分析主要侧重于以下几个方面的问题：

（1）发现处于衰退阶段的产品。酒吧通过对酒水销售量的统计以及对酒吧产品毛利率的分析，找出哪种产品处于衰退阶段，然后报告酒吧经理和业主，并对有关信息进一步分析核实。

（2）决定市场营销策略，加强对有持久顾客需要的产品的营销。

（3）有选择地逐步放弃前景不乐观的经营品种。大部分酒吧对不能营利的产品会率先放弃。

二、酒吧经营产品的开发与分析

酒吧经营绝不是停留在固定不变的酒单上，而是不断地根据市场规律来开发符合顾客新的消费趋势和口味的产品来吸引顾客。

（一）经营产品开发构思的分析

经营产品开发过程以收集构思为起点，构思有以下四个来源：第一，酒吧通过追踪其竞争者的产品来发现新的构思。第二，酒吧的供货商提供的信息。第三，酒吧的经营管理者的创意。第四，酒吧特聘市场研究人员以及营销专家献计献策。良好的产品构思之后，还要对其进行分析，判断构思是否适合于本酒吧，即该构思与利润目标等是否相吻合。

（二）经营产品构思的经济分析

当经营产品构思被确定下来以后，则应对其进行经济分析，即分析市场销售额、成本和利润，以判断它们是否符合酒吧的目标，即预计的销售额能否为酒吧带来满意的利润。

酒吧经营产品的销售预测，不仅涉及产品是否符合顾客的需要，还要考虑其价格、座位周转率等因素。座位周转率不仅在一周七天中分布各不相同，而且在一年中的不同季节也同样不断变化。为了精确起见，应按照对每周座位周转率的估计分别计算各周的销售收入额，将每周的销售收入额相加就得到全年的销售收入总额。

确定宾客的平均消费额也非易事。首先，必须对各种饮品定价。饮品价格除受饮品成本影响以外，还受到其他因素的影响，如酒吧营业量的大小、来自外部的竞争压力等。但只要决定了售价就能根据对一般顾客点要数量的估计，计算每人的平均消费额。另一种确定方法是以每一种饮品的售价乘以各自预测销售数量，得出每种饮品的销售收入，相加以后除以预测的消费人数，即得出宾客平均消费额。

例如，我们以对某酒吧经营产品的销售收入的预测来展示和分析经营产品的经济性。假设此酒吧共有座位数 100 个，每日有下午、晚间两班，下午 13:00—17:30，晚间 19:00—24:00（周末及节假日通宵夜场不计在内），其销售结果预测如下：

时段	座位数日销额（元）	座位周转率	客人数	人均消费（元）	日销额（元）	年销额（元）
下午	100	0.4	40	30	1 200	438 000
晚间	100	1.2	120	40	4 800	1 752 000

其他娱乐项目及附属设施收入共计：210 000 元。

营业收入总计：2 400 000 元。

思考及训练

选择一个酒吧，根据表 2-5-1 完成分析。

表 2-5-1　　酒吧经营产品及其开发分析项目表

酒吧经营产品分析项目表	酒吧经营产品开发分析项目表
● 酒吧经营的主要产品是什么？ ● 酒吧经营的主要产品正处于生命周期的哪一个阶段？ ● 酒吧经营产品的主要风格是什么？ ● 酒吧对不同周期的经营品种采取了哪些经营策略？	● 酒吧是否有效地组织安排了产品开发？ ● 本酒吧新产品构思的主要来源是什么？ ● 产品构思是如何筛选的？ ● 对产品构思的评价标准及方法是什么？ ● 对该种产品构思是如何进行销售额、成本以及利润预测的？ ● 酒吧选择的测试顾客（对象）是否有代表性？ ● 该新产品是如何选择上市时机的？ ● 该新产品的目标顾客是什么？有什么特征？ ● 酒吧是否制定了一个周密的上市行动方案？

第三部分

采购验收库管流程管理

项目场景

小张在饭店工作快一个月了，在每天的工作过程中，他觉得自己要学习的地方真的太多了，书到用时方恨少啊！

项目分析

小张结合自己在学校学过的知识，决定从采购开始，理清餐饮生产管理的全过程。

项目一 采购流程管理

餐饮原料采购是指根据餐饮生产和经营的需求，以合理的价格购取符合饭店或餐厅质量标准的餐饮原料。

餐饮原料采购管理是指餐厅为达到最佳经营效果和管理食品成本，对本餐厅所需的餐饮原料的质量标准、价格标准和采购数量标准进行的有效管理。一旦菜单计划完成了，采购便是基本操作流程中的下一步工作。菜单决定了要采购的原料及其数量。采购的主要目标之一是从适当的供应商那里以适当的价格购买到质量和数量准确的商品。采购是成本和质量控制中最重要的控制点之一。

任务一 制订采购计划

采购计划是指餐饮企业管理人员在了解市场供求情况、认识企业生产经营活动过程中和掌握物料消耗规律的基础上对计划期内物料采购管理活动所做的预见性的安排和部署。采购计划是根据生产部门或其他使用部门的计划制订的包括采购物料、采购数量、需求日期等内容的计划表格。采购计划应在前期采购成本计算的基础上，进一步说明如何对采购过程进行管理。制订采购计划应包括：确定采购合同类型和组织采购的人员、管理潜在的供应商、编制采购文档、制定评价标准等。根据项目需要，采购管理计划可以是正式的、详细的，也可以是非正式的、概括的。不管计划形式如何，制订计划的目的只有一个，就是更好地指导采购活动。

一、制订采购计划的程序

餐饮业采购计划的制订需要由采购部门和厨房等使用部门配合进行，其基本程序如下：

（1）厨房根据库存及所需量填写好“菜品申购单”，并报厨师长签字批准。“菜品申购单”一式三联，供货商、仓管员、财务部各一联。

（2）仓库、楼面根据库存量，遵循“最小库存”原则，上报申购计划单，经部门负责人签字，报总经理签字方可。申购计划单一式三联，采购员、仓管员、财务部各一联。

（3）安排组织采购。

餐饮部管理人员要根据酒店餐饮的营运特点，制订周期性的原料采购计划，并细化审批流程。如每日直接进厨房的原料，按当天的经营情况和仓库现有储存量来确定次日的原料采购量，并由行政总厨把关审核。重要的原料如燕、翅、鲍等要实行二级控制，要经总厨申报，餐饮总监审核后报总经理审批。减少无计划采购。对于计划外及大件物品，必须呈报总经理批准后方可进行采购。

一般餐饮业直接进厨房的原料大都实行每10天为一个定价周期，对于日常价格相对稳定的品种则实行旬价制、月价制。餐饮部应建立周期性市场询价制度并严格落实，以便及时发现市场价格变动情况，同时开发时令菜肴，丰富菜品种类。

二、厘清采购流程

合理的采购流程（见图3-1-1）是采购工作顺利开展的保障之一。采购流程如下：

申购→审核→采购→验收→入库→报销

（1）申购：必须由用料部门开具申购单，说明申购理由及要求。

（2）审核：申购单上必须有仓管员验证库存情况后的签字（以防物料重复购买，造成货品积压），厨房、吧台、前厅、后勤等各部门的申购单由仓管员验证库存签字，经总经理或营运部签字核实批示后方可采购。

（3）采购：采购负责人在收到申购单后应先确认申购单合乎手续流程，再及时进行采购。

（4）验收：物料采购到位后须经过使用部门负责人签字验收（以保证物料的质量）。

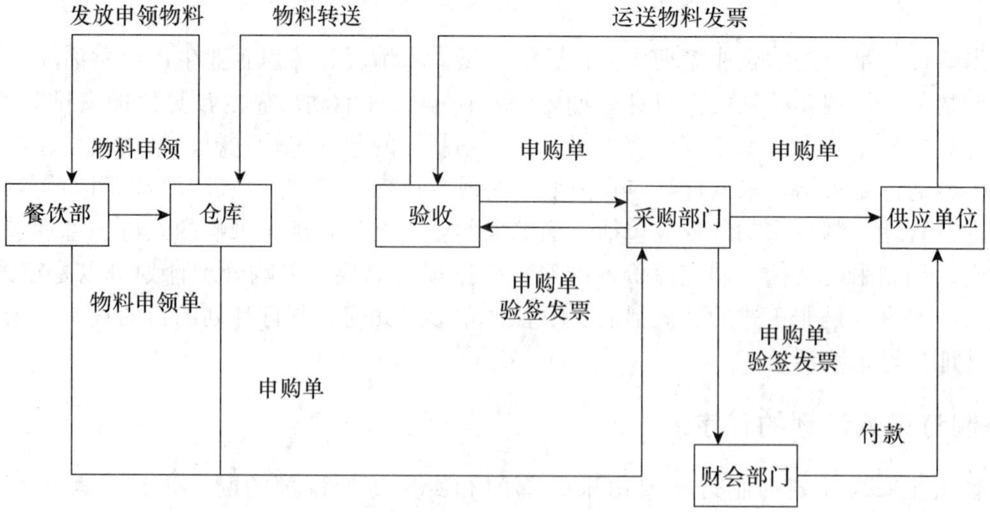

图3-1-1　采购流程

(5) 入库：仓管员应根据申购单和物料采购发票及用料部门负责人的验收证明检验入库；用料部门指定领料人到仓库领料，在领料时必须与仓管员一起签字确认入库。

(6) 报销：申购单、入库单、发票及相关证明经财务部审核，由总经理签字核实后再到收银台报销；财务部必须在核实以上流程符合规定后方可见单报销。

三、改革采购形式

餐饮经营要掌握一条非常重要的原则，就是尽量降低购进原材料的成本。要达到降低经营成本的目的，必须采取灵活多样的采购方式。

(一) 本地采购与外地代购相结合

餐饮经营中，大量的原材料都在本地就近购买。但由于各地产品尤其是海鲜、干货、调料、酒水等进货的途径不同，各地的价格差异较大。这就需要深入市场调查研究，摸清本地和外地的价格行情，有计划地去外地购买同等质量而价格较低的原料，存放冷库备用。这样结合采购，一年可降低餐饮经营成本6%以上。

(二) 采购的时间与采购的地点相结合

研究采购的时间和地点，就等于研究采购的价格。任何事情都有它的规律可循。就市场行情来看，一般早上一手批发的鸡、鱼、肉、蛋、蔬菜等价格较便宜，上午价格最高，下午价格比上午又稍低一些。因此，早上采购的时机最好。一个地区销售市场较多，销售价格也不相同，采购中就要随时了解和掌握不同市场的价格行情。只要研究和把握好采购的时间和地点，使其有机结合起来，一年可降低餐饮经营成本5%以上。

(三) 货比三家与讨价还价相结合

在采购中，同等产品要多询问几家，做质量和价格的比较。要掌握销售者报价有虚头的售货心理，展开讨价还价策略，把价格降到双方基本都能接受为止。这将对降低餐饮经营成本起到举足轻重的作用。

(四) 固定采购与分散采购相结合

为了确保食品的质量和采购的稳定性，可在市场固定点采购，但要灵活，不可绝对化。如固定点的质量、价格不如其他市场的，就不去固定点采购，与分散市场采购结合起来，这样才能严把采购的质量和价格关。

(五) 定时进货

一般有经验的采购人员，在定时进货问题上分两步进行：一是对可以提前进货的原料、调味品及备用物品，应在防止过分积压或脱销的情况下，适当提前进货以保证库存量；二是保证当日餐馆所需物品的供应。厨房使用的食材必须在当天早上采购，由于有时间性，为保证原料的新鲜程度必须定时进货。

(六) 临时进货

临时进货的采购方法，一般用于正常采购之外，是为应对临时出现的特殊情况必须采取的一种紧急采购方式。这是在一般中小餐馆中难以避免的。这里也分两种情况：一是在头一天厨房申购时遗漏的原料，或是由于情况突变、上座率提高导致原料短缺，需要临时采购保证餐厅正常运转；二是紧急特殊情况发生时，比如停电、没有备用的材料，急需采购。当餐馆出现此种需临时进货的情况时，采购人员应暂停正常的工作，想尽一切办法做好“补救”工作。

（七）电话进货

为了减少采购人员平日亲自去市场或商店采购的压力，除有些货物必须去现场购买之外，还可以用打电话的方式进行订货、送货。平时采购人员多选择一些供货商，多记录一些供货商的电话、手机号码，并与他们搞好人际关系，在特殊情况下可要求其送货上门，以减轻采购人员不必要的劳动强度，达到进货及时保证需求的目的。

当然，由于具体情况不同，采购方式还有很多种，如集中采购、联合采购、定向采购。餐馆究竟适合哪种方式，还要根据餐馆的档次、规模和实力，酌情决定和实施。

四、编制采购明细单

为了使制定的各种食品原料的规格既便于市场供应，又满足厨房生产需求，厨房管理人员必须严格编制本企业的采购明细单或采购清单，这对采购员来说是最重要的一个工具。

标准采购清单要明确规定企业采购商品的质量、数量和其他特征。标准采购清单是交流的手段，要求管理者明确地规定需要什么样的商品，从而避免供应商的混乱，促进交易过程的进行。

大多数餐厅都使用文字标准采购清单，并且随着条件的改变而定期更新。一般采购清单应包括以下内容：

（1）产品名称。

（2）产品用途：明确地标明产品的用途，如橄榄用于饮料的装饰，汉堡肉饼用于三明治的烤煎等。

（3）产品概况描述：提供拟采购产品质量的一般信息。例如冰山莴苣：头部呈绿色，紧密，无腐烂，卫生和损坏程度在合理的限度内；叶子不超过 10 片，每箱包装为 24 个。

（4）产品具体描述：采购者应说明有助于清楚地辨别拟采购产品的其他信息。这些信息会随着产品的不同而不同，大体包括产品、品种、类型、样式、等级等等。

（5）产品检验程序：检验程序发生在产品验收和初加工/使用过程中/后，比如产品送货时的冷藏温度可以用温度计来检验，定量包装的肉饼可随机称量，每箱包装为 24 个莴苣可计数。

（6）特别的说明和需求：任何所需的额外信息均可包括在此项中，如送货程序、标签和（或）包装要求，特殊的送货和服务要求。

对采购员有用的第二个工具是“食品样品数据单”或“采购规格书”，又称“采购质量标准控制单”。它是以书面形式对餐饮企业要采购的食品原料等规定详尽的质量、规格等要求的企业采购书面标准，有助于企业对计划采购的商品进行标准化评估，可用于对商品的采购、储存、加工和服务信息进行记录。

例如：

采购标准单

原料名称	规格与标准	原料名称	规格与标准
牛肉	带骨切块 25cm 符合行业牛肉一级标准 每块重 5～6kg 油层 1～2cm 厚 中度大理石脂肪条纹 冷冻运输交货 无不良气味，无变质迹象 订货后第三天交货	葡萄柚	用途：用作餐后水果 产地：海南 直径：9～10cm 颜色：淡黄 形状：圆形 数量要求：每只 12～14 片果肉，36 箱，每箱 6 只 其他要求：皮薄、质细、少斑点、酸甜适中、无苦味

食品样品资料单

1. 产品：______________________________
2. 商标名称：______________________________
3. 采购者：______________________________日期：______________________________
4. 可使用的品种：______________________________
5. 储存寿命（冷冻、融化、冷藏、常温）：______________________________
6. 初加工和卫生注意事项：______________________________
7. 菜单建议：______________________________
8. 可采用的销售手段（海报、桌布等）：______________________________
9. 包装箱尺寸（份数）：______________________________
10. 包装尺寸：______________________________
11. 供应商：______________________________
12. 最少订单：______________________________
13. 其他订阅说明：______________________________
14. 供货时间：______________________________
15. 每份菜品预计售价：______________________________

采购单

采购订单编号：______________________　　预订日期：______________________

支付期限：______________________

自：______________________　　运至：______________________

（供应商名称）　　（饮食服务企业名称）

______________________　　______________________

（地址）　　（地址）

运送日期：______________________

请托运：

订单数量	产品描述	单位运输量	单位成本	总成本

总成本：______________________

重要性：此采购单以上说明明确限定了商品接受的期限和条件，注意此表的反面，任何额外的商品和条件均附在此处，否则要出具证明。卖方建议的任何额外商品和条件都要拒绝。

____

（负责人签名）

新鲜白鲑的采购清单

1. 产品名称：生长在湖中的优质新鲜白鲑。 2. 产品用于：各种场合的午餐和晚餐主菜，可做成佛罗伦萨烤白鲑、烧白鲑和扒白鲑。 3. 产品一般描述：生长在湖中的优质新鲜白鲑，到货时的温度为0～3℃，底部垫有干净的碎冰。每包装10片，加上冰的重量每箱约4.5kg。 4. 产品详细描述：白鲑必须是新鲜的，产自太湖地区。每包装10～20oz（280～340g）去骨的肉片，表皮光亮，无鳞。鱼片应单独包装在无其他产品的盒中，周围加碎冰。鱼片应坚实，产品应处于良好状态，无腐烂、污物和其他污染，适于人安全食用。 5. 产品检验程序：感官检查要求无异味、味道清鲜自然。验收过程中也要检查肉质是否坚实和表皮是否处于良好状态。要对冰的清洁度和盛装容器的状况进行检查。如果包装箱和盒无破损，储存在里面的其他产品可以接受。用金属棒产品探头温度计对内部温度进行检验，并且应在0～3℃条件下对鱼片随机称重。 6. 特别的说明和要求：对白鲑进行寄生虫随机检查，如果检查出有寄生虫，整箱将被拒收。

思考及训练

请阅读以下资料，然后根据本书中的体例写出餐饮采购人员岗位分析。

1. 一个优秀的采购者的条件

（1）为了减少和消除因存货短缺而给生产员工带来的不便和顾客的不满，采购者对保持足够的存货水平负有责任。

（2）采购者必须遵守企业的质量、卫生和成本标准。

（3）采购者必须致力于维护企业的竞争地位。

（4）采购者必须保证采购商品的质量，而不是数量。

（5）采购者必须把对存货的投资降低到最小，在规定和执行卫生、质量和成本标准的同时降低风险。

（6）采购者需了解企业的短期及长期目标。

（7）采购者需具备管理能力、技术技能和交际能力。

（8）采购者必须具有职业道德，对企业必须忠诚。

（9）采购者需具备和其企业与产品需求相关的一些知识。

（10）采购者需与竞争对手建立互惠的供给关系。

（11）采购者需评价其主要分销商和供应商的信息。

（12）采购者需定期地检查其供应商的卫生政策、企业大小、服务、员工和劳动关系、财政状况、产品质量、价格、声誉和价值。

（13）采购者将供应商作为市场信息的主要来源。

2. 采购员岗位职责

（1）了解各部门物资需求及各种物资的市场供应情况，掌握财务部及采购部对各种物资的采购成本及采购资金控制要求，熟悉各种物资采购计划。

（2）各部门急用的物品要优先采购，要做到按计划采购，认真核实各部门的申购计划，根据仓库存货情况，制订出采购计划，对定型、常用物资按库存规定及时办理，与仓管员经常沟通，防止物资积压，做好物资使用的周期性计划工作。

（3）采购物品应做到价廉物美、择优选取。对于时鲜、季节性物资，如经营部门尚未提出申购计划，应及时提供样板、有关信息供经营部门参考选用。

（4）采购物资应严格把好质量关，对不符合质量要求的要坚决拒收，根据销售动向和市场信息，积极争取订购货源，根据“畅销多进、滞销不进”的原则，保证货源充足。

（5）认真贯彻执行合同法，严格审核合同款项、订购业务，合同必须上报经理或主管级领导研究后方可实施。

（6）经常到柜台和仓库了解商品销售情况，以销订购。积极组织适销对路的货源，防止盲目进货。尽量避免积压商品，提高资金周转率。经常与仓库保持联系，了解库存情况，对库存商品要做到了如指掌和心中有数，有计划、有步骤地安排好日常工作。

（7）努力学习业务知识，提高业务水平。接待来访人员要热情有礼，外出采购时要注意维护公司的礼仪、利益和声誉，不谋私利。

（8）严格遵守财务制度，不索贿、受贿，在平等互利的原则下开展业务活动。购进物资要尽量做到单据（发票）随货同行，交仓管员验收，报账手续要及时，不得随意拖账挂账。

（9）严格遵守员工守则及各项规章制度，服从采购主管的分工安排。

3. 采购部经理岗位职责

（1）主持采购部全面工作，提出物资采购计划，报总经理批准后组织实施，确保各项采购项目完成。

（2）调查研究各部门物资需求及消耗情况，熟悉各种物资的供应渠道和市场变化情况，对供需心中有数。指导并监督下属开展业务，不断提高业务技能，确保公司物资的正常采购量。

（3）审核各部门呈报的年度采购计划，统筹策划和确定采购内容。减少不必要的开支，以最少的资金保证最大的物资供应。

（4）熟悉和掌握公司所需各类物资的名称、型号、规格、单价、用途和产地。检查购进物资是否符合质量要求，对公司的物资采购和质量要求负有领导责任。

（5）监督参与大批量商品订货的业务洽谈，检查合同的执行和落实情况。

（6）按计划完成各类物资的采购项目，并在预算内尽量减少开支。

（7）认真监督检查各采购员的采购进程及价格控制。

（8）在部门经理例会上，定期汇报采购落实结果。

（9）每月初将上月的全部采购项目完成及未完成情况逐项列出报表，呈送总经理及财务部经理，以便上级领导掌握全公司的采购项目。

（10）督导采购人员在从事采购业务活动时，要遵纪守法，讲信誉，不索贿，不受贿，与供货单位建立良好的关系，在平等互利的原则下开展业务往来。

（11）负责下属人员的思想、业务培训，开展职业道德、外事纪律、法制观念的教育，使所有员工适应市场经济的快速发展。

任务二　原材料的验收和保藏

验收控制点在菜单计划和采购控制点之后。验收工作的目的是检查交付商品的质量和数量，核对价格，最后决定是接受还是拒收交付的商品。在这个控制点，企业拥有了商品的所有权。验收工作做得好，可以把前两个控制点的效益最大限度地发挥出来。因此必须掌握验收、保藏的相关知识。

一、原材料验收的方法

嗅觉检验：用嗅觉器官来鉴定原料的气味，如出现异味，说明已变质。

视觉检验：用肉眼根据经验判断品质的好坏。

味觉检验：可根据原料的味觉特征变化情况来鉴定品质的好坏。

听觉检验：用耳朵听的方法鉴定品质的好坏，如鸡蛋，可以用手摇动，然后听声音来鉴定其好坏。

触觉检验：用手检验原料组织的粗细、弹性、硬度等，以确定其品质好坏。这是常用的基本方法。

二、原材料验收标准

蔬菜类：蔬菜必须有合格检验单，以鉴别其新鲜度。蔬菜品种的优越性，一般可从其含水量、形态、色泽等方面来检验。

肉类：鲜肉必须有检疫章和检验单，印章清楚；肉质紧密、有弹性，表面湿润、不黏手，无注水。

禽类：家畜肉的品质好坏主要是以肉的新鲜度和品牌来评价的，常用感官检验法来鉴定。感官检验主要是以外观、硬度、气味、脂肪的状况确定肉的新鲜程度。

米、面粉类：米、面粉的品质好坏有较明显的区别，主要从含水量、颜色、面筋质和新鲜度等几个方面进行检验。

常用原材料的验收标准如表 3-1-1 所示。

表 3-1-1　　常用原材料的验收标准

原料分类	品名	验收标准
蔬菜类	大白菜	新鲜洁白，表面无黑色斑点，里面无烂心、无开花，坏叶不超过 4 片。
	白萝卜	表皮光洁，无黑心、无空心，小的不低于 250g，大的不超过 1 500g。
	尖椒	无异味，尾部新鲜、硬朗、硬而不青，长度不短于 10cm。
	大头菜	750g 以上，无黄叶、虫叶，结实，无烂心。
	蒜薹	长而匀称，绿色鲜艳，无暗斑，尾部老硬不能超过 3cm，没有冻伤（中间抽看，防冻烂）。

续前表

原料分类	品名	验收标准
蔬菜类	胡萝卜	直径2cm、长度10cm左右，大而均匀、色泽鲜艳。
	豆角	新鲜，长度40cm左右，长而结实，折断为实心，无虫。
	花菜	直径10cm左右，洁白而无黑点、斑点，箱装则防冻烂。
	西兰花	表面蓓蕾平展，无开花、发黄现象，无异味、臭味。
	冬瓜	个小、结实，表皮无松软感。
	生姜	个大、金黄色、无芽，黑色则烂，白色则嫩。
	丝瓜	头尾粗细较均匀，皮嫩、有弹力。
	西芹	嫩绿色，折断无筋，无烂心；进口西芹则棵大、秆长、节稀。
	土豆	大而圆滑，无泥土、伤疤，无发芽、发绿。
	西红柿	红而不软，硬而不青。
水果类	苹果	果形匀称，上色红亮均匀，无干疤、斑点，500g 3个。
	桃子	果形匀称，无干疤、裂口，果肉硬挺，500g 3个。
	香蕉	果形匀称，无干疤、裂口、腐烂，500g 3个。
肉类	带皮肉	猪皮干净无猪毛，猪肉肥瘦均匀，颜色要鲜艳。
	精肉	肉质紧密，无淋巴瘤，色泽新鲜，有弹性、无杂质、无异味。
	肉馅	肉色要好，不能有淤血、淋巴瘤。
	净猪蹄	新鲜无毛，前蹄带筋，大小均匀。
	猪肝	粉红色，有弹性，肉质紧密，无注水。
	牛肉	肉色泽新鲜、有弹性，肉质紧密，无注水。
	琵琶腿	单冰无毛、无淤血，每个150g左右。
	鸡上腿	单冰无毛、无淤血，每个100g左右。
	翅中	单冰无毛、无淤血，500g 8个，大小均匀。
	翅根	单冰无毛、无淤血，500g 8个，大小均匀。
海鲜类	鱼类	鲜鱼眼睛凸起，澄清、有光泽；不新鲜的鱼眼睛凹陷，色泽浑浊不清，呈微蓝色。
		鲜鱼鳃紧闭，鳃片呈鲜红色，无黏液和污物；不新鲜的鳃片发暗，呈灰红、灰紫或灰色，有污垢。
		新鲜鱼的鳞片整齐，排列紧密，有黏液和光泽，轮层明显；不新鲜的鱼鳞片松弛，没有光泽，轮层不明显，腐败的鱼鳞片不仅松弛，并有大片脱落现象。
	活虾	外表：新鲜的虾头尾完整，有一定的弯曲度，虾身较挺；不新鲜的虾尾容易脱落或易离开，不能保持其原有的弯曲度。
		色泽：新鲜的虾皮壳发亮，呈青白色；不新鲜的虾皮壳发暗，原色变为红色或灰紫色。
		肉质：新鲜虾肉质坚实、细嫩；不新鲜的虾肉松弛。

续前表

原料分类	品名	验收标准
海鲜类	冰冻虾	体型完整，外壳透明光亮，体表呈青白色或青绿色，头节与躯体紧连，肉体硬实而有韧性，须足无损，蹯足卷体，体表无污秽黏附，无异常气味。
	虾仁	外包装完整、清洁。好的虾仁应是肉质清洁、完整，呈淡青色或乳白色；坏的虾仁则肉体不整洁、组织松软、色泽变红，具有酸臭味。
禽蛋类	鸡蛋	外观鉴别：新鲜的蛋外壳有层霜状粉末，壳表面比较粗糙，但有光泽；每500g 7～9个。
		透视鉴别：新鲜蛋用光照，能透光，呈橘红色，气室小而透亮，蛋黄轮廓完整清晰，无斑点。
		嗅觉鉴别：新鲜的蛋用鼻闻，清新、无异味。
		摇荡鉴别：将蛋轻轻摇动，听不到声音或感觉不到振动的为新鲜蛋。
干货类	黑木耳	黑木耳的质量一般以条形大而完整，耳瓣舒展少卷曲，内厚黑，富于光泽，体干不霉，无杂质和碎者为优，反之则差。
	干香菇	属山珍类干料，干爽、不霉烂、朵小柄短、大小均匀、无虫蛀、无杂质、保持相应的色泽，是检验干香菇质量的标准。
	粉丝	质量好的粉丝，粉条细长、白净、晶莹透明、丝条均匀、整齐、干燥、不易折断，无斑点、黑迹、霉变，有粉丝特有的光泽。
	紫菜	紫菜属海产红藻类植物，因鲜紫菜叶较宽大，经干制成长方块形、散片状或卷筒形，柔嫩微脆、叶薄、色紫、清香鲜美的为品质优。
	花椒	壳色红艳油润，果实开口而不含或少含籽粒，无枝干及杂质，不破碎污染的为好。
	大料	色泽棕红，大多均匀，呈八角形，骨朵饱满干裂、香气浓郁，破碎和脱壳不超过10%。
米、面类	大米	米的粒形：米粒形均匀、整齐，重量大，没有碎米和爆腰米的品质较好，相反则差。碎米是指米的体积在整粒的2/3以下的米；爆腰米为米粒上有裂纹的米，易碎、口味较差。
		米的腹白：米粒上呈乳白色的部分叫腹白。没有腹白的米，体积小、硬度低、易碎、蛋白质含量低，品质差。
		米的硬度：米能承受机械力的程度叫米的硬度。凡是硬度大的米品质就高；硬度小的米，品质就差，易成碎米。
		米的新鲜度：米的品质检验除上述三种外，对其新鲜度和卫生状况的检查是最主要的方面。新鲜的米有清香味和光泽，无米糠和其他杂质、无虫草害、无异味、无霉味，用手摸时滑爽、干燥；而陈米则颜色暗淡无光、染有虫害痕迹，甚至发霉、粘连成块，煮熟食用质感粗糙、口味差。
	面粉	水分：国家规定面粉含水量在12%～13%，含水量正常的面粉用手捏有滑爽的感觉；如捏而有形无散，则含水量过多，不易存放。
		颜色：面粉的颜色随着面粉的加工精度不同而不同，颜色越白精度越高，但其维生素含量低，如果保管时间过长或保管环境潮湿，面粉的颜色就会加深，品质降低。

续前表

原料分类	品名	验收标准
米、面类	面粉	面筋质：面筋质决定面粉品质，面筋质含量高，品质就好，但也有一定的含量标准，如果过高，其他成分就相应减少，品质就不一定好。
		新鲜度：新鲜的面粉有正常气味，颜色较淡，带有腐败味、霉味，颜色发深的面粉则是陈面粉；如因水分过多产生发霉、结块现象表明已变质。新鲜程度是鉴定面粉品质的基本标准和方法。
	玉米面	新鲜度：新鲜的玉米面有正常玉米气味，颜色较黄，带有腐败味、霉味，颜色发灰发白并结块则是陈玉米面。新鲜程度是鉴定玉米面质量的基本标准和方法。
		鉴别是否添加染料方法：抓一小把玉米面，放在手中反复捻搓几下，然后轻轻地让玉米面滑落，待玉米面都落光后，手心若沾满细粉面状、呈浅黄或深黄的东西，即是掺兑的颜料。
	淀粉	淀粉的品质因不同的加工原料而有差别，因此对淀粉的品质检验，除考虑其固有品质外，还应从其加工纯度、是否含有其他杂质及含水量等方面来检验。纯度愈高，杂质愈少，含水量愈低，其品质愈好。
食用油	花生油、花生调和油	气味：每种动植物油都具有特有气味，油脂的气味可以说明原料状况、加工方法及油脂质量的好坏，食用油脂不应有酸败、焦煳及其他异味。
		滋味：除芝麻油外，品质正常的食用油脂多无任何滋味，品质较差的油脂可能带有轻重不同的酸败味。
		色泽：各种油脂本色正的质量好，如猪油为白色、豆油为深黄色、花生油为淡黄色；如色泽加深或有异常现象即为劣质油。
		透明度：品质正常的油脂在液体状态下应当完全透明，如油脂中存在过多的水分、蛋白质、磷脂、蜡及其他油质和变质油所产生的高熔物质，均能引起油脂浑浊，透明度下降。
定型包装类		包装类食品必须包装整洁、完美。
		包装食品其包装盒或标签上须注明食品名称、生产日期、生产厂家、生产地址。
		包装食品的内容和重量必须和包装上标明的完全一致。
豆制品类	豆腐	品牌厂家生产、新鲜有弹性、带有豆香味；黏手、发酸证明已变质不能食用。
	豆腐皮	品牌厂家生产、新鲜有弹性、带有豆香味；黏手、发酸证明已变质不能食用。

阅读资料

ABCD存货分类法

A类库存商品的易腐性和每次服务成本都很高。A类商品占饮食服务企业全年采购总量的40%以上。

B类库存商品每次服务成本相对较高但易腐性低。这类商品占企业全年采购总量的20%。

C类库存商品每次服务成本相对较低，但是易腐性相对较高。

D类库存商品的每次服务成本和易腐性均最低。

合理的食品储存的关键是要清楚这些商品应如何储存、如何配备必要的设备使其保持最佳状态。当然，要使ABCD存货分类法适应企业自身的需要，管理者就必须清楚企业库存的准确组成。现在普遍认可的库存控制方式有两种：现有库存和永久库存。

现有库存是指货架上现有的实际商品数量。

永久库存是指对在任何时间的库存进行不间断记录的方法。当库存商品量增加或减少时，每一种商品的平衡数字都要进行调整。货架上现有的商品数量要与相应的平衡数字在任何时候都保持一致。永久库存系统一般用于价格比较高的菜品（A类和B类），如肉、鱼、贝类以及精致食品、昂贵的调味料等。

三、保藏的方法

食品的腐败和污染与细菌和霉菌的作用密切相关。致病菌和腐败菌的一个显著区别是，致病菌会导致食物中毒，而且常常是食用后才被发现；腐败菌不会引起食物中毒，因为腐败菌导致的食物腐坏通过眼观、鼻闻就可以发现。动物类食品易受到腐败菌的侵害，这些具有潜在污染危险的食品同样也是致病菌的滋生地。植物类食品会受到腐败菌的污染，但更多的是由霉菌引起的腐败。许多食品保藏的方法都可以延长细菌的延滞期。食品的保藏方法有5类：低温保藏法、高温保藏法、脱水保藏法、化学防腐剂保藏法和辐射保藏法。

（一）低温保藏法

这种方法有效减缓了有害微生物数量的增长并且降低了化学反应的强度和酶的活性。低温保存并不能完全杀死食品中的腐败菌和致病菌。但是如果时间、温度控制适当，可以达到使微生物细胞繁殖力下降、数量减少的目的。

低温保藏法通常有3种类型：低温储藏、冷冻储藏和冰冻储藏。

1. 低温储藏

这是指储藏的温度低于室温，但高于冰箱的温度。典型的温度范围是10℃～15℃，一些水果和蔬菜（土豆和黄瓜）适于在此温度下储藏。这种冷藏方法不能用于可能会冻伤的食物。

2. 冷冻储藏

这是指储藏温度在0～7℃，一些标准中规定的最高冷冻温度是5℃，绝大多数食品适合这种储藏。

3. 冰冻储藏

冰冻储藏温度通常在－18℃或更低。在这种低温条件下，微生物的生长率降低，甚至停止。冰冻储藏又分为快速冷冻法和一般冷冻法。快速冷冻法是在30min或更短的时间内把食品的温度降至－20℃左右，一般冷冻法需要花费3～72h。快速冷冻法在很多方面优于一般冷冻法。

（二）高温保藏法

高温可以控制微生物的生成，因而对食品储藏是非常有效的。多数微生物被加热时会失去活力或死亡，仅嗜热性微生物和一些能产生对热有抗性的芽孢的微生物除外。高温保藏的方法有两种：巴氏灭菌法、高温瞬时灭菌法。

1. 巴氏灭菌法

它是指将食品加热到 63℃持续 30min，杀灭食品中所有的致病菌，消灭腐败菌，延长食品的储存期。

2. 高温瞬时灭菌法

它是指将食品加热到 72℃持续 15s，杀灭食品中所有的致病菌，消灭腐败菌，延长食品的储存期。

上述两种方法都需在加热后将食物立刻冷却到 10℃或更低。

（三）脱水保藏法

脱水是一个古老的食品保藏方法，分为日光干燥法、机械干燥法、冷冻干燥法、烟熏干燥法。

1. 日光干燥法

在高温低湿的地区，这种方法是有效的。现在葡萄、杏和醋栗等仍然用这种方法干燥。

2. 机械干燥法

这是现在商业干燥的主要方法，干燥之前食品需经过修整、清洗和剔除不可食用部分等工序。机械干燥有 3 种方法：喷雾法、管道法和回转炉法。

3. 冷冻干燥法

冷冻干燥法又称升华干燥法，是指将含水物料冷冻到冰点以下，使水转变为冰，然后在较高真空下将冰转变为蒸气而除去的干燥方法。由于加工过程中处理温度较低，故而食品受到的损害最小。与其他干燥方法比较，冷冻干燥法有许多优点，能最大限度地保存食品的色、香、味，如使蔬菜的天然色素保持不变，各种芳香物质的损失可减少到最低限度；对含蛋白质食品冷冻干燥要比普通冷冻保存得好。

4. 烟熏干燥法

熏法源于史前的火熟法时期，原是一种古老的储藏食品的方法。食品经过烘烤、烟熏，烟中的蚁醛等成分可直接杀死细菌，并使食品中的大部分水分挥发，提高防腐能力。烟熏干燥是一种有效的食物保藏方法，因为它可以减少食品的水分并且破坏食品中的微生物。但是烟熏食品有潜在致癌性，所以不宜长期作为日常食品食用。

（四）化学防腐剂保藏法

化学防腐剂主要是硝酸盐、亚硝酸盐、糖、盐、二氧化硫、乙烯、丙烯酸、酒精、有机酸及其盐类、香料等。

（五）辐射保藏法

这种方法利用紫外线、伽马射线、X 射线来杀灭食品中的有害微生物。紫外线仅可作用于食品的表面，过去，在较高的温度下用它使肉嫩化，现在紫外线用于糕饼包装前的表面消毒。

当餐饮企业将验收的商品投入库存，验收者必须仔细检查库存的质量、卫生情况和说明，按照适当的顺序储存新的库存商品。适当的储存方法可以控制致病菌，防止食物中毒事件的发生，有时可以保证产品的质量和安全性，从而有效控制食品腐败，减少浪费。最易腐败食物——冷库食物应该首先储存起来；接下来储存的是冷藏类——肉类、家禽类以及每日所需产品；最不易腐烂的产品——主食以及非食物性原料可以放在最后。

肉类的保存主要是防止致病菌和腐败菌的侵害，低温冷藏是鲜肉最常用的保存方法。鲜鱼一般在0～3℃，冻鱼一般在－18℃～12℃，活的软体动物在5℃以下。鲜蛋可以采取干燥法储存，低温储存对蛋类来讲也是很有效的。乳制品通常采用巴氏灭菌法保存。新鲜的蔬菜和水果可以低温储存。

四、学习设计验收的表格

例如：

货物验收单

____________饭店　　　　编号________
供货单位____________　　　　日期________
供货单位地址____________
订购单标号____________

存货编号	项目及规格	单位	数量	单价	合计
总计					

验收员________　　　　送货员________
储藏室管理员________

食品原料验收日报表

原料品名	供应商	发票号	数量	单价	金额	直接采购原料		库房采购原料	
						数量	金额	数量	金额
合计									

退货通知单

（副本备存） 发自：__________ 发票号码：__________		编号：__________ 交至：____（供应单位）____ 开具发票日期：__________		
货品	单位	数量	单价	总价
理由：__________ 送货员签字：			总计：__________ 负责人签字：	

饭店无购货发票收货单

发货单位　　　　　　　　　　　　　　日期

数量	项目	单位	小计

思考及训练

请借助网络解释下列术语：

（1）四号定位。

（2）五五摆放。

（3）定期订货法。

（4）永续盘存卡。

任务三　仓管员岗位分析

岗位分析 12　仓管员

岗位名称	仓管员	岗位编号	
所在部门	餐饮部	岗位定员	
直接上级	餐饮部经理	工资等级	
直接下级		薪酬类型	
工作综述			
负责餐饮部各种餐具、杯具、用具的保管、发放、补充和盘点工作，随时满足餐厅和厨师对客服务中的用具、餐具的需求。			

<table>
<tr><th colspan="4">职责与工作项目</th></tr>
<tr><td rowspan="3">职责一</td><td colspan="3">职责表述：负责餐饮部各种餐具、杯具、用具的保管和发放。</td></tr>
<tr><td rowspan="2">工作项目</td><td colspan="2">分类存放各类餐具、用具。</td></tr>
<tr><td colspan="2">根据经营情况做好餐具的领取和发放工作，做好各项记录。</td></tr>
<tr><td rowspan="3">职责二</td><td colspan="3">职责表述：负责仓库内原料的发放和保管。</td></tr>
<tr><td rowspan="2">工作项目</td><td colspan="2">分类摆放仓库内原料。</td></tr>
<tr><td colspan="2">各厨房领用原料及时做好记录。</td></tr>
<tr><td rowspan="3">职责三</td><td colspan="3">职责表述：负责每月定期对餐具进行盘存，做好餐具补充工作。</td></tr>
<tr><td rowspan="2">工作项目</td><td colspan="2">每月定期对餐具进行盘存。</td></tr>
<tr><td colspan="2">根据盘存情况对餐具进行补充。</td></tr>
<tr><td rowspan="3">职责四</td><td colspan="3">职责表述：负责餐饮部各分部经营所需物品的申购、领取、发放工作。</td></tr>
<tr><td rowspan="2">工作项目</td><td colspan="2">每月末汇总下月经营所需物品并报计划申购。</td></tr>
<tr><td colspan="2">发放物品，做好记录。</td></tr>
<tr><td rowspan="3">职责五</td><td colspan="3">职责表述：负责库房的安全和清洁卫生工作。</td></tr>
<tr><td rowspan="2">工作项目</td><td colspan="2">做好库房的卫生。</td></tr>
<tr><td colspan="2">消除安全隐患，保证安全。</td></tr>
<tr><th colspan="4">权力</th></tr>
<tr><td colspan="4">权限：对餐具、用具的监控权。</td></tr>
<tr><th colspan="4">工作协作关系</th></tr>
<tr><td colspan="2">内部协调关系</td><td colspan="2">计财部。</td></tr>
<tr><td colspan="2">外部协调关系</td><td colspan="2"></td></tr>
<tr><th colspan="4">任职资格</th></tr>
<tr><td colspan="2">教育水平</td><td colspan="2">中专及以上学历。</td></tr>
<tr><td colspan="2">专业</td><td colspan="2">酒店管理专业、财会专业。</td></tr>
<tr><td colspan="2">培训经历</td><td colspan="2">接受过岗位培训。</td></tr>
<tr><td colspan="2">经验</td><td colspan="2">具有本岗位 1 年以上工作经验。</td></tr>
<tr><td colspan="2">知识</td><td colspan="2">财会基础知识、原料保管知识。</td></tr>
<tr><td colspan="2">技能技巧</td><td colspan="2">熟悉财务知识。</td></tr>
<tr><td colspan="2" rowspan="2">个人素质</td><td>个人能力</td><td>协调能力。</td></tr>
<tr><td>身体素质</td><td>身体健康、无传染病、精力充沛。</td></tr>
<tr><th colspan="4">其他</th></tr>
<tr><td colspan="2">使用工具/设备</td><td colspan="2">计算器、储存设备。</td></tr>
<tr><td colspan="2">工作环境</td><td colspan="2">一般工作环境。</td></tr>
<tr><td colspan="2">工作时间特征</td><td colspan="2">正常的工作时间。</td></tr>
<tr><td colspan="2">所需记录文档</td><td colspan="2">盘点表。</td></tr>
<tr><th colspan="4">考核指标</th></tr>
<tr><td colspan="4">工作考核按岗位考核标准执行。</td></tr>
</table>

发放商品的价格应适当地记录在申请表上。如果商品验收时标明了价格，这一过程就会变得更简单。计算发放商品的价格使每日的食品成本计算变得容易，并且提醒员工把库存视为金钱。申请的商品应该从永久库存记录中减去以保持准确性。统计每日发放量有助于确定食品的使用率和重新订货数量。

发放应以先进先出为原则。如果商品在储存前标明了日期，发放工作就方便了。合理的存货周转可以减少损耗、污损和品质下降。商品准备发放的顺序就是商品的储存顺序，最不易腐的商品从储藏室先取出，最易腐的商品后取出。

阅读资料 **七素质：整理、整顿、清扫、清洁、素养、安全、节约**

七素质的七大作用是：

- 改善和提升企业形象。
- 提高工作效率。
- 改善物料在库周转率。
- 减少故障，保障品质。
- 保证工作正常进行。
- 降低成本。
- 改善员工精神面貌，使组织具有活力。

七素质的五大效用是亏损为零、不良为零、浪费为零、故障（过期或损坏）为零、投诉为零。

阅读资料 **库管工作简易记忆法**

- 仓库十二防：防火、防水、防压、防腐、防锈、防爆、防晒、防倒塌、防潮、防盗、防蛀、防电。
- “三远离四严禁”原则：远离火源、远离水源、远离电源；严禁超高、严禁混合堆放、严禁堵塞通道、严禁堵塞灭火器。
- 仓库管理三原则：先进先出、OK（合格）入库、凭单作业。
- 仓库管理三勤：勤检查、勤翻晒、勤盘点。

思考及训练

1. 以“‘慎独’与采购工作”为题，写一篇文章。
2. 阅读下面的资料完成酒吧采购员岗位分析。

阅读资料 **酒吧采购员工作内容**

1. 熟悉和掌握酒吧所需各类物资的名称、型号、规格、价格、用途和产地，要对购进物资是否符合质量要求负责。

2. 负责编制每旬市场价格表，掌握新的产品供应来源和季节性产品资料，搜集采购样本等，及时提供给上级领导参考。

3. 负责与收货员、库房联系，及时处理有问题商品和督促供应商及时送货。

4. 深入市场、熟悉行情，掌握市场变化。

5. 坚持货比三家。比较供应商的报价，择优购买，并积累供应商资料。

6. 积极配合物品验收，确保所购产品物美价廉。

7. 对采购回的不合格产品，负责办理退货、补货和调换。

8. 与供应商要保持良好、正当的关系，自觉运用合理、公平、公开竞争机制，严禁不正当竞争等交易行为。

项目二　管理部门相关制度

一、物料采购管理制度

（1）由仓管部根据餐饮部门需要，定出各类正常库存货物的月使用量，制订月度采购计划一式四份，交总经理审批，然后交采购部采购。

（2）总经理审批同意的采购计划由仓管部、食品采购组、采购部经理、总经理室各留一份备查，由仓管部根据食品部门的需求情况，定出各类物资的最低库存量和最高库存量。

（3）为提高工作效率，加强采购工作的计划性，各类货物采取定期补给的办法。

二、物料仓库管理制度

（一）验收

仓管员对采购员购回的物品无论多少、大小等都要进行验收，并做到：

（1）发票与实物的名称、规格、型号、数量等不相符时不验收；

（2）发票上的数量与实物数量不相符，但名称、规格、型号相符可按实际验收；

（3）购进的食品原材料、油味料不鲜不收，味道不正不收。

（4）购进品已损坏的不验收。

验收后，要根据发票上列明的物品名称、规格、型号、单价、单位、数量和金额填写验收单，一式四份，其中一份自存，一份留仓库记账，一份交采购员报销，一份交材料会计。

（二）入库存放

（1）验收后的物资，除直拨的外，一律要进仓保管。

（2）进仓的物品一律按固定的位置堆放。

（3）堆放要有条理，注意整齐美观，不能挤压的物品要平放在层架上。

（4）凡库存物品，要逐项建立登记卡片，物品进仓时在卡片上按数加上，发出时按数减出，结出余数；卡片固定在物品正前方。

（三）保管与抽查

（1）对库存物品要勤于检查，防虫蛀、鼠咬，防霉烂变质，将物资的损耗率降到最低；

（2）仓管员要经常对所管物资进行抽查，检查实物与卡片或记账是否相符，若不相符要及时查对；

（3）材料会计或有关管理人员也要经常对仓库物资进行抽查，检查是否账卡相符、账物相符、账账相符。

（四）领发物资

1. 领用物品计划或报告

（1）凡领用物品，根据规定须提前做计划，报库存部门准备；

（2）仓管员将报来的计划按每天发货的顺序编排好，做好目录，准备好物品，以便取货人领取。

2. 发货与领货

（1）各部门、各单位的领货一般要求专人负责。

（2）领料员要填好领料单（含日期、名称、规格、型号、数量、单价、用途等）并签字，仓管员凭单发货。

（3）领料单一式三份，领料单位自留一份，单位负责人凭单验收；仓管员留一份，凭单入账；材料会计留一份，凭单记明细账。

（4）发货时仓管员要注意物品先进的先发、后进的后发。

3. 货物计价

（1）货物一般按进价发出，若同一种商品有不同的进价，一般按平均价发出；

（2）需调到酒店以外的单位的物资，一般按原进价或平均价加手续费和管理费调出。

（五）盘点

（1）仓库物资要求每月月中小盘点，月底大盘点，半年和年终彻底盘点；

（2）将盘点结果列明细表报财务部审核；

（3）盘点期间停止发货。

（六）记账

（1）设立账簿和登记账，账簿要整齐、全面、一目了然；

（2）账簿要分类设置，物资要分品种、型号、规格等设立账户；

（3）记账时要先审核发票和验收单，无误后再入账，发现有差错时及时解决，在未弄清和更正前不得入账；

（4）审核验收单、领料单，要手续完善后才能入账，否则要退回仓管员补齐手续后才能入账；

（5）发出的物资用加权平均法计价，月终出现的发货计价差额分品种列表一式三份，记账员、部门、财务部各一份；

（6）直拨物资的收发，同其他入库物资一样入账；

（7）调出本酒店的物资所用的管理费、手续费，不得用来冲减材料成本，应由财务部冲减费用；

（8）进口物资要按发票的数量、金额、税金、检疫费等如实折为人民币单价入账，发出时按加权平均法计价；

(9) 对于发票、税单、检疫费单据等尚未到的进口物资，于月底估价发放，待发票、税单、检疫费单据等收到、冲减估价后，再按实入账，并调整暂估价，报财务部材料会计调整三级账；

(10) 月底按时将材料会计报表连同验收单、领料单等报送财务部材料会计；

(11) 与仓管员校对实物账，每月与财务部材料会计对账，保证账物相符、账账相符。

(七) 建立档案

(1) 仓库档案应有验收单、领料单和实物账簿；

(2) 材料会计的档案应有验收单、领料单、材料明细账和材料会计报表。

三、物料盘查制度

物料在盘点中若发生溢损，应对自然溢损和人为溢损分别做出处理。

(一) 自然溢损

(1) 自然溢损是指物料采购进仓后，在盘点中出现的干耗或吸潮升溢，如食品中的米面及其制品、干杂货等受潮而发生的溢损。在升损率合理的范围内，可填制升损报告书，经主管审查后，在“营业外收入”或“管理费”科目内处理。

(2) 超出合理升损率的损耗或溢余，应先填制升损报告书，查明原因，说明情况，报部门经理审查，按规定在“营业外收入”或“管理费”科目内处理。

(二) 人为溢损

人为溢损应查明原因，根据单据报部门经理审查，按有关规定在“待处理收入”或“待处理费用”科目内处理。

四、物料损耗处理制度

物料发生变质、霉坏，失去使用（食用）价值，需要做报损、报废处理。处理程序如下：

(1) 保管人员填报“物料变质霉坏报损、报废报告表”，据实说明坏、废原因，并经业务部门审查提出处理意见，报部门经理或财务部审批。

(2) 对核实并核准报损、报废的物料，由报废部门送交废旧物品仓库处理。

(3) 报损、报废由有关部门会同财务部审查，提出意见，并呈报总经理审批。

(4) 在“营业外支出”科目内处理报损、报废的损失金额。

五、仓库安全管理制度

(1) 酒店仓库除仓管人员和因业务、工作需要的有关人员外，任何人未经批准不得进入。

(2) 因工作需要须进入仓库的人员，在进入仓库时，必须先办理入仓登记手续，并要有仓库人员陪同，严禁独自进仓。进仓人员工作完毕后，出仓时应主动请仓管人员检查。

（3）仓库内不准会客，不准带人到仓库内参观。

（4）仓库不准代人保管物品，也不得擅自答应未经领导同意的其他单位或部门的物品存仓。

（5）任何人员，除验收时所需外，不准试用、试看仓库商品物资。

（6）仓库内的物品要分类储放，库内保证物品与主通道有一定的距离，货物与墙、灯、房顶之间保持安全距离。

（7）仓库内的照明限 60W 以下白炽灯，不准用可燃物做灯罩，不准用碘钨灯、电熨斗、电炉、交流电收音机、电视机等电器设备，化工仓库的照明灯具设防爆装置，仓库内保持通风。各类物品要标明性能、名称。

（8）仓库的总电源开关要设在门口外面，要有防雨、防潮保护，每年对电线进行一次全面检查，发现可能引起打火、短路、发热、绝缘不良等的情况，必须及时维修。

（9）物品入库时要防止夹带火种，潮湿的物品不准入库。物品入库半小时后，值班人员要巡查一次安全情况，发现问题及时报告。物品堆积时间较长时要翻堆清仓，防止物品积热发生自燃。

思考及训练

阅读下面的资料，思考成本控制与采购部门的关系。

餐馆经营节约成本十八法

节约成本意味着利润的增加。那么，成本降到什么程度为好？怎样去降低成本而又不影响饭菜质量？

一、少买、勤买。有经验的厨师都知道自己饭店正常的客座数。根据这一点，要做到心中有数，每天需要多少原料就采购多少原料。遇到生意特别好的时候，就应多去采购几次。

二、库存的货尽量用完再进，以免久放变质。

三、采购部门应随时了解市场信息及菜价的变化，及时通知主厨或厨师长。

四、对有些受季节或其他原因影响而容易涨价的原料，可以选择那些较耐储存的提前在低价时多采购一些，但一定要保存好。

五、所有员工及其亲属、家人，包括老板，上菜必须下菜单，后厨要做到不见菜单不上菜。

六、饭菜打折并不是做生意的最佳手段，所以不能随意打折或打折幅度太大。

七、有些老顾客经常会要求免费赠送两道菜品。在这种情况下，可以送两道成本较低且有一定特色的荤素搭配菜品。

八、有些原料价格昂贵，应随时注意调整菜价。

九、点菜单应注意“精简”。一只鸡可做好几道菜，一条鱼也一样，没有必要把市场上的原料都列上。

十、对套餐菜单而言，应注意荤素搭配。个别菜肴的主、辅料搭配也要注意这个问题，有时辅料多一些反而口感更好。

十一、特别贵重的菜可以找些辅料垫底，如菜胆、生菜或炸好的白粉丝等，也可用些异形小餐具，如鲍鱼、蛤士蟆造型盅。

十二、设计整桌套菜时，应先想到冰柜里有哪些货。要先把存货用上，不能让冰柜里的原料放得时间太长。

十三、杜绝乱吃、乱拿和偷盗现象。

十四、采购回来的原料要保证质量。如有以劣充优或缺斤少两的情况，验收员要拒绝验收，初加工人员要不予加工，厨师们有权不配菜、不烹调，服务员有权不上菜。只有环环相扣，才能保证饭菜的质量和经营成本。

十五、对采购回来的良好原料，后厨应做到物尽其用，能用的都要用上。如大排骨上带的边肉可以做肉末，也可以做炸酱面用，还可以和五花肉一起做肉馅；脊椎骨可以吊汤等。

十六、固定资产与流动资产应区分开来。

十七、营业额与毛利率应该和员工的薪水挂钩，鼓励员工都参与管理。

十八、员工之间应相互监督。对不良现象的检举者应该给予奖励，同时要为他们保守秘密。

第四部分

后厨加工烹制流程管理

项目场景

小张用了两个月的时间基本厘清了采购、验收、库管的流程，从今天起，在征得厨师长同意的基础上，小张开始进入厨房见习。

项目分析

厨房是食品加工的重要区域，小张对此充满了期待。为了掌握食品加工生产的全过程，小张按照顺序开始见习。

厨房产品大多要经过多道工序才能生产出来。菜肴的生产工序为：原材料初加工—刀工切割—配菜—烹调—成菜装盘；面点的生产工序为：和面—下碱—揉面—搓条下剂—制皮—上馅—成形—熟制（上笼或入烤箱）—成品出笼（或出烤箱）。各个工序、工种、工艺的密切配合、按序操作、按规格出品，构成了厨房生产的主要流程。概括地讲，厨房生产流程主要包括加工、配份、烹调三大阶段，加上点心、冷菜这两大相对独立的生产环节，便构成了生产流程管理的主要对象。针对厨房生产流程不同阶段的特点，明确制定操作标准，规定操作程序，健全相应制度，及时灵活地对生产中出现的各类问题加以协调督导，则是对厨房生产进行有效控制管理的主要工作。

厨房主要负责岗位分析及标准菜谱

项目一

任务一　行政总厨的工作职能分析

设计厨房组织结构的最终目的是有效地组织生产，使厨房各部门正常运转，各项工作都有人负责。为了餐厅的有效运作，根据生产目标控制生产过程的浪费，制定切合实际的组织结构，建立明确的岗位分工，将人员进行科学的劳动组合，使每项生产都有具体的人直接负责。对岗位规定工作职责、组织关系、技能要求、工作程序和标准，使岗位的每个员工都明确自己在组织中的位置、工作范围、工作职责和权限，知道向谁负责，接受谁的督导，同谁在工作上有必然的联系，知道工作要承担的责任。

行政总厨是餐厅后厨的总负责人，其工作内容主要包括：制订工作计划、组织管理、食品制作、食品销售等。

一、行政总厨制订工作计划职能

（1）根据餐饮部的经营目标、方针和下达的征税指标，负责各餐厅的菜单筹划、更换，负责产品规格的制定。

（2）对大型的、重要的宴会、酒会、冷餐会亲自制定菜单，亲自制订进货计划和生产安排，并进行检查和督导，保证获得盈利和信誉。

（3）根据市场情况，做好食品节和食品周的计划。同时根据厨房的技术情况、市场货源情况、库存情况，做好特选菜和推销菜的筹划。

（4）根据销售情况和预测，做好日常生产量的下达计划，严格控制库存和剩余食品。

（5）安排厨房生产运行程序的工作并制定工作规范。

（6）根据产品要求，组织制定原料的质量规范并对采购部门提出质量要求。

（7）制订新产品开发、试验和运用方面的计划，树立本店的餐饮风格。

（8）根据生产要求，制订厨房设备、工具、用具的更换添置计划。

（9）负责制定菜肴的规格，组织制定标准菜谱或分别制定各流程的生产规格，并以此来检查生产规范。

（10）制订厨师的业务培训计划。

二、行政总厨组织管理职能

（1）组织和指挥厨房工作，监督食品制备，按规定的成本生产优质产品，满足顾客需求。

（2）计划各餐，督导、检查、协调各厨师长的工作，负责对他们进行考核、评估。

（3）根据各厨房的生产特点，编制工作时间表，检查下属出勤情况。

（4）根据厨师的业务能力和技术特长，决定其安排和调度工作。

（5）根据酒店要求，制定厨房工作的规章制度和直接下属的岗位职责，制定各项工作的控制、检查表。

三、行政总厨对食品制作流程的控制职能

（1）检查开餐前的各项准备工作。

（2）检查食品制备方法和操作规范。

（3）检查各份菜肴的数量规格。

（4）对已烹调的菜肴品尝试味。

（5）检查装盘规格和盘饰情况。

（6）检查生产过程中的卫生情况。

（7）检查出菜速度和温度。

（8）指导厨师长和厨师做精细的烹调。

（9）对食品原料的利用、储藏进行检查控制，保证菜肴符合成本核算。

四、行政总厨在食品销售方面的职能

（1）定期征求餐厅对产品质量和生产供应方面的意见，并将意见落实解决。

（2）规定直接下属与餐厅协作的原则和要求，并进行协作方面的指导。

（3）重视客人意见，处理客人对厨房生产方面的投诉。

五、行政总厨在其他方面的职能

（1）负责厨房生产项目的安排和协调。

（2）负责对厨房环境和生产过程的安全检查。

（3）检查员工的仪容仪表和个人卫生，使之符合酒店的要求，提醒员工遵守员工守则，并对他们的行为负责。

（4）做好厨师的技术档案工作。

（5）签署有关工作方面的报告与申请。

任务二　厨师长岗位分析

岗位分析 13　餐饮一部厨师长

岗位名称	餐饮一部厨师长	岗位编号	
所在部门	餐饮部	岗位定员	
直接上级	餐饮部经理	工资等级	
直接下级	厨房领班及员工	薪酬类型	
工作综述			
全面负责厨房的生产管理工作，不断研究和开发富有特色的菜点，为饭店创造良好的餐饮形象和较好的经济效益。			
职责与工作项目			
职责一	职责表述：协调安排厨房生产人手及设备，做好组织管理工作。		
	工作项目	合理安排各位员工在岗的工作，做好设备设施的保养工作。	
职责二	职责表述：负责根据客源市场和生产工作量合理分配、临时调配厨房人员，保证出品的质量和速度。		
	工作项目	根据客人的数量，灵活地安排人员及购料工作。	
职责三	职责表述：制订厨房员工培训计划，并负责实施。		
	工作项目	定期制订厨房员工培训计划并安排实施。	
职责四	职责表述：负责厨房所有的设备、器具使用情况的检查与指导工作，审批器械检修报告单。		
	工作项目	检查与指导厨房所有的设备、器具，审批各项检修报告单。	
职责五	职责表述：负责检查、考核厨房领班的工作，参与对员工进行奖惩的决定工作。		
	工作项目	指导工作。	
权力			
权限一：从事厨房组织管理工作的权力。			
权限二：对下属工作表现的评估、奖惩建议权。			
工作协作关系			
内部协调关系	餐饮部核算员、各厨房厨师长、餐饮部经理、宴会销售部。		
外部协调关系	采购部、计财部、烹饪协会。		
任职资格			
教育水平	大学专科及以上学历。		
专业	烹饪工艺与营养专业。		
培训经历	接受过厨师专业培训。		

<table>
<tr><td>经验</td><td colspan="2">有2～3年的厨房相关经验。</td></tr>
<tr><td>知识</td><td colspan="2">通晓营养学知识，具备基本的化学知识。</td></tr>
<tr><td>技能技巧</td><td colspan="2">高级中餐烹饪技能。</td></tr>
<tr><td rowspan="2">个人素质</td><td>个人能力</td><td>管理能力、创新能力、组织能力、协调能力。</td></tr>
<tr><td>身体素质</td><td>身体健康、无传染病。</td></tr>
<tr><td colspan="3">其他</td></tr>
<tr><td>使用工具/设备</td><td colspan="2">炒炉、制冰机、绞肉机、打茸机、蒸柜、冰柜。</td></tr>
<tr><td>工作环境</td><td colspan="2">特定工作环境，高温，噪声、油烟较大。</td></tr>
<tr><td>工作时间特征</td><td colspan="2">正常的工作时间。</td></tr>
<tr><td>所需记录文档</td><td colspan="2">食品原料验货单、经营日报表、宴会通知单、领货单、成本报表。</td></tr>
<tr><td colspan="3">考核指标</td></tr>
<tr><td colspan="3">成本率控制在计划成本内。</td></tr>
<tr><td colspan="3">营业收入指标达到酒店指标。</td></tr>
</table>

岗位分析14　餐饮二部厨师长

<table>
<tr><td colspan="2">岗位名称</td><td>餐饮二部厨师长</td><td>岗位编号</td><td></td></tr>
<tr><td colspan="2">所在部门</td><td>餐饮部</td><td>岗位定员</td><td></td></tr>
<tr><td colspan="2">直接上级</td><td>餐饮部经理</td><td>工资等级</td><td></td></tr>
<tr><td colspan="2">直接下级</td><td>厨房领班及员工</td><td>薪酬类型</td><td></td></tr>
<tr><td colspan="5">工作综述</td></tr>
<tr><td colspan="5">在餐饮部经理的领导下主持厨房的日常工作，负责重要接待菜单的安排和生产督导管理工作，向客人提供优质的宴会菜点，以创造最佳的效益。</td></tr>
<tr><td colspan="5">职责与工作项目</td></tr>
<tr><td rowspan="3">职责一</td><td colspan="4">职责表述：负责厨房宴会生产计划的安排，检查并协调炉灶、案板、冷菜及点心等各班组宴会菜点的生产和出品工作，保证各种重要宴会的顺利进行。</td></tr>
<tr><td rowspan="2">工作项目</td><td colspan="3">按楼面通知，开宴会菜单交客人审核并做适当调整。</td></tr>
<tr><td colspan="3">督促厨房各岗位按标准菜单出品并检查出品质量，保证宴会顺利进行。</td></tr>
<tr><td rowspan="4">职责二</td><td colspan="4">职责表述：负责不同规格宴会的标准菜单的制定工作，并针对不同客源制定临时或特殊情况的菜单。</td></tr>
<tr><td rowspan="3">工作项目</td><td colspan="3">根据季节的不同制定特别推荐菜单。</td></tr>
<tr><td colspan="3">制定特别推荐菜单的标准食谱单。</td></tr>
<tr><td colspan="3">督导组织各岗位人员按菜单准备原材料，确定制作方法，保证菜肴顺利出品。</td></tr>
<tr><td rowspan="5">职责三</td><td colspan="4">职责表述：审签原料的申购单和领用单，并检查领取原料的质量和数量，保证菜肴所用原料都达到规定要求。</td></tr>
<tr><td rowspan="4">工作项目</td><td colspan="3">根据经营情况审签申购单及领用单。</td></tr>
<tr><td colspan="3">检查领用原材料的质量及数量是否达到规定要求。</td></tr>
<tr><td colspan="3">督导原料合理分配到各岗位。</td></tr>
<tr><td colspan="3">检查原材料的加工及保管工作。</td></tr>
</table>

<table>
<tr><td rowspan="3">职责四</td><td colspan="2">职责表述：对下属厨师进行业务指导，并组织实施各项技术培训，负责对下属进行评估，并向上级提出奖惩建议。</td></tr>
<tr><td rowspan="2">工作项目</td><td>对下属的业务知识进行指导和培训。</td></tr>
<tr><td>岗位培训合格的安排至各自岗位，并进行不断地督导使之胜任本岗位工作。</td></tr>
<tr><td rowspan="3">职责五</td><td colspan="2">职责表述：制定并督导执行菜肴的规格，负责菜点制作过程中的质量控制工作，确保出品符合规格质量要求。</td></tr>
<tr><td rowspan="2">工作项目</td><td>对菜肴的制作全程进行监督指导。</td></tr>
<tr><td>将不符合出品要求的菜肴退回厨房，重新安排至达到出品质量要求。</td></tr>
<tr><td rowspan="4">职责六</td><td colspan="2">职责表述：合理安排员工工作，使出品的质量和速度得到有效的控制。</td></tr>
<tr><td rowspan="3">工作项目</td><td>每月底安排员工的作息表。</td></tr>
<tr><td>根据预订的安排合理安排作息，保证大型宴会时人员充足。</td></tr>
<tr><td>根据经营情况及出品情况临时抽调人员充实到急需人员的岗位。</td></tr>
<tr><td rowspan="4">职责七</td><td colspan="2">职责表述：督导所辖厨房员工做好本范围内的工具、设备、设施的正确使用、清洁、维护、保养工作。</td></tr>
<tr><td rowspan="3">工作项目</td><td>安排各岗位的设备设施保养范围。</td></tr>
<tr><td>督导员工对设备设施的正确使用。</td></tr>
<tr><td>及时将有故障的设备设施交于工程部维修，便于正常使用。</td></tr>
<tr><td colspan="3">权力</td></tr>
<tr><td colspan="3">权限一：从事厨房组织管理工作的权力。</td></tr>
<tr><td colspan="3">权限二：对下属工作表现的评估、奖惩建议权。</td></tr>
<tr><td colspan="3">工作协作关系</td></tr>
<tr><td>内部协调关系</td><td colspan="2">餐饮部核算员、各厨房厨师长、餐饮部经理、宴会销售部。</td></tr>
<tr><td>外部协调关系</td><td colspan="2">采购部、计财部、烹饪协会。</td></tr>
<tr><td colspan="3">任职资格</td></tr>
<tr><td>教育水平</td><td colspan="2">大学专科及以上学历。</td></tr>
<tr><td>专业</td><td colspan="2">烹饪工艺与营养专业。</td></tr>
<tr><td>培训经历</td><td colspan="2">接受过厨师专业培训。</td></tr>
<tr><td>经验</td><td colspan="2">具有 2 年以上厨房领班或头炉工作经验。</td></tr>
<tr><td>知识</td><td colspan="2">通晓营养学知识，具备基本的化学知识。</td></tr>
<tr><td>技能技巧</td><td colspan="2">高级中餐烹饪技能。</td></tr>
<tr><td rowspan="2">个人素质</td><td>个人能力</td><td>管理能力、创新能力、组织能力、协调能力。</td></tr>
<tr><td>身体素质</td><td>身体健康、无传染病。</td></tr>
<tr><td colspan="3">其他</td></tr>
<tr><td>使用工具/设备</td><td colspan="2">炒炉、制冰机、绞肉机、打茸机、蒸柜、冰柜、搅拌机、烤箱。</td></tr>
<tr><td>工作环境</td><td colspan="2">特定工作环境，高温，噪声、油烟较大。</td></tr>
<tr><td>工作时间特征</td><td colspan="2">正常的工作时间。</td></tr>
<tr><td>所需记录文档</td><td colspan="2">食品原料验货单、经营日报表、宴会通知单、领货单、成本报表。</td></tr>
</table>

考核指标
成本率控制在计划成本内。
营业收入指标达到酒店指标。

思考及训练

请站在厨师长的角度阅读下面的文字，并谈谈你的看法。

浅谈餐厅菜单的设计

餐饮企业为了推销其产品，需要编制精美的产品目录，向客人告知所销售的产品，满足消费者的需要。顾客凭借菜单选择预订自己喜欢的餐饮食品。在现代餐饮经营管理中，人们越来越认识到菜单不仅是餐饮企业推销产品或宾客选购餐饮食品的工具，还反映着餐饮企业的市场定位，表明了餐饮企业的经营方针，体现着餐饮企业的经营素质，是餐饮企业经营管理活动的总纲，影响着企业的形象和经济效益。因此，餐厅菜单的设计在餐饮经营管理中就显得极为重要。

一、菜单设计的重要性

菜单是一家餐厅的经营方针的综合反映，标志着餐厅经营的特色和水准。它是餐厅提供商品的目录，是餐厅经营管理中一项十分重要的内容。

二、菜单设计制作中的常见问题

1. 制作材料选择不当。
2. 规格和装帧不当。
3. 字体选择不当。
4. 随意涂改菜单。

三、菜单设计和制作的程序

1. 准备所需参考资料，如企业正在使用的菜单、标准菜谱、过去销售资料、菜单食品饮料一览表、其他企业信息等。
2. 推行标准菜谱。
3. 初步设计构思。
4. 菜单的装潢设计。

四、菜单设计者的素质要求

1. 具备丰富的食品原料知识。
2. 有丰富的烹调知识和较长的工作经历，熟悉各种菜肴的制作方法、营养成分、制作时间和需用的设备。
3. 了解餐厅的生产与服务设施、工作人员的业务水平。
4. 有创新意识和构思技巧。
5. 有一定的美学和艺术修养。

五、菜单设计的原则

1. 以顾客需求为导向，根据饭店的市场定位设计。

2. 体现出自己的特色，不断创新以适应新形势。

3. 降低食品成本，提高获利能力。

4. 考虑菜点的花色品种，力争形式美观大方。

5. 根据菜点的营养价值设计。

6. 根据餐饮产品的价值设计。

7. 根据食品原料供应设计。

8. 量力而行，确有把握。

9. 能满足目标市场客人的文化需求。

任务三 标准菜谱的制定

为了实现厨房生产标准化，首先要制定一系列的标准。厨房的生产特点决定了其标准的制定是一项十分艰巨而复杂的工作。一般饭店的厨房生产的技术标准应包括食品原料标准、标准菜谱、标准净料率等。这些技术标准如果能够与厨房生产的运转相适应，就能在厨房生产管理中发挥重要的作用。

食品原料标准：制定食品原料标准有利于对食品原料采购、验收、保管和申领等进行控制，使食品原料采购、验收、保管和申领有工作依据和准则，从而保证厨房生产所需要的食品原料规格和质量，减少原料损失，降低生产成本，为提高出品质量奠定基础。

标准菜谱：编制标准菜谱即制定菜肴的配方，是厨房建立标准化生产体系的基础性管理工作。标准菜谱包括具体的配料，每种配料所需的数量、制作工序，每份的大小和相应的设备、配菜，以及食品制作时所需要的其他数据。只要严格按照标准菜谱操作，为客人提供的菜肴就会在质量上、风味上和数量上完全保持一致。

标准净料率：确定标准净料率有利于提高原料的利用率，降低原料损失。食品原料在加工、切配和烹制过程中都会发生折损。不同种类、规格和质量的食品原料，其净料率是不同的，其加工、切配和烹制也有差异。有了食品原料标准，就可以对食品原料规定不同的加工和烹制的标准净料率或折损率，从而规范厨师的加工和操作方法，提高食品原料的出成率，降低原料的折损，这对于原料成本控制、保证出品的数量与质量都是非常重要的。

一、标准菜谱的设计原则

（一）以客人的需求为导向

标准菜谱的设计，首先要根据饭店所做的市场调查，确定餐饮产品的种类和质量水平。餐饮产品的质量水平必须以能提高客人的满意度为目的。所以，标准菜谱的设计首先要以客人的需求为导向，筛选品种，并确定适应性强的质量水平。

（二）要能体现本餐厅的经营特色，具有较强的竞争力

根据餐厅的经营方针来决定提供什么样的菜品、面点等，如是鲁菜还是粤菜，是风味菜还是特色菜，是大众化的菜还是高档的菜。标准菜谱的设计要尽可能选择反映本店特色的菜品，并依据市场的竞争情况，制定具体的质量标准，使菜品具备较强的竞争力。

(三) 要根据厨房的生产能力、技术水平设计菜品的质量

厨房生产设备的优劣与齐备程度、厨师的技术水平对于标准菜谱的设计有着直接影响。操作工艺复杂、所需工具设备独特的菜品在设计时尤其要在充分了解设备情况的基础上做出决策，不能盲目设计。同时，厨师的技术水平因素也是设计标准菜谱的关键。如果设计的菜品厨师不会烹制，或烹制的成品达不到设计的质量要求，这样的标准菜谱对于生产而言就毫无意义。

(四) 要考虑食品原料的供应情况

标准菜谱虽然内容很多，但其中最主要的内容是食品原料。食品原料的供应往往受到供求关系、采购、运输条件、生产季节、生产地区、生产量等因素的影响。因此，设计标准菜谱时，必须充分考虑这一因素。比如，某饭店地理位置较偏远，或位于某山区景点内，交通不是十分便利，且属内陆，如果非要设计使用海鲜活品原料，显然是不易实现的。所以，标准菜谱在设计时要考虑原料的供应情况。

(五) 要适应市场原料价格的变化情况

食品原料因供求关系的变化、季节的变化、淡旺季的不同、生产量的不同，其价格也随时发生变化，因而在设计标准成本时就应保持一定的灵活性，留有充分的余地，以适应市场的变化，同时也便于生产成本的控制与管理。

(六) 求变求新，适应饮食新形式

设计标准菜谱时应以求新求变为原则，注意各种菜品、各类食肴、各种风味的搭配。同时，菜肴在有一部分稳定的基础上，要经常更换，推陈出新，给常来就餐的客人以新鲜感。要考虑季节因素，安排时令菜肴，同时还应顾及客人对营养的不同需求，以及客人的健康状况、进餐要求等。这些都要求饭店在设计标准菜谱时不能有一劳永逸的观念，必须求变求新，才能吸引更多的客人。

二、标准菜谱的设计内容

一般来说，标准菜谱的设计内容主要有以下几个方面。

(一) 基本信息

标准菜谱中的基本信息，也可以称为基础技术指标，主要包括菜点的编号、生产方式、盛器规格、烹饪方法、精确度等。它们虽然不是标准菜谱的主要部分，但却是不可或缺的基本项目，而且它们必须在设计的一开始就要设定好。

(二) 标准配料及配料量

菜肴质量的好坏和价格的高低在很大程度上取决于烹调菜肴所用的主料、配料和调味料等的种类与数量。标准菜谱应首先在这方面做出规定，为菜肴的质价相称、物有所值提供物质基础。

(三) 规范的烹调程序

规范的烹调程序是对烹制菜肴所采用的烹调方法和操作步骤、要领等方面所做的技术性规定。这一技术性规定是为保证菜肴质量，对厨房生产的最后一道工序进行规范。它全面地规定了烹制某一菜肴所用的炉灶、炊具、原料配份方法、投料次序、烹调方法、操作要求、烹制温度和时间、装盘造型和点缀装饰等，使烹制的菜肴质量有了可靠保证。

（四）烹制份数和标准份额

厨房烹制的菜肴多数是一份一份单独进行的，有的也是多份一起烹制的。标准菜谱对每种菜肴、面点等的烹制份数进行规定，是以保证菜肴质量为出发点的。一般菜肴多为单份制作，也就是其生产方式是单件式；面点的加工一般是多件式，带有批量生产的特征。

（五）每份菜肴标准成本

标准菜谱对标准配料及配料量做出了规定，由此可以计算出每份菜肴的标准成本。标准菜谱对每份菜肴标准成本做出规定，就能够对产品生产进行有效的成本控制，可以最大限度地降低成本，提高餐饮产品的市场竞争力。由于食品原料市场价格的不断变化，每份菜肴标准成本也要及时做出调整。

（六）成品质量要求与彩色图片相匹配

标准菜谱通过对用料、工艺等的规范，保证成品的质量。但因为菜点的成品质量有些项目目前尚难以量化，如口味的轻重等，所以在设计时，应制作一份标准菜肴，拍成彩色图片，以便作为成品质量最直观的参照标准。

（七）食品原料质量标准

只有使用优质的原料，才能加工烹制出好的菜肴。标准菜谱应对所有用料的质量做出规定，如食品原料的规格、数量、感官性状、产地、产时、品牌、包装要求、色泽、含水量等，以确保餐饮产品质量达到最优效果。

三、标准菜谱的设计要求

标准菜谱的设计是一项十分细致复杂的技术工作，也是厨房生产管理的重要手段，必须高度重视和认真做好。标准菜谱的设计应该由简到繁逐步完成和完善，并充分调动厨师的积极性，反复试验，使标准菜谱中的各项规定都能科学合理，切实成为厨师生产操作的准则，以规范厨师烹调菜肴过程中的行为。设计的标准菜谱要求文字简明易懂，名称、术语确切规范，项目排列合理，易于操作实施。

四、编制标准菜谱的一般程序

（一）确定主配料及数量

这是很关键的一步，它确定了产品的基调，决定了该产品的主要成本。由于有的只能批量制作，因此数量要平均分摊测算，例如点心、菜肴单位较小的品种，无论如何都应力求精确。

（二）规定调味料品种，试验确定每份用量

调味料品种、牌号要明确，因为不同厂家、不同牌号的质量差别较大，价格差距也较大。调味料只能根据批量分摊的方式测算。

（三）根据主料、配料、调味料用量，计算成本、毛利及售价

随着市场行情的变化，单价、总成本会不断变化，每项核算都必须认真全面。

（四）规定加工制作步骤

将必需的、主要的、易产生歧义的步骤加以统一，规定可用术语，精练明白即可。

（五）确定盛器，落实盘饰用料及式样

根据菜肴的形态与原料的形状，确定盛装菜肴餐具的规格、样式、色彩等，并根据餐

具的色泽与质地规定对装盘后的菜肴进行盘饰的要求。

（六）明确产品特点及质量标准

标准菜谱既是培训、生产制作的依据，又是检查、考核的标准，其质量要求更应明确具体、切实可行。

（七）填写标准菜谱

将以上的内容按项填写到标准菜谱中。填写标准菜谱时，要字迹端正，表达清楚，使员工都能看懂。

（八）按标准菜谱培训员工，统一生产出品标准

按标准菜谱中的技术要求对各个岗位的员工进行操作培训，以规范厨师的作业标准，从根本上确保生产出品标准的统一。

相关链接

红烧肉标准菜谱

<table>
<tr><td colspan="2">标准菜谱号：01
产品名称：美味红烧肉
平锅尺寸：炒锅
温度：170℃
烹调时间：115min</td><td>服务的数量：10
盛装规格：15 块
盛装器皿：盘或碗</td></tr>
<tr><td>原料</td><td>数量</td><td>制作方法</td></tr>
<tr><td>五花猪肉</td><td>450g</td><td>选用优质带皮五花肉，切成 30mm×30mm 方块</td></tr>
<tr><td>大葱，姜片，八角，冰糖，盐，生抽，老抽，料酒，清水</td><td>大葱 1 根，姜片 5 片，八角 4 颗，冰糖 30g，盐1/3小勺，生抽 2 大匙，老抽 1/4小匙，料酒 2 大匙，清水 1 000mL</td><td>1. 锅内烧开水，放入肉块氽烫 2～3min，捞起洗净备用。
2. 锅内放 1 大匙油，放入小块冰糖用中小火炒出糖色。
3. 至锅内开始冒烟时，冰糖熔化变成深褐色。
4. 先加入大葱、姜片、八角炒出香味，再加入五花肉小火煸炒。
5. 煸炒至五花肉出少许油脂，并均匀上色。
6. 加入清水，水量刚没过肉块，再加盐、生抽、老抽、料酒。
7. 加盖，大火烧开后，转小火焖约 60min，当汤汁剩 1/3 时把姜片、八角、大葱夹出。
8. 约 105min 时，开盖，中火将汤汁煮至浓稠即可。</td></tr>
</table>

思考及训练

从表 4－1－1 中选取一道菜编制一份标准菜谱。

表 4－1－1　配餐食谱

适宜人群	高温高压环境工作人群
配餐整体设计思路	1. 合理的饮食是高温高压环境下人群的工作保证，由于环境的原因，他们要摄入大量的蛋白质和动物性食物以及维生素和微量元素，以保证热量平衡，达到和维持理想体重。 2. 本次设计为一餐的食谱。

菜品 1 蒜爆羊肉	设计思路	羊肉可以提供足够的蛋白质和铁等微量元素以及氨基酸。
	制作过程及用量	羊肉 150g，蒜瓣 50g。 放油用蒜煸锅，再放入羊肉煸炒即可。
菜品 2 凉拌黄瓜	设计思路	黄瓜具有补充维生素的功效，还可以起到清口的作用，补充叶绿素；醋适合在高温环境下食用。
	制作过程及用量	黄瓜 200g。 用刀把黄瓜拍成段，再放入蒜泥、醋、盐、味精等调味。
菜品 3 鲫鱼炖豆腐	设计思路	鲫鱼、豆腐可提供高蛋白，适合高温人员食用。
	制作过程及用量	鲫鱼 50g，豆腐 150g。 放入少量油，用葱、姜、蒜煸锅，把鲫鱼放入锅中，然后加入水，烧开后放入豆腐炖即可。
菜品 4 西红柿鸡蛋汤	设计思路	西红柿适合高温环境下食用，还能补充维生素等物质；鸡蛋可以补充蛋白质。
	制作过程及用量	鸡蛋 60g，西红柿 10g。 用葱煸锅，放入西红柿，加入水，烧开后打入鸡蛋碎儿，点入香油即可。
点评		摄入的动物性原料有些偏少，应改进。
总结		总体来说，设计的高温高压环境下人员的一餐比较合理，不足之处应该改进。

项目二 厨房加工工作流程及管理

厨房食品原料初加工是指对一切购进的原始原料，如活鲜原料等进行初步的整理加工的过程。原料的初加工一般包括对冰冻原料进行解冻，对活鲜原料进行宰杀、洗涤和初步整理，对蔬菜、水果进行择叶、削皮、去根须、洗涤，对带骨、带皮的肉类原料进行砍、斩处理等。

原料的初加工阶段是整个厨房菜点生产制作的基础，其加工品的规格质量和出品时效对以后阶段的生产产生直接的影响。同时，初加工的质量还决定原料出净率的高低，对厨房菜点成本的影响也是最直接的。

一、原料初加工阶段的影响

食品原料的初加工表面上看是一项较为简单的工艺，但实际上它对整个厨房的生产过程起决定性作用。

（1）初加工的加工质量直接关系到原料的出净水平，通常用出净率来表示，原料的出净率直接影响到菜肴的生产成本。

（2）初加工的加工质量还直接影响到原料的完整性、厚度、老嫩等指标，例如初加工人员把一条完整的鱼剔得零零星星，带刺带骨，对于制作诸如“熘鱼片”“爆鱼丁”一类的菜肴就无法使用。

（3）原料的分档取料、留用割舍也是由初加工人员完成的。厨房生产讲究的是合理使用食品原料，以免造成不应有的浪费。如果初加工人员没有经过专业的训练，把原料弄得一塌糊涂，不成样子，如肥瘦不分、老嫩不分、内外不分、大小不分等，就会严重影响整个厨房的菜点加工。

（4）原料初加工的速度对厨房的生产也有一定的影响。如果初加工人员的加工速度太慢，所加工的原料不能满足生产的需要，就会严重影响厨房的出菜效率。尤其是现代酒店中对禽类、水产活料的现场加工，如客人点选了一条活鱼，水台厨师接到活料后应迅速进行初加工处理，如果加工速度过慢，影响了烹调，让客人等的时间太长，客人就会不满意。

二、制定原料初加工的质量标准

由此看来，对原料初加工的管理应针对以上几个方面，制定相应的有效措施，主要做好以下几个方面的管理工作。

（一）明确原料的出净标准

原料的加工出净率是指加工后可供做菜的净料和未经加工的原始原料之比。原料的出净率越高，原料的利用率就越高；出净率越低，菜肴的单位成本就越大。因此，把握和控制加工的出净率是十分必要的。原料不同，加工方法不同，菜肴需要不同，原料的出净率也是不同的。如何来确定各种原料的标准出净率，就成为行政总厨管理的重要内容之一。

原料的标准出净率的确定一般有三种方式：一是参考国家有关部门制定的现行标准；二是借鉴其他企业已有的标准；三是自己根据所使用的原料进行加工测量。现在大多数酒店或饭店一般是将上面的三种方式综合运用，不仅可以节省时间，而且可以节省大量的人力物力。

（二）制定原料初加工的标准作业流程

原料初加工阶段的工作，由于加工对象的不同，其工艺流程和质量要求也是不尽相同的，一般包括蔬菜的初加工、禽类的初加工、畜肉类的初加工、水产品的初加工及干货原料的初加工等。鲜活水产品一般是在烹调前现场加工的，习惯上称为水台加工。除对原料进行初步加工之外，大部分饭店厨房活养的水产品、禽类也一般归初加工厨房管理。

为了保证原料初加工的质量，除要规定原料的出净率外，还应确定各类原料初加工的标准作业流程。

厨房加工工作流程主要涉及水台和砧板两个岗位，其管理包括加工质量管理和加工数量管理。

加工质量主要包括冰冻原料的解冻质量、原料的加工出净率和加工的规格标准等方面。

任务一　水台工作流程及管理

水台就是负责厨房的家禽、家畜、野味、水产品等的宰杀、去毛、开肚、洗涤等加工，负责所有蔬菜的削、刮、剪、摘、洗涤等加工，负责各种原料的初步切割和整理等加工，负责厨房器具的洗涤和摆放工作的岗位。水台是原料加工管理过程中一个重要的控制点。

一、原料加工质量

原料加工质量直接关系到菜肴成品的色、香、味、形及营养和卫生状况。因此，除了控制加工原料的出净率，还需要严格把握加工品的卫生指标和规格标准。凡不符合要求的加工品，禁止流向下道工序。

因此，原料加工的所有项目，分工要明确，一方面是为了分清责任，另一方面可以提高厨师专项技术的熟练程度，有效地保证加工质量。原料加工规格明确、精细，加工成品整齐一致，才能为厨房菜肴口感和品相的一致奠定基础。加工规格标准一致，不仅指原料的刀工成形，即片、丝、块、条、段等均匀整齐，而且指原料上浆腌制的规格也应一致。

二、加工原料的洗涤

加工原料的洗涤是厨房产品卫生的基础。原料洗涤不净，不仅有损菜肴味道，甚至引起客人不满和投诉。比如杀鱼时，鱼内脏未洗净；该去鳞的鱼，鱼鳞未去净；甲鱼的油脂未完全除净等，既影响成菜的色泽，又造成菜肴的恶腥。有些蔬菜，尤其是整棵菜或菜心，洗涤不充分、不彻底，中间可能夹有泥沙，甚至蝇虫，而后期的配份、烹调很难发现菜中有异物，这就为出品质量留下了隐患。

三、原料的加工数量

原料的加工数量主要取决于厨房等部门销售菜肴、使用原料的多少。加工数量应以销售预测为依据，以满足生产为前提，留有适当的储存周转量，避免因加工过多而造成质量降低。厨房原料加工数量的控制，是厨房管理的重要基础工作。加工多了，使用不足，导致成品原料大量过剩，质量下降，甚至成为垃圾被废弃；加工少了，导致经营使用断档，开餐期间免不了混乱。

加工原料数量确定和控制的运作过程如下：

（1）各配份、烹调厨房根据下餐或次日预订和客情预测提出加工成品数量要求，在全饭店所有厨房约定时间（如中午开餐后，下班前）提交加工厨房。

（2）加工厨房收集、分类汇总各配份厨房加工原料。按各类原料出净率、涨发率，推算出原始原料（市场可购买状况原料）的数量，作为向仓库申领或向采购部申购的依据。申领或申购必须经总厨审核，以免过量进货或进货不足。待原料进入饭店之后，经过加工厨房分类加工，继而根据各配份、烹调厨房预订，进行加工成品原料的分发。这样可较好地控制各类原料的加工数量，并能及时周转发货，保证厨房生产的正常进行。

四、冰冻原料解冻

冰冻原料解冻即对冰冻状态的原料通过采取适当的方法，将其恢复新鲜、软嫩的状态，以便于烹饪。要使解冻后的原料尽量减少汁液流失，保持其风味和营养，解冻时必须注意以下要点：

（1）解冻媒质温度要尽量低。用于解冻的空气、水等的温度要尽量接近冰冻物的温度，使其缓慢解冻。可将原料适时提前从深冻库领至冷藏库进行部分解冻。解冻时将原料置于空气或水中，力求将空气、水的温度降低到 10℃以下（如用碎冰和冰水等解冻）。切不可操之过急，将冰冻原料直接放在热水中化冻，造成原料外部未经烧煮已经半熟，使原料内外的营养、质地、感官质量都受到破坏。

（2）被解冻原料不要直接接触解冻媒质。冰冻保存原料，主要是抑制其内部微生物活动，以保证其质量。解冻时，微生物随着原料温度的回升而渐渐开始活动，加之解冻需要一定的时间，解冻原料无论是暴露在空气中，还是在水中浸泡，都易造成原料氧化、被微生物侵袭和营养流失。因此，当用水解冻时，最好用聚乙烯薄膜包裹解冻原料，然后再进行水泡或水冲解冻。

（3）外部和内部解冻所需时间差距要小。解冻时间越长，受污染的机会、原料汁液流失的数量就越多。因此，在解冻时，可采用勤换解冻媒质的方法（如经常更换用于解冻的碎冰和凉水等），以缩短原料内外的解冻时间。

（4）尽量在半解冻的状态下进行烹饪。有些需用切片机进行切割的原料，如涮羊肉片、炖狮子头的肉粒，原料略做化解，即可用以切割。

五、原料的加工出净

原料的加工出净管理可以采用对比考核法，即对每批新使用的原料进行加工测试，测定出净率后，再交由加工厨师或助手操作。在加工厨师操作过程中，对领用原料和加工成品分别进行称量记重，随时检查，看是否达标。未达到标准则要查明原因。如果因技术问题造成，要及时采取有效的培训、指导等措施；若是态度问题，则更需要强化检查和督导。同时可以经常检查下脚料和垃圾桶，检查是否还有原料未被利用，使员工对出净率引起高度重视。

常用主、配料料形切割规格如表 4-2-1 所示；常用料头切割规格如表 4-2-2 所示；常用原材料粗加工标准如表 4-2-3 所示。

表 4-2-1　　常用主、配料料形切割规格表

料形名称	适用范围	切制规格
丁	鱼、肉等	大丁 1～1.5cm，碎丁 0.5cm 见方。
方块	动、植物	2～3cm 见方。
粗条	动、植物	1.5cm 见方，4.5cm 长。
细条	动、植物	1cm 见方，3cm 长。
粗丝	动物类	0.3～0.5cm 见方，4～6cm 长。
细丝	植物类	0.1～0.2cm 见方，5～6cm 长。
长方片	动、植物	厚 0.1～0.2cm，宽 2～2.5cm，长 4～5cm。

表 4-2-2　　常用料头切割规格表

料头名称	用料	切制规格
葱花	大葱	0.5～1cm 见方。
葱段	大葱	长 2cm，粗 1cm 见方。
葱丝	大葱	长 3～5cm，粗 0.2cm 左右。
姜片	生姜	长 1cm，宽 0.6～0.8cm，厚 1cm 左右。
姜丝	生姜	长 3～5cm，粗 0.1cm。
香菜段、末	香菜梗	段：3～5cm 长；末：0.5～0.6cm 见方。
蒜片	蒜瓣	厚 0.1cm 左右，自然形。
葱姜末	大葱、生姜	0.2～0.3cm 见方。
蒜蓉	蒜头	0.1～0.2cm 见方。
干辣椒段、丁	干辣椒	段：1～1.5cm 长；丁：0.5～1cm 见方。
青、红辣椒丁	青、红辣椒	0.2～0.3cm 见方。

表 4-2-3　　常用原材料粗加工标准

原料分类	品名	粗加工标准
蔬菜类	大白菜	除去老叶、根，食品清洗机清洗 3min；净菜率 80%。
	白萝卜	除去老皮、根，食品清洗机清洗 5min；净菜率 92%。
	尖椒	除去蒂、籽，食品清洗机清洗 3min；净菜率 75%。
	大头菜	除去老叶、根，食品清洗机清洗 3min；净菜率 80%。
	蒜薹	除去蒂、头，食品清洗机清洗 3min；净菜率 80%。
	胡萝卜	除去老皮、根，食品清洗机清洗 3min；净菜率 92%。
	豆角	除去蒂，食品清洗机清洗 3min；净菜率 90%。
	花菜	除去叶、梗，食品清洗机清洗 3min；净菜率 80%。
	西兰花	除去叶、梗，食品清洗机清洗 3min；净菜率 80%。
	冬瓜	刨皮、去籽，食品清洗机清洗 3min；净菜率 75%。
	生姜	刨皮，食品清洗机清洗 5min；净菜率 92%。
	丝瓜	刨皮、去头尾，食品清洗机清洗 3min；净菜率 90%。
	西芹	除去叶、根，食品清洗机清洗 3min；净菜率 70%。
	土豆	去老皮，食品清洗机清洗 5min；净菜率 85%。
	西红柿	除去蒂，食品清洗机清洗 3min；净菜率 90%。
水果类	苹果	加盐浸泡 5min 后，食品清洗机洗涤 3min。
	桃子	加盐浸泡 5min 后，食品清洗机洗涤 3min。
	香蕉	除去根。
肉类	带皮肉	按配餐标准每千克加工 10 块，食品清洗机清洗 6min。
	精肉	流水清洗后，根据需要加工成片或丝。
	肉馅	流水清洗后，按 4 成肥肉 6 成瘦肉绞馅。
	净猪蹄	流水清洗后，按配餐标准加工。
	猪肝	流水清洗后，按照 4cm×3cm×0.3cm 的标准切片。
	牛肉	流水清洗后，按标准加工。
	琵琶腿	浸泡化冻，清水清洗后腌制。
	鸡上腿	
	翅中	
	翅根	
海鲜类	鱼类	刀鱼：头部下方 1cm 成三角形处去除、尾部 5cm 处去除、去内脏，每斤加工 6～8 块，洗涤后腌制。 黄花鱼：清除鱼鳃及内脏洗涤后腌制。 偏口鱼：清除鱼鳃及内脏洗涤后打花刀摆盘并腌制。 鲅鱼：头部下方 1cm 成三角形处去除、尾部 5cm 处去除、去内脏，每条加工 6～8 块，洗涤后腌制。 鲅鱼肉：切块并腌制。
	冰冻虾	浸泡清洗后烹饪。
	活虾	浸泡清洗后烹饪。
	虾仁	浸泡化冻后清洗腌制。
禽蛋类	鸡蛋	清洗蛋壳表面杂物。

续前表

原料分类	品名	粗加工标准
干货类	黑木耳	凉水浸泡回软后去除根，清洗干净。
	干香菇	凉水浸泡回软后去除根，清洗干净。
	粉丝	温水浸泡回软后，清洗干净。
	紫菜	凉水浸泡回软后，去除杂质，清洗干净。
米、面类	大米	清水清洗三遍后蒸制
豆制品类	豆腐	根据使用要求切块、焯水
	豆腐皮	根据使用要求切丝、焯水

岗位分析 15　水台

岗位名称	水台	岗位编号	
所在部门	餐饮厨房	岗位定员	
直接上级	砧板厨师	工资等级	
直接下级		薪酬类型	
工作综述			
负责蔬菜、家禽、水产原料的初步管理、洗涤加工，并负责厨房区域的地面清洁卫生。			
职责与工作项目			
职责一	职责表述：在砧板厨师的指导安排下，具体负责食品原料的初步加工和整理工作。		
	工作项目	开档时，向砧板厨师了解加工原料的情况。	
		按照加工要求，规范加工原料。	
职责二	职责表述：负责将蔬菜原料按规格要求去皮、筋、枯叶、虫卵等杂物，洗涤干净。		
	工作项目	每日将蔬菜原料放入消毒液内浸泡，再漂洗干净。	
		将漂洗干净的原料根据菜肴要求去皮、筋等杂物，达到质量要求。	
职责三	职责表述：负责将家禽、鱼虾原料按规格去净羽毛、鳞壳、脏器等杂物，洗涤干净。		
	工作项目	将每日购进原料按需加工，即按规格要求使之成为光料并洗涤干净。	
		对需现场宰杀的原料妥善饲养。	
职责四	职责表述：认真钻研加工业务，努力提高切割率，保证加工原料符合营养卫生要求及规格质量标准。		
	工作项目	努力练习，提高标准。	
职责五	职责表述：妥善保管加工用具。		
	工作项目	积极加强专业技能训练，合理使用加工用具。	
		收档时妥善保管加工用具。	
权力			
权限：对每日申购单的建议权。			
工作协作关系			
内部协调关系	砧板厨师。		
外部协调关系			
任职资格			
教育水平	中专及以上学历。		
专业	烹饪工艺与营养专业。		
培训经历	接受过岗位培训、入店教育。		
经验	有 1 年以上的厨房工作经验。		
知识	熟悉原材料的初步加工方法。		
技能技巧	了解各式原料及其切割要求。		

个人素质	个人能力	实施能力、计划能力。
	身体素质	身体健康、无传染病、无色盲、嗅觉灵敏。
其他		
使用工具/设备	各种餐具、器皿、刀具。	
工作环境	特殊工作环境，较潮湿。	
工作时间特征	正常上班，偶尔加班。	
所需记录文档		
考核指标		
工作考核按岗位考核标准执行。		
营业收入指标达到酒店计划指标。		

思考及训练

1. 通过网络了解浸泡蔬菜的消毒液的配制方法。
2. 通过网络了解猪、牛、羊各部位肉质的区别，分小组用 PPT 汇报。

任务二　砧板工作流程及管理

砧板工作就是负责将初加工后的原料进行各种刀工处理，并根据菜单要求及配份标准进行菜肴配制，使之成为一份完整的菜肴原料，及时送到炉灶区进行烹制的工作。在规模较大的厨房中，菜肴厨房的砧板岗位实际上是由两部分构成的：一个是对原料进行切形处理的切制人员，另一个是负责对菜肴生料进行配份的人员。负责对菜肴生料进行配份的厨师通常称为主配师。在一般的小型厨房中，这两个岗位是合而为一的，但一个岗位的工作内容与两个岗位的工作内容是完全相同的。

岗位分析 16　头砧

岗位名称	头砧	岗位编号	
所在部门	餐饮厨房	岗位定员	
直接上级	厨师长	工资等级	
直接下级	二砧、三砧	薪酬类型	
工作综述			
带领本组员工按风味、零点及宴会菜肴等不同规格切配各类菜肴，保证炉灶烹饪的顺利进行和宴会的准时开餐。			
职责与工作项目			
职责一	职责表述：根据宴会的客情，合理分配本组员工从事各项切配工作。		
	工作项目	根据宴会标准单，分配本组员工进行切配。	
		根据先进先出的原则对标准菜单的菜肴进行安排。	

<table>
<tr><td rowspan="4">职责二</td><td colspan="2">职责表述：带领员工按规格切配，合理用料，准确配份，保证宴会的及时开餐和不同风味菜肴的出品井然有序。</td></tr>
<tr><td rowspan="3">工作项目</td><td>督导本组员工对不同原料进行分档取料。</td></tr>
<tr><td>对不同部分的原料分档处理、合理使用。</td></tr>
<tr><td>根据标准菜谱及特殊情况准确地配制原料，保证质量、数量，使菜肴出品正常。</td></tr>
<tr><td rowspan="3">职责三</td><td colspan="2">职责表述：负责对本组员工的工作安排和工作表现的考核与评估。</td></tr>
<tr><td rowspan="2">工作项目</td><td>合理安排本组人员作息，大型宴会时或较忙时，保证人员充足，保证出品速度。</td></tr>
<tr><td>根据本组员工工作表现向厨师长提出奖惩及评估建议。</td></tr>
<tr><td rowspan="3">职责四</td><td colspan="2">职责表述：督导员工做好设备、设施的维护保养和保管工作。</td></tr>
<tr><td rowspan="2">工作项目</td><td>督导员工正确使用设备设施。</td></tr>
<tr><td>及时报修本部门损坏的设备设施。</td></tr>
<tr><td rowspan="3">职责五</td><td colspan="2">职责表述：负责每日冰箱中原材料的库存量和质量的检查工作，准确申领或申购原料。</td></tr>
<tr><td rowspan="2">工作项目</td><td>每日检查冰柜进行盘点，根据先进先出原则及时利用更换。</td></tr>
<tr><td>根据经营情况制定每日申订原料单。</td></tr>
<tr><td rowspan="3">职责六</td><td colspan="2">职责表述：负责督导本组责任区的清洁卫生工作。</td></tr>
<tr><td rowspan="2">工作项目</td><td>每日收档后，督导本组做好岗位卫生工作。</td></tr>
<tr><td>每周六配合厨师长督导厨房进行全面卫生大扫除。</td></tr>
<tr><th colspan="3">权力</th></tr>
<tr><td colspan="3">权限一：对本组员工的工作安排和工作表现的考核与评估权。</td></tr>
<tr><td colspan="3">权限二：对员工做好设备设施的维护保养和保管工作的督导权。</td></tr>
<tr><td colspan="3">权限三：对原材料加工及成本的控制权。</td></tr>
<tr><th colspan="3">工作协作关系</th></tr>
<tr><td>内部协调关系</td><td colspan="2">厨师长、二砧、三砧。</td></tr>
<tr><td>外部协调关系</td><td colspan="2"></td></tr>
<tr><th colspan="3">任职资格</th></tr>
<tr><td>教育水平</td><td colspan="2">中专及以上学历。</td></tr>
<tr><td>专业</td><td colspan="2">中餐烹饪专业。</td></tr>
<tr><td>培训经历</td><td colspan="2">接受过岗位技能培训、管理培训、入店培训。</td></tr>
<tr><td>经验</td><td colspan="2">有1年以上的厨房工作经验。</td></tr>
<tr><td>知识</td><td colspan="2">熟悉基本物理、化学知识，消防知识，营养学的基本知识及成本控制的基本知识。</td></tr>
<tr><td>技能技巧</td><td colspan="2">中餐烹饪技能及切配技能。</td></tr>
<tr><td rowspan="2">个人素质</td><td>个人能力</td><td>表达能力、分析能力、协调能力。</td></tr>
<tr><td>身体素质</td><td>身体健康、无传染病、无色盲、嗅觉灵敏。</td></tr>
<tr><th colspan="3">其他</th></tr>
<tr><td>使用工具/设备</td><td colspan="2">砧板、各种刀具、冰柜、保鲜工作台。</td></tr>
<tr><td>工作环境</td><td colspan="2">特定工作环境。</td></tr>
<tr><td>工作时间特征</td><td colspan="2">正常的工作时间。</td></tr>
<tr><td>所需记录文档</td><td colspan="2">宴会菜单、零点菜单。</td></tr>
<tr><th colspan="3">考核指标</th></tr>
<tr><td colspan="3">技术考核，组织能力考核。</td></tr>
</table>

成本控制在计划成本内。
营业收入指标达到酒店计划指标。

岗位分析 17　二砧

岗位名称	二砧		岗位编号	
所在部门	餐饮厨房		岗位定员	
直接上级	头砧		工资等级	
直接下级	三砧		薪酬类型	
工作综述				
负责零点及宴会菜肴的切配和干货原料的涨发工作，保证及时向炉灶提供配份合乎规格的菜品。				
职责与工作项目				
职责一	职责表述：负责领取并涨发干货原料，努力提高涨发质量和涨发率，保证周转使用原料有一定库存。			
	工作项目	根据头砧督导领取干货原料并按标准涨发。		
		根据经营情况随时向头砧汇报库存原料。		
职责二	职责表述：按规格切制菜肴的料头，准备主配料，并准确地进行配份工作，保证出品的速度并有效地控制成本。			
	工作项目	根据菜肴的不同要求准备相应的料头。		
		根据宴会菜单切配原料并严格按照标准菜谱保证质量、数量。		
职责三	职责表述：定期检查、整理冰箱、冷库，保持原料存放整齐和质量完好。			
	工作项目	每日检查整理冰箱，生与熟、成品与半成品分开。		
		所有原料用保鲜膜覆盖。		
		每周六对本岗冰箱除霜一次。		
职责四	职责表述：完成头砧交办的其他工作。			
	工作项目	根据经营情况将须预制的原材料送至炉灶加工成半成品。		
职责五	职责表述：了解客情，熟悉菜单，明确当日项目。			
	工作项目	及时向头砧了解当日预订情况。		
		根据宴会菜单准备原料。		
职责六	职责表述：做好开餐后的收尾工作，妥善保存各种原料、半成品及用具。			
	工作项目	收档后妥善保管各种原料及用具。		
		有损坏的用具及时报修。		
		收档后打扫本岗卫生，每周六全面大扫除。		
权力				
权限：向头砧建议的权力。				
工作协作关系				
内部协调关系	头砧、三砧、打荷、水台。			
外部协调关系				
任职资格				
教育水平	中专及以上学历。			
专业	烹饪工艺与营养专业。			
培训经历	接受过岗位技术、切配工艺培训。			

经验	具有2年以上切配工作经验，已达三级中餐烹饪厨师水平。	
知识	熟悉切配工艺等，通晓食品原料保存的物理、化学知识，熟悉设备、设施的维护保养。	
技能技巧	刀工技巧、切配技巧。	
个人素质	个人能力	创新能力、实施能力、表达能力、协调能力。
	身体素质	身体健康、无传染病、无色盲、嗅觉灵敏。
其他		
使用工具/设备	各种刀具、冰柜、砧板。	
工作环境	特定工作环境。	
工作时间特征	正常的工作时间，偶尔加班。	
所需记录文档		
考核指标		
工作考核按岗位考核标准执行。		
营业收入指标达到酒店计划指标。		

思考及训练

根据表4-2-4完成厨房加工工作流程实训。

表4-2-4　　厨房加工工作流程表

实训内容	水台工作流程	砧板工作流程
全班同学分成两个小组，每个小组进入厨房，分别在水台和砧板两个区域，模拟实际工作场景进行实训： ● 整理刀具、摆放料头盘 ● 清理冰箱 ● 清理货架 ● 清洗冰柜 ● 清洗货架 ● 清洗砧板 ● 浸泡消毒抹布	准备：进餐厅打入门卡。更换制服，佩戴好名牌，整理仪容。	
	9:30进厨房，签到上班，洗净手，到岗位开始工作。 开档：整理刀具，将当天采购回的蔬菜加工整理，浸泡清洗干净，并摆放整齐；将需要解冻的肉类食物拿出来解冻。	9:30进厨房，签到上班，洗净手，到岗开始工作。 二、三砧整理工具，将需要解冻的食物从冰柜中取出，料头盘摆放整齐，补充缺少的各种细料头和粗料头，将蔬菜清理加工好，交水台清洗。 三砧将肉类原料、二砧将海鲜原料逐一检查，看是否充足，如不足应马上补充。 头砧检查冰箱温度并记录。检查采购回的货物，看质量和数量是否符合要求，在所有当天需要加工的食物上打印当日日期，并检查食物有无变质现象，向总厨报告当日食品的准备情况及预订宴席的准备情况。
	11:00吃午餐。	
	11:30回到厨房，做好准备工作。宰杀客人需要的海鲜原料，并帮助砧板配菜。	11:30回到厨房，做好准备工作，开始配备客人所点的食物。
	14:00整理，清洗冰柜及货架，并随时向主管报告缺少的货物，以便及时补充。	14:00清理冰柜及货架的食物，了解备货情况，头砧写次日采购单，并将所需采购物品报请总厨同意后送给采购部采购。

续前表

实训内容	水台工作流程	砧板工作流程
	14:30收档：将所有经过清洗处理的食物用适当的容器存放，并在冰柜中摆放整齐，将砧板洗净，将刀具放回刀盒，抹布用消毒溶液浸泡。签到后下班。	14:30收档：将所有食物用适当的容器存放，并在冰柜中摆放整齐，将砧板洗净、刀具放回刀盒。抹布用消毒溶液浸泡，头砧检查收档情况。签到后下班。
	16:30吃晚饭。	
	17:00回到厨房，签到上班，洗净手，到岗位开始工作。 开档：将所有必用的食物准备好，宰杀海鲜，并协助砧板配菜。	17:00回到厨房，签到上班，洗净手，到岗位开始工作。 开档：头砧检查并记录冰箱温度，对不足食物加以补充，预备明天的食物，并配备客人所需的食物。
	22:00洗净砧板，刀具磨利抹干后备用，协助砧板整理冰箱，最后签到下班。	22:00二、三砧清洗砧板，收放刀具，整理清洁冰箱。头砧检查冰柜并记录冰箱温度，将当天所卖出的贵重物品记录下来，锁好冰柜及吊柜。签到后下班。

项目三 厨房菜肴配份、烹调流程及管理

菜肴配份与烹调同在一间厨房，是热菜成熟、成形阶段。配份与烹调虽属两个岗位，可联系相当密切，沟通特别频繁，开餐期间，也常常是厨师长最为关注的地方。

菜肴配份，是指根据标准菜谱即菜肴的成品质量特点，将菜肴的主要原料、配料及料头（又称小料）进行有机配伍、组合，以提供给炉灶岗位进行烹调。配份阶段是决定每份菜肴的用料及成本的关键，生产的无用功（产品出去了，可利润没收回）也会在这里出现。因此，配份阶段的控制既是保证出品质量的需要，也是经营营利所必需。

烹调则是指将已经配份好的主料、配料、料头，按照烹调程序进行烹制，使菜肴由原料变成成品。烹调阶段是确定菜肴色泽、口味、形态、质地的关键。烹调阶段控制得好，就可以保证出品质量和出菜节奏；控制不力，则会造成出菜秩序混乱，菜肴回炉返工率增加，客人投诉增多。因此，切不可掉以轻心。

任务一 配份工作流程及管理

一、配份数量与成本控制

配份数量控制具有两方面的意义：一方面，它可以保证配出的每份菜数量合乎规格，成品饱满而不超标，使每份菜产生应有的效益；另一方面，它又是成本控制的核心。原料通过加工、切割、上浆到配份岗位，其单位成本已经很高。差之毫厘，谬以千里。配份时如疏忽大意，或者大手大脚，就会使饭店原料大量流失，菜肴成本居高不下。因此，配份的数量控制至关重要。其主要手段是充分依靠、利用标准菜谱规定的配份规格，养成用称称量、论个计数的习惯，这样就可以切实保证就餐宾客的利益，也有利于饭店塑造好的产品形象和餐饮声誉。

二、配份质量管理

菜肴配份，首先要保证同样的菜名其原料配伍必须相同。饭店经常发生这样的事：

前后两客都点了“三鲜汤”，一厨为顾客配了鸡片、火腿、冬笋片，价格昂贵，口味鲜美；另一厨为顾客配了青菜、豆腐、鸡蛋皮，色彩悦目，成本低廉。厨师用心皆良，操作无误，可后面的食客为之纳闷，颇感不悦。厨房管理者更是不快——质量难保，成本难控。可见，配份不一，不仅影响着菜肴的质量，而且影响到饭店的经济效益和社会效益。按标准菜谱进行培训，统一配菜用料，并加强岗位间监督、检查，可有效地防止随意配份现象的发生。

配份岗位操作，同时还应考虑烹调操作的方便性。因此，每份菜的主料、配料、料头（小料）配放要规范，即分别取用各自的器皿，三料三盘，这样烹调岗位操作就十分便利，也为提高出品速度和质量提供了保证。配菜时还要严格防止和杜绝配错菜（配错餐桌）、配重菜和配漏菜现象出现。一旦出现上述疏忽，既打乱了整个出菜次序，又妨碍了餐厅的正常操作，这在开餐高峰期是很被动的。防止错配、漏配菜的措施，一是制定配菜工作程序，理顺工作关系；二是健全出菜制度，防止有意或无意错、漏配菜现象发生。

（一）料头准备工作程序

料头，又称小料，即配菜所用的葱、姜、蒜等佐助配料，其块型大多较小。虽然这些小料用量不大，但在约定俗成的情况下，其在配份与烹调之间也起着无声的信息传递作用，可以避免很多错乱现象的发生，在开餐高峰期尤其如此。

1. 标准与要求

（1）大小一致，形状整齐美观，符合规格要求。

（2）数量适当，品种齐备，满足开餐配菜需要。

2. 步骤

（1）领取、洗净各类料头用料，分别定位存放。

（2）根据烹调菜肴需要，按切配料头规格，对原料进行切制。

（3）将切好的料头区别性质用途，分别干放或水养，置于固定器皿和位置，并用保鲜膜封好。

（4）清洁砧板、工作台，将用剩的料头原料放回原位。

（5）开餐时，揭去保鲜膜，根据配菜要求分别取用各种料头。

（二）配份工作程序

1. 标准与要求

（1）配份用料品种、数量符合规格要求，主、配料分别放置。

（2）接受零点订单 5min 内配出菜肴，宴会订单菜肴提前 20min 配齐。

2. 步骤

（1）根据加工原料申领单领取加工原料，备齐主料和配料，并准备配菜用具。

（2）对菜肴配料进行切割，部分主料根据需要加工。

（3）对水养（放在水中保管）原料进行换水处理。

（4）对当日已发好的干货进行洗涤、改刀，交炉灶焯水后备用。

（5）备齐开餐用各类配菜筐、盘，清理配菜台和用具，准备配菜。

（6）接受订单，按配份规格配制各类菜肴主料、配料及料头，置于配菜台出菜处。

（7）开餐结束，交代值班人员做好收尾工作，将剩余原料分类保藏，整理冰箱、冷库。

（8）清点下餐、次日预订客情通知单，结合零点客情分析，计划并向加工厨房预订下餐或次日需补充原料。

（9）清洁工作区域，用具放于固定位置。

（三）配份出菜制度

（1）案板切配人员，负责随时接受和核对各类出菜订单。

（2）配份岗凭单按规格及时配制，并按先接单先配、紧急情况先配、特殊菜肴先配的原则处理，保证及时上火烹制。

（3）配份必须准确及时，前后有序，菜肴与餐具相符，成菜及时送至备餐间，提醒跑菜员取走。

（4）从接受订单到第一道热菜出品不得超过10min，冷菜不得超过5min，因配份时间长耽误出菜引起客人投诉，由当事人负责。

（5）所有出品订单、菜单必须妥善保存，餐毕及时交厨师长备查。

（6）炉头岗对打荷所递菜肴要及时烹调，对所配菜肴规格质量有疑问者，要及时向砧板切配岗提出，并妥善处理。烹制菜肴先后次序及速度服从打荷安排。

（7）厨师长有权对出菜的手续、菜肴质量进行检查，如有质量不符或手续不全的出菜，有权退回并追究责任。

思考及训练

仔细阅读下面两张表（见表4-3-1、表4-3-2），从中找出对配份工作有指导意义的地方。

表4-3-1　同菜系厨师出品情况全方位统计表

项目	厨师A	厨师B	厨师C
销售总量	443份	224份	207份
销售总额	8 072元	2 677元	4 212元
销售排行	排骨炖酸菜59份 羊杂30份 菜团子22份 原汁牛肉22份 酱焖全肘19份	干锅花鲢26份 家炖胖头鱼21份 川烧橄榄虾19份 土豆烧红蘑14份 丰粒三宝9份	家常焖梭鱼47份 肉丝炒豆干38份 椒盐蟹味菇35份 虾爆蚕蛹34份 风味扣肉19份
色拉油	32.85kg 合197.1元	12.75kg 合76.5元	16.3kg 合97.8元
味素	5.03kg 合50.3元	3.5kg 合35元	4.9kg 合49元
一品鲜	6瓶，合31.2元	4瓶，合20.8元	3瓶，合15.6元
鸡精	6袋，合13.2元	4袋，合8.8元	7袋，合15.4元
……	……	……	……
每百元菜金用油	2.44元/100元	2.86元/100元	2.32元/100元

续前表

项目	厨师 A	厨师 B	厨师 C
每百元菜金用味素	0.62 元/100 元	1.31 元/100 元	1.16 元/100 元
每百元菜金用一品鲜	0.39 元/100 元	0.78 元/100 元	0.37 元/100 元
每百元菜金用鸡精	0.16 元/100 元	0.33 元/100 元	0.37 元/100 元
……	……	……	……

表 4-3-2　　不同菜系厨师出品情况全方位统计表

项目	东北菜档口	鲁菜档口	川菜档口	淮扬菜档口	凉菜
销售总量	1 033 道	440 道	788 道	360 道	340 道
销售总额	25 993 元	8 728 元	13 744 元	7 617 元	5 812 元
单菜销售排行					
色拉油	55.8kg	19.95kg	36.6kg	23.8kg	6.75kg
味素	6.1kg	1.5kg	2.3kg	3.9kg	1.2kg
鸡精	6 袋	4 袋	4 袋	7 袋	4 袋
一品鲜	7 瓶	5 瓶	4 瓶	3 瓶	5 瓶
保鲜膜	0.27kg	0.33kg	0.3kg	0.17kg	0.43kg
其他	……	……	……	……	……
每百元菜金用油	1.29 元/100 元	1.37 元/100 元	1.60 元/100 元	1.87 元/100 元	0.70 元/100 元
每百元菜金用味素	……	……	……	……	……
每百元菜金用鸡精	……	……	……	……	……
每百元菜金用一品鲜	……	……	……	……	……
每道菜用膜	明档一周内展出 196 份，平均 0.03 元/份	0.08 元/份	0.03 元/份	0.04 元/份	0.05 元/份
其他	……	……	……	……	……

任务二　打荷岗位分析

打荷就是负责将砧板切好配好的原料腌好调味、上粉上浆、用炉子烹制、协助厨师制作造型的工作。简单地说，打荷就是厨房里面的全能选手，帮厨师打杂，什么都需要了解。这个职位源于粤菜，最初的目的是减轻厨师的负担。

“打荷”的“荷”原指“河”，有“流水”的意思。所谓“打荷”，即掌握“流水速度”，以协助炒锅师傅将菜肴迅速、利落、精美地制作完成。打荷的人员配置因炒锅师傅的数量而定，一般一个炒锅师傅配备一个打荷，大型酒楼的打荷会多一两个，作为机动人员便于调配。按工作能力，打荷依次分为：头荷、二荷、三荷直至末荷。“打荷”又称

“打围”“铺案”“掐边”等，它的专业术语为“热菜助理”。其工作内容主要包括调料添置，料头切制，菜料传递，分派菜肴给“炉灶”烹调，辅助炉灶厨师进行菜肴烹调前的预制加工，如菜料的上浆、挂糊、腌制，清汤、毛汤的吊制，餐盘准备，盘饰，菜肴的装盘，各种调味汁的配制等。由于打荷岗位对于厨房正常生产秩序的运转和促进菜肴质量的提高起到非常重要的作用，所以很快便在中餐厨房迅速传播并被广泛接受。

岗位分析 18　打荷

岗位名称	打荷	岗位编号	
所在部门	餐饮部	岗位定员	
直接上级	头锅	工资等级	
直接下级	水台	薪酬类型	
工作综述			
负责菜肴容器的准备、菜肴烹制的安排工作以及菜肴出品的盘饰美化工作，保证出品工作的井然有序。			
职责与工作项目			
职责一	职责表述：了解客情，熟悉风味零点菜单，领取、备齐开餐用各类菜肴餐具。		
	工作项目	向上级了解规定，根据预订情况准备好各式盛器。	
		根据零点菜肴的特色安排不同的盛器。	
职责二	职责表述：负责领取开餐用盘饰花卉及其他盘饰品。		
	工作项目	根据经营情况开出第二天所需的原料单。	
		准备各类盘饰品。	
		根据盛器的不同用不同的饰品装饰。	
职责三	职责表述：根据炉灶风味的分工和菜单出菜顺序，负责分别将切配的风味菜及时传递分派给炉灶岗烹制。		
	工作项目	充分了解零点菜肴的标准菜谱，了解各炉头的分工及出菜程序。	
		将不同的菜肴分配至各炉灶，保证菜肴的顺利出品。	
职责四	职责表述：积极与炉灶厨师配合，负责给每种烹制菜肴提供合适餐具。		
	工作项目	了解菜肴所配置的餐具。	
		根据菜肴及时提供合适餐具。	
职责五	职责表述：依据菜肴盘饰规格要求，迅速快捷地为各类出品菜肴进行清洁和装饰美化，及时送到出菜口。		
	工作项目	开餐时准备干净的抹布及筷子。	
		用筷子将菜肴进行美化，用抹布擦干净盘边。	
职责六	职责表述：负责荷台里外的清洁工作及物品保管。		
	工作项目	每日收档后打扫荷台。	
		对荷台的物品妥善保管。	
		每周六全面大扫除。	
权力			
权限一：对本岗位所需调料及装饰用物品向厨师长申购的权力。			
权限二：对炉灶炒制菜肴进行分工的权力。			

权限三：对炉灶不合格产品拒绝出菜的权力。		
工作协作关系		
内部协调关系	炉灶、砧板厨师。	
外部协调关系		
任职资格		
教育水平	中专及以上学历。	
专业	烹饪工艺与营养专业。	
培训经历	接受过入职培训、岗位技能培训。	
经验	有1年以上本岗位工作经验，有一定的中餐烹饪基础。	
知识	熟悉菜单内容，具有一定的美学知识。	
技能技巧	烹饪技能及了解各式器皿、餐具。	
个人素质	个人能力	创新能力、实施能力、计划能力。
	身体素质	身体健康、无传染病、无色盲、嗅觉灵敏。
其他		
使用工具/设备	各种容器、餐具、器皿。	
工作环境	高温，特殊工作环境。	
工作时间特征	正常的工作时间，偶尔加班。	
所需记录文档		
考核指标		
工作考核按岗位考核标准执行。		
营业收入指标达到酒店计划指标。		

思考及训练

根据表4-3-3完成打荷工作流程实训。

表4-3-3　　打荷工作流程表

实训内容	全班同学分成两个小组，分别进入厨房，在打荷区域模拟实际工作场景进行实训： ● 整理马斗 ● 检查炉头酱 ● 学习菜品装盘 ● 学习菜品盘饰 ● 清洁工作台
打荷工作流程	准备：进餐厅打入门卡。更换制服，佩戴好名牌，整理仪容。
	9:30进厨房，签到上班，洗净手，到自己的工作岗位上开始工作。将马斗分类摆好，放于荷台上备用，香菜折好后清水漂洗备用，葱丝切好备用，将脆浆开好，面包糠备好，检查炉头酱是否充足。询问各部门需要何种原料，然后下单到食品仓领取，原料领回后打印上当日日期，并妥善存放好。
	11:00吃午餐。
	11:30回到厨房，做好准备工作。当有客人点菜时，将砧板配好的原料加上相应的酱料，分给各炉头烹制，并将烹制好的菜肴整理成最美观、整洁的形态后准确传递给服务员端去给客人。

打荷工作流程	14:30 将所用的一切食物用适当的容器装好后，送入冰箱合理保存。向砧板报告所需要采购的食物，清理工作现场卫生，签到下班。
	16:30 吃晚餐。
	17:00 回到厨房，签到上班，洗净手，到岗位开始工作。开档：当有客人点菜后，要协调好砧板、炉头和其他部门，将菜肴准确有序地出品。
	22:00 清理所有用具，清洁工作台面，将食物放入冰柜中保存，签到后下班。

任务三　炉头岗位分析

炉头即餐厅里的炒锅厨师，负责烹饪原料的熟处理，烹调用汤的制作；负责将配制后的半成品烹制成菜肴；负责按技术和质量要求加工菜肴，使每道菜点达到色、香、味、形俱佳并及时提供给餐厅。炉头根据技术水准通常分为头锅、二锅、三锅等。头锅就是餐饮店或酒店中炒锅厨师的组长，也指该菜系炒菜技术比较好的厨师，在职务上隶属于该菜系厨师长。

岗位分析 19　头锅

岗位名称	头锅		岗位编号	
所在部门	餐饮部		岗位定员	
直接上级	厨师长		工资等级	
直接下级	厨房员工		薪酬类型	
工作综述				
带领本组员工及时按规格烹制不同风味的零点菜肴，安排打荷工作，做到出品质量稳定，风味纯正，前后有序。				
职责与工作项目				
职责一	职责表述：根据营业情况，熟悉菜单，合理安排打荷、炒灶、汤锅、油锅、蒸菜的各岗位工作。			
	工作项目	合理安排打荷、炒灶、汤锅、油锅、蒸菜的各岗位工作。		
职责二	职责表述：安排本组员工值班、轮休，负责本组员工工作表现的考核、评估。			
	工作项目	安排本组员工值班、轮休。		
		负责本组员工工作表现的考核、评估。		
职责三	职责表述：负责检查员工设备及用具的维护与保养，对需修理或添补的设备和用具提出建议。			
	工作项目	负责检查员工设备及用具的维护与保养。		
		对需修理或添补的设备和用具提出建议。		

<table>
<tr><td rowspan="3">职责四</td><td colspan="2">职责表述：调制菜肴的调料汁，确保口味统一，督促打荷备齐各类餐具。</td></tr>
<tr><td rowspan="2">工作项目</td><td>调制菜肴的调料汁。</td></tr>
<tr><td>督促打荷备齐各类餐具。</td></tr>
<tr><td rowspan="3">职责五</td><td colspan="2">职责表述：安排员工做好开餐前的准备工作。</td></tr>
<tr><td rowspan="2">工作项目</td><td>合理安排原料、用具。</td></tr>
<tr><td>指导员工按要求做好准备工作。</td></tr>
<tr><th colspan="3">权力</th></tr>
<tr><td colspan="3">权限一：对本组员工是否合理使用原材料的监督权。</td></tr>
<tr><td colspan="3">权限二：对本组员工的工作表现进行考核、评估的权力。</td></tr>
<tr><th colspan="3">工作协作关系</th></tr>
<tr><td colspan="2">内部协调关系</td><td></td></tr>
<tr><td colspan="2">外部协调关系</td><td></td></tr>
<tr><th colspan="3">任职资格</th></tr>
<tr><td colspan="2">教育水平</td><td>中专及以上学历。</td></tr>
<tr><td colspan="2">专业</td><td>烹饪工艺与营养专业。</td></tr>
<tr><td colspan="2">培训经历</td><td>接受过岗位操作培训。</td></tr>
<tr><td colspan="2">经验</td><td>有 5 年以上本岗位工作经验。</td></tr>
<tr><td colspan="2">知识</td><td>美学知识、食品卫生知识。</td></tr>
<tr><td colspan="2">技能技巧</td><td>烹饪技能。</td></tr>
<tr><td rowspan="2">个人素质</td><td>个人能力</td><td>组织能力、协调能力。</td></tr>
<tr><td>身体素质</td><td>身体健康、无传染病、有充沛精力。</td></tr>
<tr><th colspan="3">其他</th></tr>
<tr><td colspan="2">使用工具/设备</td><td>炒炉。</td></tr>
<tr><td colspan="2">工作环境</td><td>高温、油烟。</td></tr>
<tr><td colspan="2">工作时间特征</td><td>正常的工作时间。</td></tr>
<tr><td colspan="2">所需记录文档</td><td></td></tr>
<tr><th colspan="3">考核指标</th></tr>
<tr><td colspan="3">月经营收入达到计划指标。</td></tr>
<tr><td colspan="3">月成本率在计划成本率以内。</td></tr>
</table>

岗位分析 20　二锅

<table>
<tr><td>岗位名称</td><td colspan="2">二锅</td><td>岗位编号</td><td></td></tr>
<tr><td>所在部门</td><td colspan="2">餐饮部</td><td>岗位定员</td><td></td></tr>
<tr><td>直接上级</td><td colspan="2">头锅</td><td>工资等级</td><td></td></tr>
<tr><td>直接下级</td><td colspan="2">三锅</td><td>薪酬类型</td><td></td></tr>
<tr><th colspan="5">工作综述</th></tr>
<tr><td colspan="5">负责各类风味、零点及宴会菜肴的制作，保证向宾客及时提供标准一致、风味纯正的菜肴。</td></tr>
<tr><th colspan="5">职责与工作项目</th></tr>
<tr><td rowspan="2">职责一</td><td colspan="4">职责表述：负责油锅、烤箱、炒灶等岗位的烹调准备工作。</td></tr>
<tr><td>工作项目</td><td colspan="3">根据客情做好油锅、烤箱、炒灶等岗位的烹调准备工作。</td></tr>
</table>

职责二	职责表述：负责原料过油等初步处理工作及各种糊的制作。	
	工作项目	原料过油等初步处理工作。
		制作各种糊。
职责三	职责表述：完成头锅交代的其他工作。	
	工作项目	做好工作区域的卫生工作。
		对设备设施进行维修保养。
权力		
权限：对工作的建议权。		
工作协作关系		
内部协调关系		
外部协调关系		
任职资格		
教育水平	中专及以上学历。	
专业	烹饪工艺与营养专业。	
培训经历	接受过岗位培训。	
经验	具有本岗位1年以上工作经验。	
知识	烹饪知识。	
技能技巧	烹饪技能。	
个人素质	个人能力	协调能力。
	身体素质	身体健康、无传染病、有充沛精力。
其他		
使用工具/设备	炒炉。	
工作环境	高温、油烟、噪声。	
工作时间特征	正常的工作时间。	
所需记录文档		
考核指标		
工作考核按岗位考核标准执行。		

岗位分析21　三锅

岗位名称	三锅	岗位编号	
所在部门	餐饮部	岗位定员	
直接上级	二锅	工资等级	
直接下级	厨工和打荷厨师	薪酬类型	
工作综述			
负责餐厅订单和菜肴食品的传递工作，负责菜肴佐料、服务用品的准备工作，做好餐饮服务的后勤工作。			
职责与工作项目			
职责一	职责表述：负责原料的初步处理工作。		
	工作项目	对原料进行初步处理。	

<table>
<tr><td rowspan="2">职责二</td><td colspan="3">职责表述：做好开餐前的各项准备工作。</td></tr>
<tr><td>工作项目</td><td colspan="2">准备好各种配料、调料。</td></tr>
<tr><td rowspan="2">职责三</td><td colspan="3">职责表述：完成头锅交代的其他工作。</td></tr>
<tr><td>工作项目</td><td colspan="2">根据经营情况完成头锅交代的其他工作。</td></tr>
<tr><td rowspan="2">职责四</td><td colspan="3">职责表述：按规定烹制各类菜肴，保证质量和速度。</td></tr>
<tr><td>工作项目</td><td colspan="2">按标准烹制菜肴。</td></tr>
<tr><td rowspan="3">职责五</td><td colspan="3">职责表述：保持个人卫生及工作区域卫生。</td></tr>
<tr><td rowspan="2">工作项目</td><td colspan="2">负责工作区域的卫生工作。</td></tr>
<tr><td colspan="2">检查个人仪容仪表，按卫生标准进行食品加工操作。</td></tr>
<tr><td rowspan="3">职责六</td><td colspan="3">职责表述：负责炉灶的维修保养工作。</td></tr>
<tr><td rowspan="2">工作项目</td><td colspan="2">保证炉灶的正常使用。</td></tr>
<tr><td colspan="2">发现问题及时报修。</td></tr>
<tr><td colspan="4">权力</td></tr>
<tr><td colspan="4">权限：对部门工作的建议权。</td></tr>
<tr><td colspan="4">工作协作关系</td></tr>
<tr><td colspan="2">内部协调关系</td><td colspan="2"></td></tr>
<tr><td colspan="2">外部协调关系</td><td colspan="2"></td></tr>
<tr><td colspan="4">任职资格</td></tr>
<tr><td colspan="2">教育水平</td><td colspan="2">高中及以上学历。</td></tr>
<tr><td colspan="2">专业</td><td colspan="2">烹饪工艺与营养专业。</td></tr>
<tr><td colspan="2">培训经历</td><td colspan="2">接受过岗位培训。</td></tr>
<tr><td colspan="2">经验</td><td colspan="2">具有本岗位1年以上工作经验。</td></tr>
<tr><td colspan="2">知识</td><td colspan="2">食品卫生知识。</td></tr>
<tr><td colspan="2">技能技巧</td><td colspan="2">烹饪技术。</td></tr>
<tr><td colspan="2" rowspan="2">个人素质</td><td>个人能力</td><td>协调能力。</td></tr>
<tr><td>身体素质</td><td>身体健康、无传染病、有充沛精力。</td></tr>
<tr><td colspan="4">其他</td></tr>
<tr><td colspan="2">使用工具/设备</td><td colspan="2">炒炉。</td></tr>
<tr><td colspan="2">工作环境</td><td colspan="2">高温、油烟。</td></tr>
<tr><td colspan="2">工作时间特征</td><td colspan="2">正常的工作时间。</td></tr>
<tr><td colspan="2">所需记录文档</td><td colspan="2"></td></tr>
<tr><td colspan="4">考核指标</td></tr>
<tr><td colspan="4">月营业收入达到计划收入。</td></tr>
</table>

岗位分析 22　厨工

岗位名称	厨工	岗位编号	
所在部门	餐饮部	岗位定员	

<table>
<tr><td colspan="2">直接上级</td><td colspan="2">三锅</td><td>工资等级</td><td></td></tr>
<tr><td colspan="2">直接下级</td><td colspan="2"></td><td>薪酬类型</td><td></td></tr>
<tr><td colspan="6">工作综述</td></tr>
<tr><td colspan="6">熟悉原材料的初步加工、整理，与炉灶厨师配合工作。</td></tr>
<tr><td colspan="6">职责与工作项目</td></tr>
<tr><td rowspan="2">职责一</td><td colspan="5">职责表述：保持个人卫生及环境卫生。</td></tr>
<tr><td>工作项目</td><td colspan="4">做好工作区域的环境卫生。</td></tr>
<tr><td rowspan="3">职责二</td><td colspan="5">职责表述：负责对原材料的初步加工、准备器皿、用具的摆放和收货、领货工作。</td></tr>
<tr><td rowspan="2">工作项目</td><td colspan="4">对原材料进行初步加工，准备器皿。</td></tr>
<tr><td colspan="4">负责收货、领货。</td></tr>
<tr><td colspan="6">权力</td></tr>
<tr><td colspan="6">权限：对部门工作的建议权。</td></tr>
<tr><td colspan="6">工作协作关系</td></tr>
<tr><td colspan="2">内部协调关系</td><td colspan="4"></td></tr>
<tr><td colspan="2">外部协调关系</td><td colspan="4"></td></tr>
<tr><td colspan="6">任职资格</td></tr>
<tr><td colspan="2">教育水平</td><td colspan="4">中专及以上学历。</td></tr>
<tr><td colspan="2">专业</td><td colspan="4">烹饪专业。</td></tr>
<tr><td colspan="2">培训经历</td><td colspan="4">接受过岗位培训。</td></tr>
<tr><td colspan="2">经验</td><td colspan="4">从事本岗位工作6个月以上。</td></tr>
<tr><td colspan="2">知识</td><td colspan="4">了解食品卫生知识。</td></tr>
<tr><td colspan="2">技能技巧</td><td colspan="4">烹饪技能。</td></tr>
<tr><td colspan="2" rowspan="2">个人素质</td><td>个人能力</td><td colspan="3">协调能力。</td></tr>
<tr><td>身体素质</td><td colspan="3">身体健康、无传染病、有充沛精力。</td></tr>
<tr><td colspan="6">其他</td></tr>
<tr><td colspan="2">使用工具/设备</td><td colspan="4">厨具。</td></tr>
<tr><td colspan="2">工作环境</td><td colspan="4">高温、油烟、噪声。</td></tr>
<tr><td colspan="2">工作时间特征</td><td colspan="4">正常的工作时间。</td></tr>
<tr><td colspan="2">所需记录文档</td><td colspan="4"></td></tr>
<tr><td colspan="6">考核指标</td></tr>
<tr><td colspan="6">工作考核按岗位考核标准执行。</td></tr>
</table>

思考及训练

根据表 4-3-4 完成炉头工作流程实训。

表 4-3-4 炉头工作流程表

实训内容	全班同学分成两个小组，分别进入厨房，在炉头区域模拟实际工作场景进行实训： ● 学习点火 ● 开芡水 ● 掌握电灶的使用 ● 掌握煤气灶的使用 ● 掌握风机的使用
炉头工作流程	准备：进餐厅打入门卡。更换制服，佩戴好名牌，整理仪容。
	9:30 进厨房，签到上班，洗净手，到自己工作岗位上开始工作。将所要用的砂锅、炒锅、油篱等摆放到位，打开煤气阀，点燃常明火，摆放好调味品及酱料，并补充不足之物。调制芡汤、鱼汁，开芡水，检查食品是否充足。准备工作完成后，可协助其他部门工作。
	11:00 吃午餐。
	11:30 回到厨房，做好准备工作，开始烹制客人所需要的菜品，头锅监督其他炉出品质量。
	14:30 清洗用具，将调味品及酱料收放整齐，抹布用消毒溶液浸泡，关闭煤气总阀，关闭风机电源。签到后下班。
	16:45 吃晚餐。
	17:15 回到厨房，签到上班，洗净手，到岗位开始工作。开档：补充调料及油料，开始烹制客人所需要的菜肴。
	21:45 头锅将当日厨房发生的事记录下来，并将客人反馈的意见记录下来，交给总厨阅看。
	22:00 清理所有工具，并将调味品及酱料收放好，关闭煤气总阀和风机电源。签到后下班。

任务四 上什岗位分析

“上什”的“什”字音同“杂”，广东方言，为中餐厨房七大工种之一，负责按菜单标准制作蒸制食品、炖制食品。

岗位分析 23 上什

岗位名称	上什		岗位编号	
所在部门	餐饮部		岗位定员	
直接上级	厨师长		工资等级	
直接下级	厨工		薪酬类型	
工作综述				
负责加工各类蒸菜原料以及煲、炖各种汤品。				
职责与工作项目				
职责一	职责表述：负责各种蒸菜的加工和制作，保证及时提供符合要求的蒸菜及炖品。			
	工作项目	根据宴会单准备原料，制作各种蒸菜和炖品，并及时传送至传菜部。		
职责二	职责表述：配合菜单要求，煲制汤类，及时满足炉灶需要。			
	工作项目	根据菜单要求，准备原料，煲制汤类。		

权力		
权限：对工作的建议权。		
工作协作关系		
内部协调关系		
外部协调关系		
任职资格		
教育水平	中专及以上学历。	
专业	烹饪专业。	
培训经历	接受过岗位操作培训。	
经验	有 2 年以上本岗位经验。	
知识	具备各种原料蒸制、加工的知识以及火候知识。	
技能技巧	烹饪技能。	
个人素质	个人能力	协调能力。
	身体素质	身体健康、无传染病、有充沛精力。
其他		
使用工具/设备	蒸柜、煲仔炉。	
工作环境	高温、油烟。	
工作时间特征	正常的工作时间。	
所需记录文档		
考核指标		
工作考核按岗位考核标准执行。		

思考及训练

根据表 4-3-5 完成上什工作流程实训。

表 4-3-5　　上什工作流程表

实训内容	全班同学分成两个小组，分别进入厨房，在上什区域模拟实际工作场景进行实训： ● 掌握蒸柜的使用 ● 掌握炖锅的使用 ● 掌握干货涨发
上什工作流程	准备：进餐厅打入门卡。更换制服，佩戴好名牌，整理仪容。
	9:30 进厨房，签到上班，洗净手，到自己的工作岗位上开始工作。开档：检查所有的调味盘，并添加充足，打开煤气总阀，点燃常明火，检查蒸气柜气压是否正常，打开蒸气阀，将米饭蒸熟。检查冰柜，清点所备货的数量并告知砧板，将例汤物品取出煲汤，准备好上汤和二汤，以备炉头使用。
	11:00 吃午餐。
	11:30 回到厨房，做好准备工作，如有客人点蒸制菜肴，应立即将此菜肴放入蒸柜并掌握好成熟的时间及温度。
	14:30 将所有发制的干货检查一次，如鲍、参、翅、肚、菇等，看其是否充足，以便及时补充。将浸泡的物品逐一换清水，并打印上出品日期，放入冰柜指定的位置保存，向砧板师傅报告明日所需采购的食物。关闭煤气总阀和蒸气总阀。
	16:30 吃晚餐。
	17:00 回到厨房，签到上班，洗净手，到岗位开始工作。开档：高质量、高效率地做好客人所需的菜肴。
	22:00 清理所用工具，将所有食物用适当的容器装好后放入冰箱保存，将当日所售贵重物品记录在存货表上。关闭煤气总阀和蒸气总阀，切断风机电源。签到后下班。

任务五　烧味岗位分析

岗位分析 24　二级烧味

岗位名称	二级烧味	岗位编号	
所在部门	餐饮厨房	岗位定员	
直接上级	厨师长	工资等级	
直接下级	烧味厨师	薪酬类型	
工作综述			
负责烧烤、卤水拼盘的制作，保证及时提供合乎风味要求的色、香、味、形俱佳的菜肴。			
职责与工作项目			
职责一	职责表述：根据客情和菜单，负责提前做好烤制和卤制的菜肴。		
	工作项目	接受菜单，将原料预制成半成品，做好充分的准备工作。	
		按收到菜单时间起菜，按星级酒店要求及客人口味准备上菜。	
职责二	职责表述：负责原料的领取、加工及烹制、装盘出品工作，对烧烤质量和卫生负责。		
	工作项目	每日向厨师长请示，根据每日宴会单适当领取物品。	
		根据宴会标准单制作烧烤菜肴。	
		随时保证盛器的干净整洁。	
职责三	职责表述：接受零点订单，及时按规定切配装盘，并向餐厅准确收放。		
	工作项目	每日清理冰箱，保证生熟分开，对原料进行保管。	
		对所有的原材料用保鲜膜覆盖，保证质量。	
职责四	职责表述：定期检查、整理冰箱，保证存放食品的质量。		
	工作项目	每日对收档菜肴妥善保管。	
		定期整理冰箱，保证存放食品的质量。	
职责五	职责表述：正确维护、合理使用器械设备，并保证完好整洁。		
	工作项目	按要求合理使用设备。	
		对设备进行日常维护、定期清理，保证食品卫生。	
职责六	职责表述：随时保持个人、工作岗位及包干区的卫生整洁，并负责烧味部的消毒工作。		
	工作项目	每日收档后打扫烧味部的卫生。	
		每周六大扫除，对烧味部进行紫外线消毒。	
权力			
权限：对工作方法的改进或提高有建议权。			
工作协作关系			
内部协调关系	厨师长、烧味部厨师。		
外部协调关系			
任职资格			
教育水平	初中以上文化水平。		
专业	烹饪工艺与营养专业。		
培训经历	接受过岗位培训、技术技能培训，做过食品雕刻。		
经验	有 2～3 年的相关经验，三级中餐烹饪厨师水平。		

知识	具备食品雕刻能力、美学基础。	
技能技巧	具有烧烤、配菜和厨房设备维护保养能力。	
个人素质	个人能力	指导能力、创新能力、实施能力、倾听能力、计划能力。
	身体素质	身体健康、无传染病、无色盲、嗅觉灵敏。
其他		
使用工具/设备	烧烤炉、微波炉。	
工作环境	特定工作环境。	
工作时间特征	正常的工作时间，偶尔加班。	
所需记录文档		
考核指标		
月计划收入达到酒店计划指标。		
工作考核按岗位考核标准执行。		

思考及训练

根据表 4-3-6 完成烧味工作流程实训。

表 4-3-6　　烧味工作流程表

实训内容	全班同学分成两个小组，分别进入厨房，在烧味区域模拟实际工作场景进行实训： ● 掌握烤炉的使用 ● 学习控制卤制菜肴的质量
烧味工作流程	准备：进餐厅打入门卡。更换制服，佩戴好名牌，整理仪容。
	9:30 进入厨房，签到上班，洗净手，到自己的工作岗位上开始工作。检查并记录冰柜温度，将煤气总阀打开，点燃常明火，将烧烤炉点燃，检查采购回的货物，看质量、数量是否符合要求，并打印上日期，查看备货情况，叉烧烤制好后送到档口。
	11:00 吃午餐。
	11:30 回到厨房，做好准备工作，帮助其他烧味员工出品客人所需菜肴。
	14:30 将用具收好，关闭煤气总阀，切断风机电源，清洁冰柜。签到后下班。
	16:30 吃晚餐。
	17:00 回到厨房，签到上班，洗净手，到岗位开始工作。开档：检查并记录冰柜温度，帮助档口员工出品客人所需菜肴，并将明天要用的乳猪、烤鸭、鸡、叉烧等用调味品腌制备用。
	22:00 整理冰柜，检查并记录冰柜温度，检查食物有无变质现象，最后关闭煤气总阀及风机电源，锁好冰柜。签到后下班。

任务六　凉菜岗位分析

凉菜岗位主要负责各式凉菜的制作，保证及时供应并定期开发新产品，负责水果拼盘和刺身的制作，以及相关的展台雕刻，负责凉菜间凉菜制作原料采购计划书的下达。

岗位分析 25　凉菜间主厨

岗位名称	凉菜间主厨	岗位编号	
所在部门	餐饮厨房	岗位定员	
直接上级	厨师长	工资等级	
直接下级	凉菜间厨师	薪酬类型	
工作综述			
组织安排本组员工按规定加工制作零点及宴会各类风味纯正的凉菜，保证出品及时有序。			
职责与工作项目			
职责一	职责表述：根据正常营业时间和零点凉菜菜单，合理安排本组员工工作，遇有大型宴会活动，主动与厨师长协调，分担凉菜制作与出品工作。		
	工作项目	定岗、定位，分别粗加工、精加工，制作调味品，由凉菜主管亲自把关。	
职责二	职责表述：负责安排原料申领，加工、烹调零点的各类凉菜。		
	工作项目	根据宴席档次和规格与主宾的要求，主动与厨师长做菜式的安排（味型、菜式分类）。	
职责三	职责表述：督导员工按规格加工制作凉菜，保证出品凉菜的口味、装盘形式等合乎规格，负责制作凉菜的调味汁。		
	工作项目	认真做好备料、加工与制作。	
		根据操作的能力，认真做好培训指导检查和验收，做到保质保量。	
职责四	职责表述：自觉钻研，适时推出凉菜新品种。		
	工作项目	努力钻研推出新菜。	
职责五	职责表述：负责装盘形式和重量的检查，准确控制凉菜成本。		
	工作项目	严格控制菜肴成本。	
权力			
权限一：对员工的工作表现的考核、评估权。			
权限二：对员工工作的监督检查权。			
工作协作关系			
内部协调关系	凉菜厨师、宴会预订部。		
外部协调关系			
任职资格			
教育水平	中专及以上学历。		
专业	烹饪工艺与营养专业。		
培训经历	接受过岗位技术、技能、烹饪美学基础培训。		
经验	有相关工作经验。		
知识	烹饪美学知识。		
技能技巧	熟练的烹饪技能，善于调制凉菜的各种味型。		
个人素质	个人能力	指导能力、创新能力、协调能力。	
	身体素质	身体健康、无传染病、无色盲、嗅觉灵敏。	

其他	
使用工具/设备	冰柜、冷藏柜、各种刀具。
工作环境	一般工作环境。
工作时间特征	正常的工作时间。
所需记录文档	
考核指标	
营业收入指标达到酒店指标。	
成本控制在计划成本内。	
工作考核按岗位考核标准执行。	

思考及训练

根据表 4－3－7 完成凉菜工作流程实训。

表 4－3－7　凉菜工作流程表

实训内容	全班同学分成两个小组，分别进入厨房，在凉菜区域模拟实际工作场景进行实训： ● 掌握凉菜的常用原料、调料
凉菜工作流程	准备：进餐厅打入门卡。更换制服，佩戴好名牌，整理仪容。
	9:30 进厨房，签到上班，洗净手，到自己的工作岗位上开始工作。检查并记录冰柜温度，将调味盘中所缺的调味品补足。备好围边装饰用的原料，将需用的各种碗碟准备充足，用电饭煲将米饭及粥煲好备用，检查冰柜中半成品的质量，如不足应及时通知工厂的员工加工。
	11:00 吃午餐。
	11:30 回到厨房，准备工作，开始出品客人所需食物。
	14:30 清洁砧板及用具，将所有食物用适当的容器放好，并整齐地放入冰柜中指定的位置，将当天生产的食物打印上日期，检查冰柜中的存货，如不足应告知砧板下单采购。
	16:45 吃晚餐。
	17:15 回到厨房，签到上班，洗净手，到岗位开始工作。开档：检查并记录冰柜温度，高质量、高效率地出品客人所需食物。
	22:00 清洁砧板，磨利刀具，整理冰箱，并查看、记录温度，将所有食物放入冰箱中保存，锁好冰柜，切断微波炉及电饭煲电源。签到后下班。

项目四 点心工作流程及管理

点心岗位主要负责饭店各式点心的制作，负责各式中式点心以及主食（稀饭、干饭）等的制作，负责点心间所需原料采购计划书的下达。

岗位分析 26　点心主厨

岗位名称	点心主厨		岗位编号	
所在部门	餐饮部		岗位定员	
直接上级	厨师长		工资等级	
直接下级	点心厨师及厨工		薪酬类型	
工作综述				
负责各类宴会点心的制作工作，协助厨师长做好点心间的生产管理工作，带领本组员工制作风味纯正的各类点心。				
职责与工作项目				
职责一	职责表述：制作宴会及风味点心单，制定点心制作规格标准，报厨师长审批后执行，不断翻新点心品种，提高风味及宴会点心的制作质量及出品质量。			
	工作项目	制作宴会及风味点心单，制定点心制作规格标准，报厨师长审批后执行。		
		不断翻新点心品种，提高风味及宴会点心的制作质量及出品质量。		
职责二	职责表述：负责安排原料的申领、加工，掌握客情，根据菜单做好开餐前的准备和收尾工作。			
	工作项目	负责安排原料的申领、加工。		
		掌握客情，根据菜单做好开餐前的准备和收尾工作。		
职责三	职责表述：负责检查把握各种馅料的配合口味，严格控制成品质量。			
	工作项目	检查把握各种馅料的配合口味，严格控制成品质量。		
职责四	职责表述：合理安排员工班次，负责大型宴会点心的组织生产工作。			
	工作项目	合理安排员工班次。		
		负责大型宴会点心的组织生产工作。		
职责五	职责表述：带领员工维护保养好设备设施。			
	工作项目	维护保养好设备设施。		

职责六	职责表述：检查员工仪容仪表及区域卫生。	
	工作项目	检查员工仪容仪表。
		检查区域卫生。
权力		
权限：有监督生产的权力。		
工作协作关系		
内部协调关系	计财部。	
外部协调关系		
任职资格		
教育水平	中专。	
专业	烹饪工艺与营养专业。	
培训经历	接受过点心制作技术培训。	
经验	具有相关工作经验，熟练掌握点心制作技术。	
知识	了解美学基础知识。	
技能技巧	点心制作技能。	
个人素质	个人能力	组织能力、管理能力。
	身体素质	身体健康、无传染病、有充沛精力。
其他		
使用工具/设备	和面机、搅拌机、压面机、蒸柜、烤箱。	
工作环境	一般工作环境。	
工作时间特征	正常的工作时间。	
所需记录文档		
考核指标		
月经营指标在酒店计划内。		

思考及训练

根据表 4－4－1 完成点心工作流程实训。

表 4－4－1　　点心工作流程表

实训内容	全班同学分成两个小组，分别进入厨房，在点心区域模拟实际工作场景进行实训： ● 掌握和面机的使用 ● 掌握压面机的使用 ● 掌握电饼铛的使用
点心工作流程	准备：进餐厅打入门卡。更换制服，佩戴好名牌，整理仪容。
	9:30 进厨房，签到上班，洗净手，到自己的工作岗位上开始工作。整理所有的工具，检查并记录冰柜温度，检查食物的质量和数量。将肉包、饺子、面条、馒头、汤圆、鸭饼等制作出来，以备客人点单，并将当天制作的食物打印上日期。
	11:00 吃午餐。
	11:30 回到厨房，做好准备工作，当客人点单时，以最好的质量、最高的效率将食物出品。

点心工作流程	14:30 清洗整理冰柜，检查食物有无变质，以及食物数量是否充足，如不足，应立即通知砧板下采购单，将所有食物收入冰柜合理摆放。清理工作现场。签到后下班。
	16:45 吃晚餐。
	17:15 回到厨房，签到上班，洗净手，到岗位开始工作。开档：检查并记录冰箱温度，配菜并准备明日之物品。
	22:00 清理使用的工具，清洁工作现场，并将所有的食物用适当的容器装好并置于冰柜，检查并记录冰柜温度。签到后下班。

项目五 厨房卫生与安全管理

厨房卫生是餐饮卫生控制中最为重要的环节。厨房的卫生管理与控制，必须是全方位的、严格的，不能有半点马虎。从厨房的环境卫生，到厨房的设备设施卫生，再到厨师的个人卫生，都应该始终如一地保持清洁、无菌、无毒的良好状态。

任务一 厨房卫生要求

一、厨房环境卫生

厨房环境卫生是指菜品加工过程中的空间环境卫生，包括室内建筑卫生、废弃物处理情况、员工洗手间和厨房室外的环境卫生等。如果厨房环境清洁处理达不到卫生标准的要求，不仅会造成菜品加工过程的污染，也会影响加工人员的身体健康。厨房环境卫生清洁包括：

（1）对室内地面、天花板、墙壁、门窗等建筑环境必须经常进行清洁、清洗和消毒处理。

（2）及时妥善处理菜品制作过程中产生的大量垃圾及废弃余料等废弃物，避免招来蚊、蝇、蟑螂、老鼠等病菌的传播者，进而造成菜品等食品的污染。

二、厨房生产设备与用具卫生

（一）厨房设备设施卫生

厨房是加工菜品的地方，厨房环境的好坏、烹饪设备与用具等的卫生安全程度都会直接对菜品的卫生安全产生影响。因此，厨房的环境卫生、烹饪设备及各种用具的卫生就显得非常重要。厨房设备设施卫生主要包括下水通道、抽排系统、备餐间、冰柜等的卫生。

（二）厨房用具卫生

1. 灶上用具卫生

炒菜灶上的烹饪用具，品种繁多，有炒锅（或勺）、锅铲、铁筷子、漏勺（漏网）、锅垫、油缸等，一般都是金属制品，比较容易清洗。

2. 调理台卫生

盛装生料的料盘及盛装各种调味品的料罐，这些用具非常容易造成交叉污染，因此每餐用后一定要进行严格的清洗消毒处理。特别是盛装调料的盆罐，收台时，必须将剩余的调料倒出，对料罐进行认真的清洗，消毒后放置于专门的柜内存放。

3. 砧板卫生

砧板若是使用不当，或者是未清洗干净，是很容易导致食品原料与饭菜成品污染的，尤其会导致交叉污染，因此必须加强对砧板的卫生清洁管理。

4. 餐具卫生

所有的餐具不仅要经过清洗冲刷，还必须经过严格的消毒处理，尤其是对尚未使用洗碗机的餐饮企业更要严格消毒管理。

5. 抹布卫生

厨师手中的抹布是厨房中使用频率最高、卫生状况最差、最容易造成微生物的传播与污染的用具。因此必须对抹布的清洁卫生和消毒处理进行严格的管理，每次使用结束后，都必须进行严格的洗净与消毒处理。

6. 卫生用具卫生

卫生用具即厨房整理打扫卫生时所使用的各种工具，这些卫生工具如毛刷、拖把、笤帚、铁簸箕、洗涤剂等若不能妥善处理，也会造成污染。因此，厨房所使用的各种卫生工具必须由专人负责管理，每次用完后一定要清洗干净、消毒后晾干，于厨房以外的专门位置存放，不得放在厨房内。

三、菜点食品卫生

所谓腐败变质，是指食品在以微生物为主的各种因素的作用下，降低或失去食用价值的一切变化。菜品原料被微生物污染，会降低食品的质量，以致引起人体健康损害。微生物污染食品及引起的腐败变质，是食品卫生工作中经常遇到的问题。

食品腐败变质时，因组织的改变与崩溃，产生黏液，出现异常色调，或强烈的刺激气味或特殊的味道等，食用后会引起食物中毒或消化道传染病等。

防止食品腐败变质的措施如下：

（1）消除和减少微生物的污染，控制微生物的繁殖。

（2）在食品生产、加工、运输、储存和销售的各个环节中，要保证食品所接触的环境保持清洁卫生，尽可能减少微生物对食品污染的机会，对食品采取抑菌或灭菌的措施，抑制酶活动等，以防止食品腐败变质或延缓食品质量的变化。

四、菜品加工过程的卫生

（一）对原料进行严格的卫生质量检验

餐饮业应对准备加工的食品原料、半成品进行感官检查，必要的时候要对批量的食品原料进行理化检验，不符合国家卫生标准的原料一律不能进行烹调加工。

（二）科学解冻食品原料

冷冻的食品原料应经过缓慢的解冻再进行烹制，解冻后的食品原料应一次使用完，不准二次冻结，以免影响原料的质量。

（三）加热过程严格控制火候

特别要控制加热时火力的强弱与加热时间的长短，尽可能注意不要把菜品烧焦或烤煳，以防止化学性污染物的形成，如不慎将菜品烧焦，应在食用前除去烧焦部位。

（四）食品要烧熟煎透

食品制作加热时，应使食品原料均匀受热，尤其要注意块大、形整及较厚的菜品，一定要烧熟煎透，防止外熟里生，甚至外焦煳而内不熟的现象发生，不得使半生不熟的菜品过夜，从根本上保证菜品的卫生质量。

（五）生、熟食品一定要分开存放

无论是菜品的加工烹制，还是菜品原料及菜品成品的存放，都应严格执行生、熟食品隔离的原则，以防止食品的交叉污染，避免熟的食品被生的食品原料污染。另外，熟的食品与半成品在存放时还要与天然冰分开。

（六）尽量缩短加工时间

有些菜品的制作过程比较复杂，需要很长的时间，如冷荤菜肴的拼摆过程，往往需要几个小时。由于菜品长时间暴露在空气中，加之手工操作与各种工具的使用，菜品易被交叉污染。因此，从业人员应特别注意菜品加工时的环境卫生，尽可能地缩短加工时间，尤其是冷荤菜肴的制作时间。要遵循随制随销、现做现卖、以销定产的原则，有的必须隔夜的菜品制品或半成品，在食用前必须充分加热，经严格的杀菌消毒后才能销售或食用。

（七）保持良好的环境卫生

菜品加工制作场地和用具的清洁消毒工作要得到保证和加强，保持室内空气新鲜，严防尘土飞扬。熟食品存放时应加罩或盖，以防微生物污染，凡接触过或盛放过熟食制品的用具和盛器，要做到每使用一次消毒一次。

（八）严格装盘时的卫生要求

菜品装盘之前，盛器必须经过严格的洗净消毒处理，装盘时手要保持清洁，并且不要与菜肴发生接触，还要适当防止菜肴和卤汁外溢，如果溢出盘外，一般不要用抹布擦拭盘边，正确的处理方法是另换一只盘盛装。

（九）妥善保管剩余原料

对已打开的并已使用的经过严格卫生包装的食品原料及半成品，以及冲制后的蛋、乳制品及其糊浆、调料汁等原料，预制时尽可能根据当天的业务量需要加工，有些允许现制现用的可以随时根据需要加工或开启包装，应以一次使用完为妥。对剩余的部分原料，应清理油渍或再加热后，将其盛在专用设备中放入冰箱保管，防止变味变质。

（十）加强从业人员个人卫生管理

所有从事菜品加工的烹饪工作人员，要树立良好的职业道德观念，坚持客人安全第一的理念。在进行菜品加工的过程中，一定要把个人的卫生保持好，严格要求自己，加强个人的卫生管理，以确保菜品的卫生质量与就餐者的健康安全。

五、厨房工作人员的卫生

由于厨房工作人员的作业对象是菜品等食品的加工或是菜品消费过程中的服务，是以菜品等食品为内容从事的活动，因此，当厨房工作人员自身的卫生不合格或在从事菜品加工过程中不能按规定的卫生安全标准去执行时，就会首先使菜品的卫生受到影响，甚至造成菜品被直接或间接污染，给消费者的身体健康或安全带来危害。对厨房工作人员的卫生安全标准必须做出严格而明确的规定，并使厨房工作人员在从事厨房工作时认真落实与执行。

（1）厨房工作人员必须持有国家卫生防疫部门颁发的健康证书。

（2）熟悉《中华人民共和国食品安全法》的相关内容，并能在工作中严格执行。

（3）养成良好的个人卫生习惯，加强个人卫生管理。

（4）严格操作规程中的卫生管理，确保菜品符合卫生要求。

从事厨房菜品加工的工作人员，必须养成良好的卫生习惯。企业则应该加强对工作人员工作习惯卫生的管理，这样可以防止因工作人员不良的工作习惯与意外疏忽而导致菜品、餐具、器具等遭受有害物质的污染，确保菜品的卫生安全。

思考及训练

请对比下面两份资料，然后由班委拟定实训室管理细则，提交全班同学讨论。

阅读资料　餐饮业五常法

餐饮业五常法，就是指常组织、常整顿、常清洁、常规范、常自律。

五常法的实施，不但要求有持之以恒的决心，还需要全体员工积极投入和配合，只有这样才能真正落实安全、优质、规范化、现代化的企业精神。它不仅带领企业走进一个全新的管理境界，也有利于个人环境教育与提升行为修养，使员工最终成为有责任感的自我管理者，从而进一步提升企业的安全、卫生、品质、效率、形象这五大方面。

- 常组织：判断出完成工作所必需的物品，并把它们与非必需的物品分开；将必需品的数量降低到最少，并把它放在一个方便的地方。

- 常整顿：目的是提高效率，旨在研究多快就可以取得物品，以及要多久才可以把它放好。包括分析现状、物品分类、物品储存、切实执行四个步骤。

- 常清洁：每个人都应该有负责清洁的地方。常清洁应该由整个机构所有成员一起来完成。在进行清洁工作的同时，也在清理他们自己的头脑。

- 常规范：就是将公司的一些优良的工作方法或理念标准化。常规范活动还包括利用创意和“全面视觉管理法”，从而获得和坚持规范化的条件，以提高办事效率。

- 常自律：就是向每个人灌输按照规定方式做事的理念。此处所强调的是形成良好的工作习惯，教导每个人正确的做事方式并让他们付诸实践。此过程有助于人们养成制定和遵守规章制度的好习惯。

阅读资料 川粤餐饮管理公司“六定法则”的厨房

“六定法则”的内容包括：定位置、定责任、定分量、定标准、定目标、定时限。

● 定位置

定位置只针对物品，即所有的用具、物品都要有自己的固定位置。比如，打荷台中间有三个调料台，每个调料台上摆放的调料顺序是固定的，三个调料台上的调料顺序也是一致的，不能因为一时顺手而打乱顺序。

● 定责任

定责任是针对厨房工作人员的。博瑞厨房里每位员工胸前都有一张胸卡，上面写的不是他们的名字，而是他们的职责。比如，炒锅师傅的胸卡上罗列的职责大体是：(1) 用具消毒；(2) 用料检查；(3) 出品协调；(4) 保质保量出菜；(5) 清洗炒菜用具、灶台并收纳归位；(6) 打扫自己的卫生区域，接受检查。这些职责是按一天工作的先后顺序依次罗列的。

● 定分量

定分量是指每道菜的原料、辅料都要精确，不能估计，每道菜的分量要一致，口味要一致。在配菜台对面的墙上，贴有一些表格，载明每道常用菜的原料、辅料分量，如果记不住就要对照表格来配菜。另外，配菜台上有几杆秤，配菜师傅要严格称量，不能靠感觉。比如“客家煎仔鸡”，规定的原料鸡肉的分量是750克，青辣椒150克。有时候鸡肉是冰冻过的，冰冻过的鸡肉看上去比实际重量大一些，所以经常有厨师将不到750克的冰冻鸡肉当作750克来用，非常不标准。定分量时，不能凭感觉，全部上秤来称，偏差就小了很多。

● 定标准

定标准是针对收货和出菜的，即制定收货标准和出品（出菜）标准。没有收货标准的时候，是送货商送什么厨房收什么，制定标准后是厨房需要什么供货商送什么。收货标准图文并茂，常用货品的图文贴在厨房的一面墙上。货物的标准一般都是砧板、炉头、总厨意见的汇总。大家先提出自己觉得效果最好的原料品种，汇总后去市场找最合适的货物，拍照存档，作为标准。

出菜的标准主要靠照片来显示，即将效果最好、质量达标的每道菜拍照存档，放在出菜间，出菜间有一工作人员根据照片检查出菜的合格情况。这些标准包括菜品的颜色、色泽、装盘、分量、形状，如果有一项达不到标准立即退回，并重做一份，而废掉的一份则按菜品售价的80%由该厨师买单。

● 定目标

定目标，即制定厨房的短期目标和长期目标，并将其提上日程，按时实现。每个厨房都有自己的目标。比如，七月份天气炎热，酒店的计划是推出养生、降火粥品，出粥就需要配套地出泡菜、凉菜。确定了目标后，就是分配项目：炒锅师傅要在某日前开发出几种粥品，凉菜间要在某日前出几道新凉菜，将项目分配到每个主管，主管再分配到厨师，然后总厨主管到时候来“收租子”就可以了。

● 定时限

定时限是制定项目完成的时间期限。这一项跟“定目标”联系在一起，因为如果只确定项目而没有时间期限，肯定不能按时完成。时间期限由总厨或者厨师长跟执行项目的厨师商量而定。

任务二　厨房清洁卫生流程管理

一、厨房清洁、卫生管理

（一）工作人员卫生注意事项

（1）工作时，应穿戴整洁的工作衣（或围裙）帽，并避免让手接触或沾染食物与食器，尽量利用夹子、镊子等工具取用。

（2）工作时，不得在食物或食器的附近抽烟、咳嗽、吐痰、打喷嚏，打喷嚏时要背向食物用手帕或卫生纸罩住口鼻，并随时洗手。

（3）厨房工作人员应注意保持双手洁净，工作前、后和触及不洁之物后都要彻底清洁干净。

（4）厨房清洁扫除工作每日数次，或至少一次，清洁完毕，清扫用具应集中存放。杀菌剂和洗涤剂不得与杀虫剂等放在一起，有毒的物质要标明，放在固定场所和指定专人管理。

（5）厨房系食品加工场所，不得在内躺卧或住宿，也不许随便悬挂衣服及放置鞋履，或乱放杂物。

（6）工作人员生病时，应留在家中休息。感冒、皮肤有外伤或感染传染病症时，都应留在家中休养治疗。

（二）厨房作业的卫生标准

（1）厨房应与厕所及其他不洁处所有效隔离，所以厨房内不应有厕所，且厨房的门与窗均不得面对厕所。

（2）厨房应有良好的供水系统与排水系统。因为厨房烹调食物之前，材料需要用清水洗涤，厨房清理更需大量用水，这些用过的污水皆须迅速排除，否则会使厨房泥泞不堪。

（3）工作台及橱柜以铝质或不锈钢材质为佳，木质者较易滋生蟑螂。

（4）工作台及橱柜下内侧和厨房死角应特别注意清扫。因在冲洗地面时，易将面包碎片、碎肉、菜屑等冲入这些死角，成为虫蚁、老鼠的最佳食物。

（5）食物应在工作台上料理操作，并将生、熟食物分开处理。刀和砧板工具及抹布等，必须保持整洁。

（6）地面、天花板、墙壁、门窗应坚固美观，所有孔洞缝隙应予填实密封，并保持整洁。

（7）应安装抽油烟机，且抽油烟机的油垢应定时清理，而所排出的污油及热气亦应适当处理，切勿直接喷出干扰他人。

(8) 食物应保持新鲜、清洁、卫生，并于洗净后，分开以塑胶袋包紧，或装在有盖容器内，分别储放于冰箱或冷冻室内。鱼、肉类取用处理要迅速，也要避免反复解冻。

(9) 易腐败的食品应装于容器内冷藏，熟的与生的食物应分开储放，且为防止食物气味在冰箱内扩散，或食物吸收冰箱内气味（牛乳、乳酪等最易吸收冰箱内气味），应将其密封储存，并备置脱臭剂或燃过的木炭放入冰箱，可吸净臭味。

(10) 调味品应以适当容器盛装，使用后随即加盖，所有的器皿及菜肴均不得与地面或污物接触。

(11) 厨房垃圾应尽快清除，一般不能过夜，否则其异味会影响整个厨房，且易滋生蚊蝇。

(三) 厨房设备清洁要点

1. 刀

生食及熟食使用的刀具应分开，避免熟食被污染；磨刀率与日常保养及其锐利程度颇有关系，磨刀最好每周一次，并至少每个月保养一次；不常使用的刀宜保持干燥，并涂上橄榄油以防锈，再用报纸或塑胶纸包裹存放。

2. 搅拌机、切菜机等

搅拌机、切菜机等使用后务必立即清洗。清洗部分包括背部、轴部、拌打轴、基座等，清洗干净后要晾干，每日清洗后，辅助力的轴部洞口应滴入 5～6 滴矿物油以润滑保养。

3. 砧板

新木质砧板使用前需涂以水和盐，或浸于盐水中，经水烫或暴晒（杀菌作用），最好让砧板两面能接触风，自然干燥。砧板宜分熟食、生食使用。如果砧板刀痕太多，最好刨平再用。

4. 冰箱

冰箱应按照内部储藏位置绘图，标明食物的位置和购入时间。应尽量少开，每开一次应将所需物品一起取出，以减少冰箱耗电及降低故障率。至少每周清理一次，各类食物应用塑胶袋包好或加盖冷藏，以防止水分蒸发。冰箱非存物箱，食物要待冷凉且加盖后，才能放进冰箱，且要留有空间，使冷气流通。放入及取出饮料时，避免倾倒在冰箱内，以免冰箱内产生异味。有些酸性饮料如柠檬汁等，不要接触金属，避免其腐蚀金属器具。冰箱内最好置入冰箱除臭剂，以消除冰箱内特殊食品的气味，净化冰箱内的空气。

5. 冷冻柜

冷冻柜不可直接晒太阳，温度应保持在－18℃以下。食品应分小量包装后放入。

6. 微波炉

微波炉使用完毕，应迅速用湿抹布擦拭。用泡绵洗净器皿及隔架，用软布擦拭表面，不可使用锐利的金属刷洗，亦不可使用用于烤箱的清洁剂，如喷式玻璃清洁剂、化学抹布等擦拭，以避免机体失去光泽或造成锈蚀。

7. 油炸器具

每日将油汲出，再用中性洗洁剂彻底清洗。油温温度计使用后，也要用清洁剂洗净，再以柔软干布擦干。

8. 深油炸锅

油锅以长柄刷擦洗，并用水和半杯醋冲净，煮沸 6 分钟，用水冲净并晾干，外部应拭擦或冲净。

9. 烤箱

打开烤箱门，用沾有洗洁剂的泡绵或抹布去除污渍，用湿抹布擦净，清理烤箱内部的污垢时，宜用去污粉和钢刷刷除。再用干抹布擦拭烤箱内部 2～3 分钟，应将水分完全去除，避免生锈。烤箱底部有烤焦的物质时，将烤箱加热再冷却后，可使坚硬流出物被碳酸化，再用长柄金属刮刀刮除干净。

烤箱外部使用温的清洁水溶液清洗，再抹净擦干。

10. 瓦斯炉与快速炉

如有重油污，应在瓦斯炉冷却后，以中性去污剂擦净。火焰长度参差不齐，可将炉嘴卸下，用铁刷刷除铁锈或用细钉穿通焰孔。每日应拆卸清洗。生锈部分可用含 15%硝酸的除锈剂，将锈去除后用水洗净。

11. 油烟机

定时找专人清除油烟机管上的油渍，油烟罩应每日清洗。

12. 抹布

用清洁剂洗涤，冲洗干净后晒干，也可使用漂白剂漂白。

13. 容器及器具

容器、器具的洗涤，由于种类与附着的污物不同，方法也不相同。洗涤后必须将洗洁剂冲干净，再以热水、蒸汽或是次氯酸钠消毒。若使用次氯酸钠消毒，应以饮用水冲洗并干燥；尤其金属制器皿容易被次氯酸钠腐蚀，若有水分残留易使金属生锈。合成树脂所制成的器具吸水性低，材质较易损伤，受损部分易附着食品残渣而成为微生物的生长温床，因此在清洗时应特别注意。塑胶制的器具耐热性差，不能用高温来消毒杀菌，因此这类制品以次氯酸盐或其他化学方法消毒即可。

二、餐具的洗涤程序

（一）预洗

为达到有效的清洗效果，餐具于洗涤前应做好预洗工作，清除餐具上的残留菜肴，并将类似餐具集放一处，便于清理。擦拭或用水冲洗，除可去除固状污物外，亦可冲去残留的油脂性污物。

（二）清洗

餐具的清洗可分为人工清洗和机器清洗两种。清洗的效果受下列因素影响：（1）清洗方法及操作是否正确。（2）洗涤设施与设备是否适当。（3）水量、温度是否适宜。（4）洗洁剂选用的种类及使用浓度是否适当。

清洗的目的在于去除附着于餐具表面的污物，它能减轻消毒时的负担，并无杀菌效果。以下介绍人工清洗餐具方法及机器清洗餐具方法。

1. 人工清洗

人工清洗必须备有三槽式洗涤设备。清洗餐具的基本步骤如下：

（1）预洗。

（2）第一槽（清洗槽）：将预洗过的餐具浸入第一槽里，使用清洁剂以手、毛刷或海绵，将可见的食物颗粒和油渍清除，洗洁液温度必须保持在43℃～50℃，这个温度可以促进污物溶解，增强洗净效果。

（3）第二槽（冲洗槽）：将第一槽的餐具移入第二槽温水中，并将其所附着的洗洁剂冲掉，如能用餐盘篮盛装餐具则更理想，在送入第三槽的操作上也较方便。第二槽的水应保持溢流状态，使污水往外流出，以维持清洁。

（4）第三槽（消毒槽）：将冲洗过的餐具浸入第三槽（热水或化学剂溶液）。

（5）滴干：消毒过的餐具在放入餐具橱前，应先让其滴干水分或风干，绝不可用布或手巾擦拭。

2. 机器清洗

（1）人工部分。

刮洗：将餐具上的杂物刮入垃圾桶。

预洗：利用不锈钢强力喷射臂强力喷洗餐具。

悬置：预洗后的餐具竖放于清洗篮中，使餐具等表面不积水。

（2）机器部分。

洗涤、消毒、干燥都在洗碗机内进行。

由于机器费用高，一般餐厅负担不起，现在市面上推销的机器可用每月付租金或利用银行贷款方式来负担，不必一次付清机器款项，这对餐厅资金运用而言是一大福音。机器清洗的种类有很多，最常用的是单槽式和输送带式。

1）单槽式清洗：清洗槽是固定的，将装满餐具的清洗篮摆在清洗槽中，在600℃的温度下用1分钟左右的时间清洗完成，适合于小厨房。

2）输送带式清洗：将餐具放在输送带上，输送带自动将餐具移到洗碗机清洗，清洗完后再自动移出来，适合于大厨房。

使用机器清洗应注意的是，遵循正确的操作方法，包括正确的清洁剂分量，才能达到消毒的目的。

机器清洗又可分为高温清洗与低温清洗。

1）高温清洗：易使厨房温度升高，比较闷，但清洗时间短。

2）低温清洗：因为温度低清洗较不易，所以需添加较多清洁剂。

（三）消毒

餐具清洗后的下一步即是消毒处理，目的是确保餐具卫生。一般的消毒方式可分为物理杀菌及化学药剂杀菌。有效的杀菌法有下列几种。

1. 热水杀菌法

以80℃以上的热水，加热2min以上（餐具）。

2. 干热杀菌法

以85℃以上的干热，加热30min以上（餐具）。

3. 煮沸杀菌法

以100℃沸水，煮沸5min以上（如毛巾、抹布）或1min以上（如餐具）。

4. 蒸汽杀菌法

以100℃的蒸汽，加热10min以上（如毛巾、抹布等）或2min以上（如餐具）。

（四）洗涤餐具注意事项

餐具洗净并经有效消毒后，应避免用手触摸餐具表面，并保存在有防虫鼠设备的餐具橱内。

要准备足够的餐具，龟裂或破损的餐具宜丢弃。

刀具上面不可有水渍，刀柄如为中空式，切忌内中集水，叉子齿间不可留有食垢，汤匙亦不可有黑色蛋渍或锈痕。

洗净的餐具避免用毛巾擦拭，餐具存放的架橱应每天刷洗，确保清洁。

生食和熟食的处理应各用不同的砧板，使用后应立即清洗，避免杂屑残留。清洗时，用中性洗洁剂刷洗，然后用开水烫过，以达到高温杀菌的目的，并保持干燥，以防细菌滋生。

三、洗洁剂的选择

洗涤必须先分清洗涤物的种类、材质及污物的性质。洗涤能力是指将洗涤物与污物分开的能力，也称为洗净力。因污物种类不同，其附着力也有异，但洗涤作用力必须大于污物的附着力，才能将洗涤物充分洗净，所以选择正确的洗洁剂，才能增强洗净力。

（一）洗洁剂的特性

各洗洁剂性质不同，所能清洗的污物及洗涤物表面性质也有所不同。了解每种洗洁剂的特性及功能，才能做出正确的选择。理想的洗洁剂应具备下列特性。

1. 湿润性

使污物附着的表面张力降低，以利水的渗透。

2. 乳化性

使油脂乳化。

3. 溶解性

对食品尤其是蛋白质具有溶解力。

4. 分散性

能使污物均匀分布于清洗液中。

5. 脱胶性

使污物不会凝聚。

6. 软化性

能使硬水软化。

7. 缓冲性

使清洗溶液保持中性。

8. 洗涤性

易于漂洗。

9. 无刺激性

不会刺激皮肤，安全、无毒，不危害人体。

（二）洗洁剂的分类

一般洗洁剂的酸碱度（pH）在 9.3～9.5 为好，而依使用时溶液的酸碱度，洗洁剂可分成酸性、中性、弱碱、碱性及强碱性等五类。

中性洗洁剂：主要用于毛发、衣物、食品器具及食品原料的洗涤，或物品受到腐蚀性侵蚀时使用，中性洗洁剂对皮肤的侵蚀及伤害性很小。

碱性洗洁剂：包括弱碱、碱性及强碱性洗洁剂，主要以中性洗洁剂不易去除的物质为洗涤对象，如蛋白质、烧焦物、油垢等。这类洗洁剂洗净力强，但具有强烈的腐蚀性，对皮肤伤害性大。常作为此类洗洁剂者，有苛性钠（氢氧化钠）、大苏打（碳酸钠）、小苏打（碳酸氢钠）等。

酸性洗洁剂：主要用于去除器皿、设备表面或锅炉中的矿物，如钙、镁的沉积物。这类洗洁剂具有氧化分解有机物之能力，包括有机酸与无机酸两种。常用的酸性洗洁剂有硫酸、磷酸、硝酸、草酸、醋酸等，均具有强烈的腐蚀性，会伤害皮肤。

（三）洗洁剂使用须知

通常角落、缝隙及粗糙表面的清洗效果较不显著，即使大部分污物可以清洗，但从细菌学观点来看，也不能完全清洗干净，若要将细菌数量降到适当的程度，除用水刷洗外，还需要再进行消毒。

四、厨房垃圾的处理

处理固体废弃物应该分类，首先需在各垃圾桶内放置垃圾袋，将垃圾分为可燃物（如纸箱、木箱）、不可燃物（如破碎餐具），分别投入各类垃圾桶，垃圾桶需加盖。空瓶罐可以退瓶或收集出售者，应先冲洗干净，放于密闭储藏室，以免招致苍蝇、蟑螂、老鼠等。至于下脚料的处理，原则如下：

（1）下脚料桶应以坚固、可搬动、有加盖之容器为原则，不宜溢出。

（2）下脚料宜每日处理。

（3）下脚料清运处理后，下脚料桶及其周围环境应冲洗干净。

（4）下脚料留予养猪户时，可用离心脱水法，将下脚料分离为固态与液态物，液态物让养猪户运走，固态物则用塑胶袋包裹装好，送至垃圾处理站。

思考及训练

阅读下面的案例，谈谈自己的看法。

五粮液财富美食会所服务案例

五粮液财富美食会所包间门背面的墙上贴着一张有明确服务流程的“包房周清洁流程表”，将每个星期的清洁项目一一列出，并且把方法和细节也罗列清楚，尤其是重点清洁的项目，让每一个员工在清洁的时候都有表格对照，在领导检查的时候也能有重点的方向。例如星期二清洁重点是洗手间。工作方法和细节包括擦拭百宝盒，清洗垃圾桶里外，消毒马桶要戴皮手套，清洗马桶内侧、地脚线、白钢等。在表格备注里还明确写出了马桶内侧的出水孔是有四个角的，在清洗洗手盆、水龙头、镜子的时候，要远离漂水和洁厕液，防止危险。

服务员每天的收市检查烦琐而复杂，经常有遗漏的地方，将工作细节表格化，将收市工作内容整理成条，这样员工在工作的时候，既清楚又明白，只要按照每一条的内容完成工作就可以了。而且领导在检查的时候，也可以根据表格的内容进行检查，及时纠正遗漏问题，这样不仅清楚明了，而且提高了工作效率。例如A11包间每晚收市流程检查表的内容包括恢复台面，洗、擦餐具，备齐家私柜和台面所需家私，酒水车、脏餐车、服务车归位，筷子归位，椅子、沙发归位，整理茶几、书刊、电视柜，擦电视、壁画、装饰品，清洁卫生（垃圾桶倒水、马桶盖打开、纸折三角、百宝盒整理），擦门把手、毛巾箱、微波炉，倒掉开水后电壶光亮清洁，婴儿椅、备用椅归位，整理衣柜、衣架（全部靠左），整理窗帘（内纱垂直、外帘呈“人”字形），备餐间、柜整理（餐具杯具遮盖、抽屉工作柜整理、托盘整理、擦地面），员工通道物品归位，关闭所有电源，餐具消毒，统计客人离开时间、收市完毕时间。

最后三项需要员工自检签字，管理人员检查签字，值班经理检查签字。员工必须自检合格后才能签字，管理人员检查纠偏合格后方可签字，值班经理需要对问题项做明确说明再签字。在最后，还注明一行小字：此表每周日中午12点前由各楼层交至前厅部处统计不合格项，并呈店总审阅。

在五粮液财富美食会所的专门通道中，每个包间都有一个拐角设计，是专门摆放垃圾车的位置。垃圾车分为四个桶，两个深桶、两个平桶，深桶要套上塑料袋，专门存放餐后的垃圾和汤汁剩菜，平桶专门存放用过的餐具。垃圾车采用不锈钢推车设计，就是力气再小的服务员都可以运送，这样在收市的过程中，垃圾分类处理，既提高了垃圾处理的效率，又为保洁人员清洗餐具提供了便利。

任务三　厨房安全管理

一、厨房生产安全

厨房生产安全包括食品安全与生产安全两个方面。食品安全是指厨房所加工的提供给客人的一切菜肴、面点等必须无害、无毒，进餐后不能给客人造成任何的伤害。生产安全是指避免任何有害于企业、宾客及员工的事故。事故一般是由人们的粗心大意造成的，往往具有不可估计和不可预料性，执行安全措施，增强安全意识，可减少或避免事故的发生。因此，无论是管理者还是每一位员工，都必须努力遵守安全操作规程，并承担维护安全的义务。

（一）厨房安全管理的目的

厨房安全管理的目的，就是要消除不安全因素，消除事故的隐患，保障员工的人身安全和企业及厨房财产不受损失。

厨房不安全因素主要来自主观、客观两个方面，主观上是员工思想麻痹，违反安全操作规程及管理混乱；客观上是厨房本身工作环境较差，设备、器具繁杂集中，从而导致厨房事故的发生。

（二）厨房安全管理的主要项目

厨房安全管理的主要项目就是实施安全监督和检查机制。通过细致的监督和检查，员工应养成安全操作的习惯，确保厨房设备和设施的正确运行，以避免事故的发生。安全检查的工作重点可放在厨房安全操作程序和厨房设备管理上。

二、厨房安全检查的内容

（1）地面是否平整、光滑，有无积水。

（2）下水道上的铁盖板是否都齐全。

（3）水池是否畅通，水龙头是否漏水或损坏。

（4）垃圾箱是否有盖，是否每天有专人倾倒和洗刷。

（5）工作台、货架是否摆放平稳。

（6）砧板是否每天清洁并摆放好。

（7）各种加工设备是否已清洁、保养。

（8）电灯光照是否全面，亮度如何，灯的高度如何。

（9）员工的各种刀具是否安全存放。

（10）厨房地面是否平整、清洁、干燥。

（11）各种煤气炉灶的阀门、开关是否关闭。

（12）电器设备是否有专用插座，电线容量是否够用。

（13）设备是否接通地线；开关、插座有无漏电现象。

（14）电器开关、插座是否安装在使用较方便处。

（15）员工是否学会操作各种机械设备。

（16）员工是否遵守安全操作程序。

（17）员工着装是否符合规定。

（18）厨房过道上有无障碍物。

（19）各种厨房用具是否安全摆放到位。

（20）厨房内使用的清洁剂是否有专柜存放。

（21）员工是否知晓清洁剂的使用方法。

（22）烹调操作间的电灯有无安全罩，光照度够不够。

（23）厨房门窗是否开启自如，有无松动或掉落的可能。

（24）厨房到餐厅过道门是否完好，进出是否分开走。

（25）厨房内各种消防器材是否齐备，是否够用。

（26）消防器材有无专人保管、是否定期进行检查。

（27）每位员工对消防器材是否熟悉、会用。

（28）厨房火灾报警器有无安装，是否有用。

（29）厨房煤气阀、煤气罐附近是否有醒目防火标记。

（30）厨房阀门、开关、插头等是否有专人负责检查。

（31）有无医疗箱，常见刀伤、跌伤等的药品是否齐备。

（32）厨房的各种钥匙是否有专人保管。

三、厨房食品安全

从生产加工到销售的整个过程，有很多情况和因素可以使菜品成为具有“毒性”的食品，而且使食品产生“毒性”的有害物质是多种多样的，食品被污染的方式和程度也是非常复杂的。虽然这些“有毒”的食品对人体健康所造成的危害程度和性质各不相同，但对人类的身体健康和人身安全却构成了很大的威胁，因而必须引起足够重视，并采取预防措施。

（一）食物中毒的概念

人们在日常生活中由于吃了被细菌、毒素、化学物质污染或含有毒性物质的食物而引起的一种急性疾病，就是食物中毒。

摄取不可食状态的食品（如未熟水果）、摄取非正常数量的食品（如暴饮暴食）、非经口摄取而由其他方式引入体内、食用者是特异体质对某种食品（如鱼虾、牛奶等）发生变态反应性疾病、经食物而感染的肠道传染病（如伤寒、痢疾等）和寄生虫病（如旋毛虫病、囊虫病等），这些都不属于食物中毒，也不能把这些引起发病的食品认为是有毒食品。所以，正确理解有毒食品和食物中毒的概念，对于病人是否作为食物中毒患者接受急救治疗，对于引起发病的食物是否按有毒的食物进行处理及是否按《中华人民共和国食品安全法》追究责任，在实际工作中有重要意义。

（二）食物中毒的特点

1. 有共同的致病食物

所有的病人都在相近的时间内吃过某种共同的致病食物，与食物关系比较明显，没有食用这种食物的人，即使同桌进餐或同屋居住也不发病。发病范围局限在食用该种有毒食物的人群中，停止食用这种有毒食物后，发病就很快停止。

2. 潜伏期短

发病呈急性暴发过程，集体暴发食物中毒时，很多人在短时间内同时或先后相继发病，在短时间内达到高峰。一般潜伏期在24～48h。

3. 患者的临床表现和治疗方法大致相同

大部分病人的症状相似，多为急性胃肠炎症状。

4. 没有传染性

停止食用有毒食物或污染源被清除后不再出现新的患者，人与人之间不发生直接传染。

（三）食物中毒产生的因素

（1）食物原料被细菌污染。

（2）食物原料被有毒的化学物质污染。

（3）食物原料本身含有有毒成分。

（4）食物原料本身没有毒，由于存放或管理不当，使食物原料产生了有毒物质。

（5）误食外形相似的有毒食物。

（6）掺杂、掺假、伪劣使食品产生毒素。

凡是吃了以上这些“有毒食物”，均可能引起食物中毒。

（四）食物中毒的预防措施

减少或完全杜绝餐饮业在经营中引发的食物中毒，关键是在对菜肴食品的加工、保存、销售过程中做好预防工作，尤其是厨房工作人员，更应把食物中毒的预防工作放在首要地位。预防食物中毒的三个主要方面如下。

1. 保持清洁

厨房加工人员在开始烹饪前，一定要把手部彻底洗干净。餐具、砧板、抹布等厨房用品应该以水或消毒药水洗涤，砧板在洗干后应晾晒。抹布必须经常用清洁剂、餐洗净充分洗净后保持干燥，否则消毒过的餐具再用脏的抹布来擦拭，便会功亏一篑。手指如果有伤口或脓疮的话，应该戴上手套或指套后再从事烹饪工作，否则伤口或脓疮里面的细菌会污染食品而引起食物中毒。食品应该注意保存，以免接触老鼠、蟑螂、苍蝇等病媒而被污染。

2. 加工迅速

食品买回来以后，不要放得太久，应该尽快烹饪供食，尤其是生食的食品原料愈快处理愈好，做好的食品也要赶快吃掉。由于细菌需要一段时间才能够繁殖到引起食物中毒的程度，所以时间愈短愈可以避免食物中毒。烹饪后的食品很容易繁殖细菌，所以最好不要做得太多，以每次能够吃完的量为限。

3. 加热与冷藏

细菌通常不耐热，加热到70℃以上，大部分的细菌都会被杀死，因此把食品加热以后再食用比较安全。细菌比较耐冷，虽然冷却以后不会被杀死，但是不容易繁殖，且温度非常低（−18℃以下）时根本不能繁殖。能够抑制细菌繁殖的温度是在5℃以下。

四、厨房常见的事故

厨房常见事故有割伤、跌伤、撞伤、扭伤、烧烫伤、触电、盗窃、火灾等。

相关链接

割伤的预防措施

（1）在使用各种刀具时，注意力要集中，方法要正确。

（2）刀具等所有切割工具应当保持锋利，实际工作中，钝刀更易伤手。

（3）操作时，不得用刀指东画西或将刀随意乱放，更不能拿着刀边走路边甩动胳膊。

（4）不要将刀放在砧板的边缘，以免震动时滑落；刀具掉落时，切不可用手去接拿。

（5）清洗刀具时，要一件件地进行，切不可将刀具浸没在放满水的洗涤池中。

（6）禁止拿着刀具打闹。

（7）在没有学会如何使用某一机械设备之前，不要随意地启动它。

（8）在使用具有危险性的设备之前，必须先弄清设备安装是否到位。

（9）清洁锐利刀片时要格外谨慎，洗擦时要将抹布折叠到一定的厚度，由里向外擦拭。

(10) 厨房内如有破碎的玻璃器具和陶瓷器皿，及时用扫帚处理掉，不要用手去拣。

(11) 发现工作区域有暴露的铁皮角、金属丝头、铁钉之类的东西，要及时敲掉或取下，以免划伤人。

思考及训练

1. 阅读《国务院办公厅关于加强地沟油整治和餐厨废弃物管理的意见》(国发办〔2010〕36号)。

2. 拟写一份餐厨废弃物的管理建议。

项目检测

亲爱的同学，到这里咱们的课程就要结束了，你们也将步入社会，走向工作岗位。其实，实习对于大家来说不仅仅是技能的实习，还是做人的实习、沟通协调能力的实习、抗挫能力的实习等。

请全班同学根据餐饮生产的流程完成一个从组织机构设置开始的项目检测汇报。项目检测汇报分三个阶段完成：

第一阶段，由班长和学习委员牵头，全班同学分工形成餐厅的组织机构，然后完成一个宴会设计，包括从菜单设计到原料采购再到菜品加工、制作、服务、收档（这个阶段必定会有很多的问题出现，没关系，很正常，下阶段改了就好）。

第二阶段，总结上一阶段出现的问题，再重复一次上一阶段的汇报过程，不同的是请老师来扮演你们的客人，你们将用最优质的服务展现你们的风采！

第三阶段，完成实训总结。

参考文献

［1］Jack D Ninemeier. 餐饮经营的计划与控制. 魏敬安，译. 5版. 北京：中国旅游出版社，2005.

［2］Ronald F Cichy. 餐饮卫生质量管理. 阎喜霜，译. 北京：中国旅游出版社，2011.

［3］Jack D Ninemeier. 餐饮经营管理. 张俐俐，纪俊超，译. 3版. 北京：中国旅游出版社，2005.

图书在版编目（CIP）数据

餐饮生产流程管理/陈敬华主编. —北京：中国人民大学出版社，2019.6
21世纪高职高专规划教材. 旅游与酒店管理系列
ISBN 978-7-300-26968-9

Ⅰ.①餐… Ⅱ.①陈… Ⅲ.①饮食业-生产流程-生产管理-高等职业教育-教材 Ⅳ.①F719.3

中国版本图书馆CIP数据核字（2019）第092175号

普通高等职业教育“十三五”规划教材
21世纪高职高专规划教材·旅游与酒店管理系列
餐饮生产流程管理
主 编 陈敬华
副主编 沈晓文
主 审 韩昕葵
Canyin Shengchan Liucheng Guanli

出版发行	中国人民大学出版社		
社 址	北京中关村大街31号	邮政编码	100080
电 话	010－62511242（总编室）		010－62511770（质管部）
	010－82501766（邮购部）		010－62514148（门市部）
	010－62515195（发行公司）		010－62515275（盗版举报）
网 址	http://www.crup.com.cn		
经 销	新华书店		
印 刷	北京密兴印刷有限公司		
规 格	185 mm×260 mm 16开本	版 次	2019年6月第1版
印 张	15.5	印 次	2023年1月第2次印刷
字 数	357 000	定 价	38.00元
